★
식민지 조선의 또 다른 이름, 시네마 천국
★

식민지 조선의 또 다른 이름,
시네마 천국

• 김승구 지음 •

cum libro
책과함께

차례

프롤로그 6

1장 영화 마니아의 꿈

견지동 청년 이야기 15 | 〈십이월 십이일〉 속의 브로마이드 23 | 영화관은 불량소년 양성 기관? 27 | '영화는 도덕적으로 위험한 물건' 32 | 영화의 세계에 빠져든 이들 38

칼럼 극장에 갈까, 영화관에 갈까 42

2장 경성 영화관의 탄생

경성 최초의 영화관 47 | 남녀 좌석이 분리된 초창기 영화관 52 | 변사와 악대가 함께하는 영화 관람 62 | 문화도시 경성의 수치 67 | 치열한 관객 모으기 경쟁 74 | 외국영화 배급계의 사정 79 | 할리우드영화 독점 시대 86 | '유니버설 영화'를 둘러싼 경쟁 95

칼럼 1,000석 규모, 2층 구조, 단관 상영 100

3장 영화관 구경 가기

스크린의 꽃, 여배우 105 | 나운규와 페어뱅크스 109 | 성격배우의 대명사 '에밀 야닝스' 116 | 소설을 뛰어넘는 영화의 매력 121 | 발성영화의 등장 129 | 수해영화를 제작한 신문사 활동사진반 135

칼럼 〈단성 위클리〉 141

4장 영화 관객의 탄생

영화를 평하는 사람들이 생겨나다 147 | 일간지에 등장한 관객의 요구 154 | 전쟁영화 붐, 〈빅 퍼레이드〉〈제7천국〉〈날개〉 159 | 반전영화 〈서부전선 이상 없다〉 168 | 민족주의 영화인가 반동영화인가, 〈벤허〉 172 | 자본주의 사회의 미래 〈메트로폴리스〉 178

칼럼 서민에겐 비싼 영화 관람료 184

5장 영화 홍보와 영화제

독자 우대권 제도 189 | 신문 영화 광고 193 | '초특별대흥행' 〈날개〉의 광고 203 | 영화관 주최 비공개 시사회 210 | 국내 최초 영화제 216 | 관객이 선정하는 영화제 출품작 223 | 처음이자 마지막 영화제 228

칼럼 치약과 담배 그리고 영화 236

에필로그 238

지은이의 말 259
주 263
찾아보기 278

프롤로그

1935년 제일극장 화재 사건

봄기운이 완연해지던 1935년 3월 23일 저녁, 경성(京城) 한복판 종로에 불길이 치솟아 올랐다. 종로 4가 한 극장에서 발생한 이날의 화재 소식은, 밤이 되자 호외로 경성 시내에 뿌려졌다. 화재는 종로 4가에 위치한 제일극장에서 발생한 것이었다. 그날의 상황을 좀 더 자세하게 알기 위해 당시 화재 소식을 알리는 신문 호외를 들여다보자.

> 23일 오후 7시 15분부터 종로 4정목(丁目, 현재 종로 4가) 1번지에 있는 제일극장에서 돌연 발화하여 삽시간에 전관 이층 건물이 거의 전소되고, 이어서 그 부근 큰 상점에 연소될 염려가 있어 곧 현장은 큰 수라장을 이루었고, 소관 동대문경찰서는 물론이고, 시내 각서가 경찰부의 총지휘 아래 각 소방서 총출동으로 대경계중이다.
>
> 아직도(오후 7시 반) 맹렬한 불길에 싸여 화광 속에 들어 있는 일대의 혼잡은 실로 형언할 수 없는 수라장이다. 전차, 자동차는 종로 3정목 일대부터

동대문까지 완전히 차단되어 있다.

원인은 이날도 평시와 같이 오후 7시부터 활동사진을 상영하여 이날 밤은 약 이백 명의 관객이 모였는데, 첫째 사진을 상영 중에 전기 스위치에서 발화하여 필름에 곧 불이 당기자마자 폭발되어 발화한 듯하다 하며, 동 50분에 진화되었는데, 원인과 손해를 알 수 없고 이백 관중은 전부 구출되었다 한다.[1]

오늘날의 관점으로 보면, 이날 발생한 화재 소식은 굳이 호외로 알려야 될 만큼 중요하거나 특별한 사건이 아닐지도 모른다. 왜냐하면 2층짜리 건물이 전소되는 정도의 사건쯤은 지금 이 순간에도 어느 곳에선가 일어날 법한 일이기 때문이다. 다만 화재 장소가 여러 사람들이 이용하는 공동시설이었다는 점, 그리고 그 시설이 시내 중심가에 위치해 있었다는 점 등이 기사의 가치를 어느 정도 뒷받침한다고 볼 수 있다.

제일극장 화재 사건은 필름을 영사하던 중에 필름이 인화되어 발생한 것으로, 그때 극장 안에는 영화를 보기 위해 2백 명 정도의 관객이 모여 있었다. 다행히 인명 피해는 없었지만, 일순간에 저녁 시간 도심 거리가 혼잡해졌고 1시간여 뒤에야 소동이 정리됐다. 화재 진압을 위해 시내 경찰서 소방대가 다수 출동하고, 종로에서 동대문까지 교통이 통제되었다.

화재 사건 다음 날 《동아일보》에는 그날의 상황을 전하는 사진 두 장이 게재되었다. 한 장은 건물 외벽으로 연기가 피어나는 사진이고, 다른 한 장은 화재 직후 건물 밖으로 피한 관중들이 모여 있는 뒷모습을 포착한 사진이다. 종로 4가에서 그리 멀지 않은 곳에 있던 동아일보사 사진기자의 수완이 엿보인다.

제일극장 화재사건을 보도한 기사(《동아일보》 1935년 3월 24일자)

지금으로부터 80여 년 전의 이 작은 소동에서 우리는 비록 일제 강점기이기는 하지만 식민지 시대에 영화가 대중들에게 뚜렷한 관심의 대상으로 부상하고 있었다는 사실을 간접적으로나마 확인할 수 있다. 그러나 정작 위의 기사는 화재 사건을 지극히 건조한 사실 관계 위주로만 전달하고 있어서, 현장에 있던 많은 사람들이 이 소동을 어떻게 받아들였는지에 대해 자세히 알 길이 없다. 화재를 일으킨 당사자인 영사기사, 극장 지배인이나 극장주, 또는 따뜻한 봄기운을 만끽하며 느긋하게 영화를 즐기러 왔다가 봉변을 당한 2백여 명의 관객들, 그들에게 이 사건은 어떤 의미였을까. 이러한 의문은 근대 문화를 수용한 지 100년 남짓 지난 현재 시점에서 찬찬히 따져봐야 할 부분이다. 그러나 아쉽게도 일제 강점기에 관한 한 우리는 아는 것보다 모르는 것이 더 많다는 사실을 고백할 수밖에 없다. 이 책이 앞으로 다루고자 하는 것은 이러한 무지를 넘어서고자 노력한 일련의 탐색 결과물이다.

식민지 조선 영화 관객의 한국영화사

　　　　　　　　　　조선에 영화가 전래된 시점에 대해서는 영화사가들 사이에 주장이 분분한 상태다. 하지만 영화 상영에 관해 현재 확인할 수 있는 가장 오래된 자료가 1903년 6월 23일부터 30일까지 《황성신문》에 실린 영화 상영 광고라는 점에는 견해가 일치한다. 이런 점을 감안하면, 적어도 1903년 이전에 조선에 영화가 들어왔을 것으로 보인다. 따라서 한국영화의 역사는 현재 100년을 상회한다. 이 땅의 근대문화사 연구 성과를 되돌아볼 때, 한국영화사에 대한 연구는 다른 분야에 비해 상당히 더디게 진행되고 있는 듯하다. 특히 일제 강점기 영화사에 대한 연구는 다른 시기에 비해 더욱 미진한 편이다. 가장 큰 이유는, 영화라는 매체의 특성으로 인해 1차 자료인 영화 필름의 거의 전부가 유실되었기 때문이다. 작품이 남아 있지 않은 상황에서 영화의 해설 기사나 감상문 등 2차 자료에 근거해서 연구를 한다는 것은 쉽지 않은 일이다.

　그러나 이러한 물적 조건의 제약이 한국영화사에 대한 탐구를 완전히 불가능하게 만드는 것은 아니다. 각 영화의 개별적 특징과 작품성을 작가적 입장에서 거론하는 연구가 영화에 관한 주요 연구방법일 수 있지만, 영화가 작가 개인의 고독한 작업의 산물이기보다 자본주의적 기제가 총화되어 관람자를 상대로 만들어지는 상품이라는 점을 고려하면 문학과 다른 층위에서 이야기할 수 있는 부분이 영화에 분명히 존재하는 것이다.

　일제 강점기 대중문화의 가장 중요한 구성 요소인 영화가 대중에게 어떤 방식으로 수용되고 어떤 의미로 이해되었는지, 그리고 영화가 사회·문화적인 조건과 어떤 관련성을 띠었는지에 대해 지금껏 제대로 탐구되

동대문 한성전기회사 기계 창고에서 활동사진을 입장료 10전에 상영한다는 내용의 광고 (《황성신문》 1903년 6월 23일자)

지 못했다. 일제 강점기 영화와 관련된 지금까지의 연구 성과들은 영화사적 개괄이나 나운규 같은 대표적인 영화인에 대한 작가론, 또는 검열 같은 영화제도 연구 등에 국한되어 있다. 그러나 이러한 시각은 다소 엘리트주의적인 시각을 견지하고 있어, 대중을 기반으로 하고 대중과 호흡하면서 성장한 영화의 특성을 온전히 포착해내지 못하는 한계를 안고 있다. 영화는 근대적 경험을 시각적으로 재현하는 기술과 대중을 구경꾼 또는 관객으로 재조직하려는 자본주의가 결합해서 만들어낸 20세기 대중문화의 꽃이다.² 영화야말로 당대의 대중과 그들의 일상 경험들이 고스란히 녹아 있는, 대중문화 연구의 중요한 영역인 것이다.

이처럼 영화는 당대의 사회·문화적 표상을 탐구할 수 있는 중요한 매체인데도, 일제 강점기를 두고 본다면 지금껏 이뤄져온 문화 연구는 풍속사적인 맥락에서 볼 때 두루뭉수리하게 이루어져왔다. 특히 대중예술과 관련된 연구는 아직까지 기존의 텍스트를 위주로 한 연구 시각을 고수함으로써, 특정한 텍스트를 벗어난 지점, 즉 텍스트를 향유하는 주체가 어떤 방식으로 형성되고 어떤 맥락과 기대 속에서 텍스트를 수용하는지에 관한 수용론적 맥락에서 펼쳐지는 논의로 진전하지 못했다.

대중문화와 고급문화는 질적인 면이나 향유자의 계층적인 면 등 여러 모로 그 경계선이 갈수록 불투명해져 가고 있다. 이러한 현상은 이 땅에 대중문화가 본격적으로 형성된 일제 강점기에도 발견된다. 이 땅에 문학과 영화는 근대적인 것으로서 거의 동시에 이입되었고, 당시는 그것을 분리하여 향유할 만한 구별 감각이 발생하기 전이었다.

　이제 영화 연구는 텍스트를 중심으로 구성되는 영화사라는 지극히 한정된 영역에서 벗어날 때가 되었다. 새로운 영화 연구는 텍스트뿐만 아니라 그 텍스트가 소통되는 컨텍스트까지 아우를 수 있어야 한다. 이를 위해 영화 텍스트가 소통될 수 있는 매개 공간인 영화관의 흥행 방식, 흥행 방식의 변화와 쇄신을 추동하는 동력인 영화정책과 언론매체의 태도, 그리고 이 모든 것들의 궁극적 원인인 대중의 욕망 등 다양한 측면에서 컨텍스트를 조명해보고자 한다.

1장

영화 마니아의 꿈

견지동 청년 이야기

식민지 조선에서 영화는 라디오, 유성기와 더불어 가장 파급력 있는 대중예술이었다. 문학과 연극이 고급예술의 권좌를 차지하던 1920년대에도 영화에 몸이 단 식민지 조선 청년들이 있었다. 물론 식민지 조선 청년들 대부분이 여전히 문학이나 연극 등과 같은 문예에 관심이 있었던 것으로 보이지만, 도시에 거주하는 일부 청년들은 영화에 대한 관심을 본격적으로 드러내고 있었다. 1920년대 일본의 대표적인 소설가이자 극작가인 기쿠치 간은 '새로운 남녀'의 등장과 '새로운 인간의 탄생'이 근대성의 진정한 시작을 알리는 증거라고 주장했는데, 이 말을 근대화의 성과가 새로운 유형의 인물로 집중되어 표현되었다는 것으로 이해해도 무방할 것이다. 이렇게 본다면 대중문화 향유자 또는 영화 마니아 역시 근대성의 시작을 알리는 유력한 증표라고 할 수 있다.[1]

물론 그 전에도 그러한 청년들이 존재했을 가능성은 충분하지만, 실제로 지면을 통해서 확인할 길은 없다. 왜냐하면 1920년대에 들어서야 근대적 의미의 언론매체들이 동시에 탄생했기 때문이다. 그리고 일제 강점기에 영화에 대한 열기가 고조된 시기가 1920년대 중반 이후라는 점을 고려할 때, 1920년대 후반이야말로 본격적으로 영화 마니아가 등장할 만한 필연적 시점이었다고 할 수 있다.

1910년대에 들어 경성에 영화관이 들어서면서부터 영화는 대중의 일상 문화로 정착하기 시작했다. 경성 남촌의 일본인 거주 구역에 생기기 시작한 영화관들은 '하이칼라' 문화를 전파하는 산실이었다. 그 무렵에 상영된 영화들은 요즘 기준으로 보면 턱 없이 분량이 짧고 조악한 내용이 주를 이루었다. 그러나 식민지 청소년들에게는 마냥 신기하기만 한 것이었다. 신기함 다음에 온 것은 익숙함이었다. 생활의 일부로 정착된 영화는 식민지 청소년들에게 새로운 꿈을 심어주었다. 보는 데서 그치지 않고 누군가에게 자기를 보이고 싶다는 욕구, 그 욕구는 일제 강점기라는 상황에서 발현하기 어려운 것이었다. 그러나 그런 욕구를 가진 청소년들이 서서히 등장하고 있었다.

[문] 저는 열여덟 살 먹은 청년이올시다. 수년 전부터 활동사진 배우를 부러워합니다. 그리하여 어찌하면 활동사진 배우가 될까 하여 마음을 태우고 있으나, 아무 도리가 없습니다. 어떻게 하였으면 좋겠습니까?

(견지동 김○○)

[답] 당신과 같은 젊은이들은 활동사진 화면에 나타나는 배우의 화려한 생활을 보면 곧 자기도 배우가 되어 보겠다 하는 생각을 많이 하게 됩니다. 당신이 무슨 동기에서 활동사진 배우가 되기를 원하게 되었는지 알 수 없으나, 다른 많은 사람들은 어떠한 허영에 날뛰어 그러한 곳으로 들어가는 일이 많습니다. 이러한 것은 자기의 천품을 스스로 잘 생각하여 작정하는 것이 좋을 듯합니다. 그러한 배우 생활이란 물질상으로는 어느 정도 여유가 있는 생활을 할 수 있으나, 잘못하면 영영 구원받을 수 없는 타락 생활에 들어가기 쉬운 일이니, 이러한 점도 충분히 생각하여야 할

것입니다.²

위의 기사는 1920년대 중반에 일간지에 게재된 것이다. 그때 신문에는 독자가 신문사에 고민거리를 보내오면 그에 대해 신문사 기자가 조언을 해주는 난이 있었다. '견지동 김○○'라고 자신을 소개한 어느 청소년이 활동사진 배우가 되는 방법을 묻는다. 이 청소년의 고민은 우리가 일제강점기의 청년에게 흔히 상상할 법한 그런 종류의 것이 아니다. 청년은 몇 년 전부터 영화배우가 되고 싶었지만 어떻게 하면 그렇게 될 수 있는지 몰라 괴롭다고 한다. 신문사 기사는 이 청년에게 허영에 들뜨지 말고 심사숙고하라고 조언한다. 영화배우가 되면 물질적으로는 풍족해지겠지만 반면 영혼이 타락할 수도 있다는 점을 내세워 신중에 신중을 기할 것을 당부한다. 그러나 이와 같은 조언은 아무래도 이 청년의 고민을 풀어주기에 많이 모자라 보인다. 청년이 바라는 것은 영화배우 생활의 이면에 대한 충고가 아니라 영화배우가 될 수 있는 구체적인 방법을 안내해주는 것이기 때문이다.

여기서 다시 한 번 생각해볼 점은, 무엇이 식민지 청년으로 하여금 영화에 대한 열망을 불태우게 했는가 하는 점이다. 이 청년에게는 연극배우의 길도, 소설가나 기자의 길도 충분히 열려 있지 않았을까. 근대 문학 역시 '하이칼라' 문화임에 다름없을 텐데, 그의 가슴은 왜 오로지 영화로만 향하고 있을까. 물론 이 청년의 질문은 지극히 표면적인 데로 치우쳐 있어서 그의 내심을 정확하게 파악하기는 힘들다. 다만 우리는 이 젊은이에게서 지금껏 우리가 식민지 조선의 청년에게 떠올리던 '주의자'나 문필가의 이미지와 또 다른 유형의 청년을 목격한다.

견지동 청년 스스로 고백하듯이 18세의 그가 영화배우가 되기로 결심한 것이 '수년 전'이라면, 아마도 그의 영화 체험 기간은 이보다 훨씬 더 길었을 터이다. 안국동 사거리에서 종각 사이 그 어디쯤엔가 집이 있었을 그는 1908년생이다. 조금씩 철이 들기 시작한 뒤부터 그는 남촌의 일본인 영화관뿐만 아니라 북촌 종로통의 우미관, 단성사, 조선극장에도 수시로 출입하면서 이런저런 영화를 보기 시작했을 것이고, 그러다가 어느 순간 영화배우가 되고 싶다고 생각했을 것이다.

과연 그의 뜻을 굳히게 한 영화는 무엇이었을까? 또 배우는 누구였을까? 한 가지 전제할 것은 1920년대 초반까지 식민지 조선에는 한국영화 또는 조선영화가 존재하지 않았다는 사실이다. 본격적인 의미에서 최초의 한국영화로 꼽히는 나운규의 〈아리랑〉이 개봉된 것은 1926년이다. 따라서 견지동 청년에게 영향을 미친 영화는 전적으로 외국영화였을 것이다. 더글러스 페어뱅크스 같은 액션 배우, 찰리 채플린 같은 코미디언, 아니면 에밀 야닝스 같은 성격파 배우, 그중 누가 그를 유혹했는지 알 수 없지만, 견지동 청년에게 영화배우가 되겠다는 의지만은 자신이 사는 동 이름 '견지동(堅志洞)'만큼이나 확고해 보인다.

요즘 식으로 말하면 '영화앓이'중이었다고 해야 할까. 견지동 청년은 이런 상태였다. 경성에 사는 청년들에게 영화는 더 이상 낯선 외래문화가 아니었다. 영화는 그들의 일상 깊숙이 구석구석 파고들어 있었다. 조선영화의 존재감이 거의 없던 1920년대에 조선 관객들에게 영화 경험은 전적으로 외국영화의 경험이라고 해도 과언이 아니었다. 산업이자 예술로서의 영화에 대해 초보적인 지식을 갖춰가던 당시에 영화팬의 수준을 넘어 영화계로 진출하려는 이들이 많이 생겨났다. 전문 교육을 받을 수 있는 아카데미 제도가 존재하지 않았던 그때, 청년들은 영화계에 입문할 수 있는 방법을 알지 못했다. 그들 대부분은 견지동 청년처럼 영화배우를 지망했다. 이는 스타시스템의 형성기에 관객이 영화에서 주로 영화배우를 감상이나 비평의 포인트로 삼는다는 특성과 무관하지 않다. 여하튼 영화 제작이 초보 단계에 있던 1920년대부터 어느 정도 활성화된 1930년대까지 영화배우 지망생들이 꾸준히 존재했다.

길거리 캐스팅으로 영화배우가 되어 일본 신코키네마의 영화에 특별 초빙된 '깍두기'라는 인물을 소개하는 기사(《사해공론》 1935년 12월호)

이와 더불어 조선의 영화 제작계에서도 배우 기근을 해소하고 배우의 연기력을 향상시키기 위해 영화배우를 체계적으로 양성할 필요가 있음을 인식했다. 배우가 되고자 하는 이들이 배우가 될 수 있는 방법을 알기 위해 일간지를 통해서 상담을 신청하고, 배우를 양성하고자 하는 쪽에서 일간지에 광고를 내기도 했다. 〈아리랑〉으로 명성을 얻은 조선키네마주식회사에서 낸 광고는 제작계 측의 구인 광고 중 대표적인 것이다. 이 광고에서는 연구생 희망자에게 아래와 같은 사항을 써서 보낼 것을 요구하고 있다.

1. 이력서(자필)
2. 사진(3개월 이내에 촬영한 것)

3. 신장과 체중

4. 특기

5. 좋아하는 배우의 이름(조선과 일본의 배우를 제외하고)

6. 옳다고 느낀 영화(조선과 일본의 영화를 제외하고)

7. 배우가 되려는 이유[3]

단기 연구생 제도는 일종의 영화 아카데미에 해당한다고 할 수 있는데, 이 제도의 목적은 영화를 만드는 감독이나 기술자가 아닌 영화배우를 양성하는 데 있었다. 이는 그만큼 조선의 영화 제작계가 영화배우 기근에 시달리고 있었다는 사실을 반증하는 것이다.

연구생 지원자에게 요구한 일곱 가지 항목 중에서 다소 특이하게 느껴지는 것은 5항과 6항의 내용이다. 좋아하는 배우를 써서 보내되, 조선이나 일본의 배우는 제외한다는 단서를 붙였다. 그리고 선호하는 영화를 묻는데, 여기에도 마찬가지로 조선과 일본의 영화는 제외한다는 단서가 붙었다. 이는 영화배우가 되기 위해서는 외국의 영화나 배우에 대한 식견이 어느 정도 요구되었음을, 그리고 그만큼 조선의 영화 제작계에서 외국영화를 중시하고 있었음을 말해주는 것이다.

이처럼 영화배우를 지망하는 청년들이 늘어나고 제작계에서도 신진 영화 인력을 양성하기 위해 열을 올렸지만, 영화배우 지망자 모두가 영화계에 입문하는 데는 어려움이 있었다. 그러다 보니 때로 영화배우의 꿈이 좌절되자 극단적인 선택을 하는 경우도 있었다.

영화배우가 되어보겠다는 청운의 꿈을 꾸고 서울 와서 허덕였으나 뜻과

영화배우 지망생의 투신 사건을 알리는 기사(《조선일보》 1938년 7월 14일자)

같이 되지 않으므로 비관 끝에 한강에서 투신자살을 하려던 청년이 있다. 13일 오전 2시경에 용산서 서원이 한강 제2인도교를 순행할 즈음, 청년 한 명이 철교 난간에서 강을 향하여 몸을 날리려 하므로 곧 제지하고 그 서로 데리고 가서 보호 중인데, 이는 본적을 전북 남원군 운봉면 동천리에 둔 이종수(李鍾洙)로 20여 일 전에 서울 와서 그의 형인 관훈정(관훈동) 75번지 성봉영화회사 회사원 박연방(朴淵方)이 집에 묵으면서 영화배우를 지망하였으나, 모든 것이 생각하던 것과는 딴판이므로 비관 끝에 염세 자살을 도모한 것이라 한다.[4]

위의 기사에서도 알 수 있듯이 식민지 조선에서 영화배우의 꿈은 비단 도시 청년에만 국한된 것이 아니었다. 영화는 시골 청년에게까지 깊은 중독 현상을 불러일으켰다. 이 청년이 상경해서 어떤 노력을 했는지는 구체적으로 드러나 있지 않다. 아마도 경성 시내 극장가를 돌아다니면서 시골에서 보기 어려운 영화들을 섭렵했을 것이다. 또 영화사의 문을 기웃거리면서 오디션을 보았을지도 모른다. 그러나 근대 세계와 한참 멀리 떨어져 있는 시골 청년이 영화배우가 되기는 쉽지 않은 일이었다. 자살을 결심하고 한강을 뛰어든 그는 마침 그곳을 순찰 중이던 순사에 의해 발견되어 목숨을 건지게 되었다.

〈십이월 십이일〉 속의 브로마이드

견지동 청년과 비슷한 연배인 초현실주의 작가 이상은 당대 문인 중에서도 영화에 대한 식견과 관심이 남달랐다. 그는 작품들 속에 자신이 당시 외국영화를 지속적으로 봐왔음을 보여주는 흔적들을 많이 남겨놓았다.

그의 데뷔작으로서 비교적 뒤늦게 알려진 〈십이월 십이일〉(1930)이라는 작품이 있다. 그가 아직 건실한 한 명의 직장인이었을 때 쓴 작품이다. 처음이자 마지막 직장인 조선총독부 내무국 건축과에서 기수로 일하던 20세의 청년 이상은 알쏭달쏭한 제목의 소설, 그것도 장편인 작품을 내놓았다.

〈십이월 십이일〉은 이상의 개인사가 작품을 구성하는 모티브가 된 작품으로, 여기에 등장하는 주인공의 조카 '업'은 흔히 이상의 분신 같은 인물이라고 평가받는다. 무능한 친부모를 저주하고 또 돈으로 자신을 조종하려는 백부까지 저주하다가 결국은 자살로 짧은 생을 마감하는 10대 청년 업의 이야기가 소설의 한 부분을 차지한다. 소설의 주인공이자 화자는 업의 백부이고, 그가 겪는 인생 유전이 이 작품의 중심 이야기다.

이 소설은 1920년대 후반이라는 시점에서 비슷한 이야기를 찾기가 힘들 만큼 매우 독특한 구조와 세계관을 드러낸 작품으로, 전반적으로 매우

영화배우들 사진으로 도배된 여학생의 방을 풍자한 만화(《학생》 1929년 10월호)

심각한 인상을 준다. 아무래도 이상의 우울하고 기괴한 세계관이 처음으로 문자화된 것이니 어련하겠는가. 그러나 이러한 기괴함과 심각함에 눌려서 잘 보지 못하고 지나치기 쉬운 대목이 있다. 그것은 '무서운 아이' 업의 방안 풍경이다.

업의 방안을 묘사한 부분은 지극히 짧은 분량이다. 그렇지만 1920년대 식민지 청년의 방안은 도대체 어떤 모습이었을까 하고 호기심 차원에서 한번쯤 궁금해 한 적이 있는 사람에게는 매우 흥미로운 부분이 아닐 수 없다. 그의 방안 모습이 자세히 그려진 것은 아니지만 유독 눈에 띄는 게 있으니, 그것은 그가 벽에 걸어놓은 유명한 영화배우의 브로마이드 사진이다.

요즘도 어느 집이나 방 한 벽에 영화배우나 가수의 브로마이드 하나쯤은 걸려 있을 것이다. 인쇄 상태나 크기가 지금과는 많이 달랐겠지만, 1920년대 경성에도 브로마이드 사진이 엄연히 존재했다. 이미 할리우드에서 영화 파생 상품의 하나로 기획되어 식민지 조선에서도 유통되었던 것이다. 〈십이월 십이일〉에서 누구의 사진이라고 구체적으로 묘사하지는 않았지만, 업은 필시 보호 본능을 불러일으키는 청순하고 가련한 이미지의 릴리언 기시, 말괄량이 이미지의 클라라 보, 에로틱하고 신비스러운 이미지의 그레타 가르보 등의 브로마이드를 걸어놓고 있지 않았을까.

'브로마이드가 걸린 방'의 이미지는 1920년대 후반 경성 거주 청년의 일상생활 속에 침투된 대중문화의 흔적을 단적으로 보여주는 예라고 할 수 있다. 일제 강점기 문학평론가로 활동한 김문집은 일본에서 유학하던 시절을 아래와 같이 회고했다.

> 어떻든 나로서는 잊지 못할 그 시대다. 동경 유일의 최고급 영화극장이던 무장야관(武藏野館)에 매주 정근(精勤, 공부나 일을 부지런히 함)하고, 그 프로그램에 영화 촌평(寸評)이 채용·게재되고 브로마이드 모은 앨범이 이십 권에 달하고 태평양 건너 릴리언 기시에게 의미도 통하지 않는 영문 연애편지를 보내고서는 회답이 아주 없어 통탄하고 등등……, 말하면 끝이 없다.[5]

김문집은 일본 유학 시절에 영화에 미쳐 있던 영화광이었다. 그 무렵 도쿄에는 수많은 영화관이 있었는데, 학생이던 그는 그중 무사시노관에 매일 출근하다시피 하면서 영화평을 써서 영화 소개지에 게재되기도 했다. 또 영화배우 브로마이드를 모은 앨범이 스무 권이나 될 정도였다. 또한 데이비드 그리피스 영화의 주연으로 유명한 릴리언 기시에게 영문 편지를 보내기도 했다. 김문집의 이런 모습은 일제 강점기 이 땅의 영화광들에게서 흔히 볼 수 있는 것이었다. 특히 브로마이드 앨범 스무 권은 그의 열정을 단적으로 표현하는 것으로, 브로마이드의 숫자가 그가 섭렵한 영화의 숫자로 직결된다는 측면에서 여기에 영화광의 자부심이 고스란히 배여 있다.

이처럼 일제 강점기에 청년들 사이에 널리 유통된 브로마이드는, 견지동 청년이 가지고 있던 욕망이 결코 소수층만의 특수한 것이 아니었음을 여실히 보여준다.

영화관은
불량소년 양성기관?

영화는 만화경(萬華鏡)이자 마술환등(魔術幻燈)이다. 담지 못할 이야기도 없고, 너무 비현실적이거나 몽상적이어서 표현하지 못할 이미지도 없다. 나이에 따른 제한 없이 영화를 볼 수 있다면, 우리는 영화가 주는 몽상과 환영을 전면적으로 체험할 수 있을 것이다. 정확한 자료가 없기는 하지만, 일제 강점기에 연령대에 따른 관람 제한은 없었던 듯하다.

> 동경 정우본당(政友本堂) 대의사(代議士, 국회의원) 원총병위(原惣兵衛) 씨 외 수씨의 제안으로 연소자 영화 관람 금지안이 지난 2월 27일에 제국의회에 제출되었는데, 아직 그 필요를 느끼지 않는다는 이유로 결국 아무 효과 없이 매장되고 말았다는데, 또 최근에는 활동사진의 총본영과 같은 아메리카에서도 연소자의 영화 관람 금지에 대한 논쟁이 빈번하여 각처에서 물의를 일으키는 중이라 한다.⁶

위의 기사가 말해주듯이 식민 본국인 일본의 경우만 하더라도 1927년에 제국의회에 제출된 연소자 관람 금지안이 무효 처리되는 상황이었고, 미국에서도 이 문제를 두고 한창 논쟁중이었던 것으로 보인다. 따라서 나이에 따라 영화 관람의 기회를 제한하는 제도가 식민지 조선에서는 아직 시행되지 않았으리라 생각된다.

사정이 이러하다면 '견지동 청년'은 아동기부터 아무런 걸림돌 없이 영화를 줄곧 봐왔을 터이다. 어린 나이에 본 영화는 한편으로 혼란스럽고 다른 한편으로 매혹적인 경험을 선사했을 것이다. 그처럼 매혹과 혼돈을 선사한 영화란, 그 무렵 갓 제작하기 시작한 조선영화이기보다 미끈하고 세련된 할리우드영화였을 가능성이 높다.

1920년대 중반에 조선영화는 제작 기술이나 연출 능력, 배우의 역량 등 여러 면에서 초보적인 단계를 벗어나지 못한 데 반해, 할리우드영화는 이미 고전적 서사영화의 장르적 문법을 완성해가는 단계에 있었다. 따라서 스크린의 세계에 깊이 빠져든 식민지 조선의 청년이 자신의 이상을 할리우드영화를 비롯한 외국영화에서 발견하는 상황은 매우 자연스러운 일이었다.

전반적으로 조숙하기를 강요하던 당시 시대 분위기를 생각하면, 18세라는 나이는 결코 적은 나이가 아니었다. 그 나이의 청년이 영화배우가 되기를 꿈꾼다는 것이 신문사 입장에서 결코 바람직해 보이지 않았을지 모른다. 이 청년이 민족을 위해 건설적이고 든든한 일에 참여해주기를 내심 바랐을지도 모른다.

이처럼 1920년대 사회에서 영화에 대한 인식이 긍정 일변도는 아니었던 것으로 보인다. 대체로 영화를 첨단 과학기술이 만들어낸 신기한 구경거리로 긍정하는 태도가 일반적이었지만, 다른 한편으로 영화가 사회적 병리의 원인이 되지 않을까 우려하는 목소리도 없지 않았다.

> 최근 경성 각 극장의 상황을 조사한 바를 듣건대, 풍속을 개량함은 고사

하고 도리어 문란케 할 것이 한두 가지가 아니로다. 그 대강을 들어 말할진대 소위 활동사진이라 하는 것은 그 각본이 일체로 그르다는 것은 아니나, 거반 도적당의 교묘한 수단이나 계집 등의 음탕한 모습을 찍어서 몰지각한 아이들과 여자들이 한 번 보고 두 번 봄에 자연히 그 악행과 악습이 물에 젖듯 배는 일이 하나둘뿐이 아닌데, 지금 일본에서도 활동사진으로 학습하여 강절도를 행하며 살인을 한다 별별 위험한 현상을 일으키는 것이 이루 말하여 헤아리지 못할 만하여, 경무 당국자가 이에 대하여 개량할 방침에 고심참담하는 중이니, 이는 곧 '악한 남녀 양성소'라 하여도 과한 말이 아니요, 막을 따라 설명하는 자칭 변사(辯士)라 하는 자로 말하면 행동을 단정히 가지고 말을 공손히 하여 일반 남녀 관람인을 대하여야 하거늘, 비루한 거동과 무례한 언사가 비일비재하여 심지어 음란한 행동까지 왕왕 있다 하며……[7]

이 기사가 게재된 1920년은 아직 영화가 식민지 조선에 본격적으로 정착하기 전이다. 기사에 따르면 당시 국내에 개봉된 영화들은 범죄 행위나 성적 타락을 조장하는 기능을 하고 있었다. 영화관에서 연속영화(serial film)라고 불리는 영화들이 한창 유행하고 있었던 점을 고려하면, 이런 우려가 어느 정도 상당히 근거가 있는 것이라는 생각이 든다. 프랑스영화에서 시작되어 할리우드영화에서 꽃을 피운 연속영화는 지금으로 말하면 외국영화 시리즈에 해당하는 것이다. 1970년대부터 1980년대 사이에 안방극장을 풍미한 〈6백만 불의 사나이〉(1974), 〈소머즈〉(1976), 〈원더우먼〉(1976), 〈기동순찰대〉(1977), 〈두 얼굴의 사나이〉(1978), 〈전격 제트 작전〉(1982), 〈브이〉(1984), 〈맥가이버〉(1985) 등을 연상하는 것으로 충분할 것이다. 이들 외화 시리즈가 주로 어떤 계기로 초인적 능력을 갖게 된 인물을 다룬 데 비해, 일제 강점기에 유행한 연속영화는 탐정, 범죄인 등 적어도 현실 세계에서 볼 수 있는 사람들의 이야기를 다루고 있다.

  연속영화는 프랑스 고몽사에서 제작되어 이후 파테사 미국 지사와 유니버설사도 제작에 뛰어들 정도로 1910년대 중반에 활발히 제작되었는데, 당시 식민지 조선 관객들에게 큰 사랑을 받았다. '쥬-부 대 후완쓰마'라는 제목으로 소개된 프랑스 고몽사의 〈팡토마〉(1913~1914), 〈흡혈귀〉(1915), 〈주덱스〉(1916), 유니버설사의 〈명금〉(1915), 파테사 미국 지사의 〈철의 조〉(1916) 등[8]이 1920년대 초반까지 인기를 얻었다. 연속영화는 대체로 변장술이 뛰어난 희대의 범죄자를 형사 또는 탐정이 추적하여 소탕하는데, 이 과정에서 형사와 범죄자 사이에 대결이 펼쳐진다는 점에서 범죄영화, 탐정영화, 활극(액션영화)의 특징을 가지고 있다.[9]

  연속영화의 시초는 프랑스 에클레르사가 1911년부터 내놓은 〈지고마〉 시리즈이다. 변장술의 귀재 지고마가 벌인 보석 강탈 사건을 경찰이 추적하는 내용의 이 영화는 1910년대 초반에 미국에서 개봉되어 큰 인기를 끌었고, 이후 일본과 식민지 조선에서 상영되었다. 이 영화는 "할리우드영화 제작자들에게 수천 피트 필름 위에 강력한 흥미를 유발할 수 있는 서사를 어떻게 전개해나가야 하는지를 보여준 모델"[10] 역할을 하기도 했다.

  이후 〈지고마〉와 비슷한 범죄영화나 탐정영화 등이 미국과 프랑스에서 연속영화의 포맷으로 제작되기 시작했다. 이들 영화에서는 서사가 한 번에 완결되지 않고 두 권(영화 필름 길이의 단위) 남짓의 단편 여섯 편에서 스무 편으로 분할된다. 매회 마지막에는 반드시 주인공이 탄 자동차가 절벽에서 바다로 떨어지거나 여주인공이 악한에 의해 손발이 묶여 있는 선로에 급행열차가 돌진하는 등 위기일발의 장면을 설정해서, 관객이 다음 장면을 보기 위해 연속해서 영화관을 찾을 수밖에 없게 했다.[11]

1910년대 후반에는 영화의 길이가 점점 길어지고 상영 종수가 점점 줄어들면서 연속영화를 중심으로 몇 편의 영화가 덧붙는 방식으로 정착되어갔는데, 이처럼 연속영화는 영화관들이 관객들을 유인하는 주요 무기였다. 연속영화가 활극 성격이 강해서 아동을 비롯한 청소년층에서 특히 인기가 좋았기 때문이다. 영화관들은 연속영화를 끊임없이 공급함으로써 많은 청소년들을 관객으로 유인했다. 〈명금〉, 〈철의 조〉 같은 영화가 특히 인기가 좋았다. 두 영화 모두 악당과 대결하는 활극 요소가 강한 영화들이지만, 세부적으로 약간씩 차이가 있다. 전자가 비밀을 찾아나서는 모험영화 요소가 강하다면,[12] 후자는 아버지에게 원한을 품고 복수를 꿈꾸는 악당을 딸이 물리치는 범죄영화 요소가 강했다.[13] 청소년들은 이러한 영화들을 보고 적지 않은 영향을 받은 것으로 보인다. 다이쇼(大正, 1912~1926) 시대 일본의 청소년들은 이런 연속영화들을 보고 학교에 가서 친구들과 영화 속 장면을 재현하거나,[14] 심지어 영화 속 악당의 행위를 모방하여 범죄를 저지르기도[15] 했다. 일본과 식민지 조선을 통틀어 영화계의 제왕은 연속영화였다. 연속영화의 인기는 더 많은 청소년들을 영화관으로 유인하는 역할을 했다. 그리하여 일본의 언론들은 영화관을 '불량소년의 양성기관'[16]이라고 혹평하기까지 했다.

연속영화의 시초 〈지고마〉의 한 장면

'영화는 도덕적으로 위험한 물건'

연속영화를 주로 보던 식민지 청소년들은 아직까지 충분히 성숙하지 않아서 어른의 보호와 지도가 필요한 관객이었다. 어른들은 이런 영화들을 보고 청소년들이 범죄의 세계로 빠져들까 봐 노심초사했다.

영화와 범죄 사이의 상관관계에 대해서는 논란의 여지가 있다. 영화에 감화(?)를 받아서 모방 범죄를 저지르는 경우를 충분히 상상할 수 있고, 실제로 그런 일이 일어나기도 했다. 식민지 조선에서는 이러한 문제의식을 바탕으로 한 통계나 조사, 연구가 전무했다. 다만 청소년 범죄를 다룬 기사들에서 범행 동기를 영화에서 찾는 경우를 종종 볼 수 있을 뿐이다.

이처럼 외부로부터 영향 받기 쉬운 청소년의 특성을 이용해 청소년 교육이나 교화에 영화를 활용하자는 의견도 심심치 않게 제시되었다. 그러나 적어도 식민지 조선에서 영화의 내용을 따라 하는 모방 범죄는 거의 없었다고 할 수 있다. 영화 관련 범죄라면 기껏해야 영화를 보고 싶기는 하지만 돈이 없던 청소년들이 영화표를 위조하거나, 영화 비용을 충당하기 위해 절도를 하는 정도였다.

모방 범죄에 대한 걱정말고도 사회의 어른들은 영화가 젊은 남녀의 풍기를 어지럽히지 않을까 매우 우려했다. 극장 안에서 보이는 풍기 문란이라고 해봤자 남녀 간의 정상적인 이성 교제에서 벌어지는 것이고, 그 수

영화관에서 에로틱한 자극에 몰두하는 남학생들(《조선일보》 1928년 11월 7일자)

준도 지금의 기준으로 보면 이성 간의 자연스런 애정 표현으로 이해할 만한 정도에 지나지 않았다. 부인석이 독립되어 있던 1920년대 초반에는 더더욱 풍속을 교란할 만한 여지가 적었다. 영화에 집중하지 않고 부인석에만 관심을 가진 음흉한 남성이 있기는 했으나, 그 정도로 풍속 교란을 이야기한다면 이는 좀 지나친 걱정일지도 모르겠다. 오히려 남녀를 함께 불러 모으는 이상한 공공장소로 부상한 영화관 그 자체가 그들에게 불안의 원인이었던 것이 아닐까.

1920년대 초반 식민지 언론매체에서 근엄한 훈계를 늘어놓은 이들에게는, 조선 사회의 유교 교육이 형성해놓은 도덕적 토대를 영화가 일거에 무너뜨릴지도 모른다는 식의 불안감이 지대했던 것으로 보인다. 그러나 이러한 불안과 긴장은 서서히 해소될 수밖에 없는 것이었다.

식민지 사회에서 이러한 불안감이 언론매체를 통해 공론화된 것을 보면, 일제 강점기 식자층이 대중에게 미치는 영화의 파급력을 비교적 일찍부터 파악하고 있었음을 알 수 있다. 그렇다면 그 파급력의 요체를 그들은 무엇이라고 본 것일까. 아래에 제시하는 기사는 영화의 풍속 교란을 우려한 기사의 서두로 제시된 것인데, 그러한 우려가 나오게 된 배경을 짐작할 수 있게 한다는 점에서 주목할 만하다.

> 무릇 하급의 민지(民智)를 개발함은 학교보다 소설이 빠르고 소설보다 연설이 빠르니 연설보다 연극이 빠르다 하는 서양학자의 격언이 있나니, 이는 어떤 연고이냐. 학교는 장기의 학년을 일정을 변하여 단계를 밟아 공부케 함이라, 통 학문으로부터 고등 학식까지 양성하는 처소(處所)인즉, 실학(失學)한 하급 인민에 대하여는 소용이 없을 뿐더러, 진진한 재미로 깨달음이 있게 하기가 소설만큼 빠르지 못하다 할지며, 소설도 역시 서적물이라 총명이 능히 그 저편 뜻을 일일이 평회(評會)한 연후에야 비로소 좋고 그른 것을 분간할지니, 어찌 당장 그 마당에서 귀도 들어 마음을 감동케 하는 연설만치 효험이 있으리오. 연설도 역시 대강 무식은 면한 자라야 남의 도도한 말의 요령을 가히 알아들어 스스로 감각함이 있을지니, 어찌 실지 광경을 눈으로 역력히 보는 연극만치 빠른 효과가 있다 할쏘냐.[17]

대중을 계몽하는 데는 '학교＞소설＞연설＞연극' 순으로 빠르다는 서양학자의 의견을 위 기사는 인용하고 있다. 이 기사에서 주목할 점은 기사의 필자가 연극의 우위성을 내세우고 있다는 점일 것인데, 이는 기자의 식견으로는 연극이 가장 직접적 감각인 시각성에 기반하는 것으로 여겨졌기 때문일 것이다. 연극이라고 해서 무식한 대중이 내용을 잘 이해할 수 있다는 보장은 없지만, 연설 내용을 이해하기 위해서는 일정한 지식이 필요하고 적당한 문자 해득력이 있어야 소설의 내용을 이해할 수 있다는 점에서 연극이야말로 대중이 한층 다가가기 쉬운 매체임에는 분명하다.

접근의 용이성과 지식 전달의 신속함은 다른 한편으로 지식 수준의 정교함이라는 교육적 이상에는 미치지 못한다. '지(智)와 덕(德)의 함양이라는 교육의 이상에 비추어봤을 때, 연극이나 영화가 청소년에게 미치는 악영향에 대한 우려는 '사회의 어른들'에게 당연한 것이었다.

> 활동사진 전람회는 일본 문부성 당국의 주최로 지나간 26일 오후 ○시에 부인강연회에서 개최되었는데, 문부성의 사회교육조사회위원 관원교조(菅原敎造) 씨 외에 아동과 활동사진이라는 문제로 권전보지조(權田保之助) 씨의 흥미 있는 강연이 있었는데, 현재 1개월 동안에 아이들이 활동사진을 구경하는 그 수효는 놀랄 만하다. 구경꾼 총수의 백분지 구십오 내지 구십팔이나 되고, 구경하러 오는 회수는 일주일에 한 번씩 오는 자가 아동 총수의 십분지 일이오, 한 번 내지 세 번씩 오는 자가 백분지 십오, 1개월에 한 번 오는 자가 이분지 일 이상이나 되는데, 그 아이들이 활동사진에서 받은 영향은 악한 방면으로 보면 대정 3년부터 9년까지 일곱 해 동안에 소전원(小田原) 감옥에 수감된 소년이 구백구십사 인인바, 그중에 활동사진을 보고 죄를 범한 자가 구백 팔십오 인이고, 활동사진의 하는 대로 실행한 범인이 아홉 명인즉, 본래 이 활동사진을 단순히 경시청 검열에만 위탁하여버리는 것은 좋지 못한 것으로 생각하는 바이다. 금후에는 경시청 검열만 믿지 말고 부인 편에서도 상당히 검열을 하여, 그 사진으로 잘 이용하여 아동의 사회적 교화를 행하는 것이 제일 효력이 있을 줄로 믿노라고 열변을 토하였다고 하더라. (동경)[18]

위의 내용은 식민지 조선의 이야기가 아니다. 도쿄발 외신이다. 이 기사는 일본 사회에서 영화가 가진 파급력을 아동에 대한 악영향이라는 관점에서 서술하고 있다. 그러나 기사를 읽다 보면 인용된 수치에 과장이 있는 건 아닌가 하는 의심이 든다. 가장 못미더운 이야기는 영화 관람객의 95퍼센트에서 98퍼센트까지가 아동이라는 말이다. 어느 나라 어느 시대를 막론하고 한 나라 영화 관객의 절대 다수를 '아희'가 차지한 경우는 없을 것이다.

이와 맞먹을 정도로 황당한 이야기가 이어진다. 다이쇼 3년에서 9년, 즉 1914년에서 1920년까지 6년 간 도쿄 인근 소재 오다하라 감옥에 수감된 아동 범죄자가 994명인데, 전원이 영화로 인해 범죄를 저질렀다는 것이다.

그러나 이런 이야기를 한 사람들은 우리로 따지면 교육과학부에 해당하는 문부성(文部省) 부설 위원회의 위원들이다. 공적 기관에 대한 신뢰감을 가지고 무조건 믿기에는 너무나 황당무계한 이야기임에 틀림없다. 그들은 청소년들이 일상생활에서 영화를 얼마나 자주 접하는가에 관심을 가지고 조사를 한 듯하다. 한 달에 한 번 이상 영화를 보러 가는 경우가 전체 조사 대상에서 50퍼센트 이상을 차지한다. 이쯤 되면 식민지 조선의 청소년들은 몰라도 일본의 청소년들이 영화에 미쳤다는 이야기는 거짓이라고 하기 힘들 것이다.

신빙성이 현저히 떨어지는 이런 이야기를 일말의 양심의 가책도 없이 내놓는 문부성 당국자의 의도는 뻔한 것이다. 가급적 아동을 영화로부터 격리시키자는 것일 터이다. 마지막으로 이 당국자는 경시청 검열도 중요하지만 가정의 부인이 식견을 가지고 영화를 교육적 취지에 맞게 이용해

달라는 당부를 내놓는다.

  국내 사정이 아닌 도쿄발 외신을 기사화한 이유는 식민지 조선에서 이와 관련된 통계 조사가 실시된 바가 없기 때문이겠지만, 무엇보다도 영화가 도덕적인 문제를 불러일으킬 것이라는 기성세대들의 영화에 대한 편견이 당대 사회에 강하게 확산되어 있었기 때문일 것이다. 이러한 사정을 기반으로 위의 기사는 과학적 조사를 빙자하여 과감하게 현실을 왜곡하고 과장을 수행했다.

  1920년대 중반에 영화 저널리즘이 본격화되기 전인 1921년에 나온 이 기사는, 영화가 도덕적으로 위험한 '물건'이라는 '사회 어른들'의 우려를 보여주고 있다. 아마도 '견지동 청년' 역시 집안의 어른들로부터 이러한 훈계를 무시로 들었을 터이다. 그럼에도 어른들의 냉대와 근심을 뒤로 하고 영화의 세계로 진출할 꿈을 품었다는 것은 놀라운 일이다. 그러나 청년에게 앞길은 막막했을 것이다.

영화의 세계에
빠져든 이들

일제 강점기 리얼리즘 영화의 걸작인 〈임자 없는 나룻배〉(1932)를 감독한 이규환은, 〈나의 감독 수업의 도정〉(《조광》 1937년 12월호)이라는 자전적 기록을 통해서 그가 유명한 감독이 되기까지의 과정을 진솔하게 보여준 바 있다. 이 글에서 이규환은 첩을 얻은 아버지 때문에 내쫓긴 어머니의 애달픈 삶, 활동사진과 연극에 빠져 보낸 청소년기, 음악가와 소설가에 대한 꿈, 월급도 제대로 못 받으면서 교토의 신코키네마(新興キネマ) 감독부에서 고생하던 일본 시절 등을 회고하고 있다. 특히 먹을 것이 없어 일주일에 한 번씩 감독 수업을 빼먹고 새벽부터 저녁까지 60번 넘게 수레를 끌고 1엔 50전을 벌어 턱없이 부족한 생활비에 충당했다는 대목은 그가 명성 있는 감독으로 서기까지 얼마나 지난한 과정을 거쳤는가를 단적으로 보여준다.

리얼리즘 감독 이규환(1904~1982)

그와 비슷한 연배의 인텔리 청년들 상당수가 문학가의 길을 지망하던 당대의 상황에 비추어볼 때, 이규환이 걸어간 길은 남달랐다고 할 것이다. 그는 견지동 청년처럼 식민지 청년이 영화라는 새로운 매체에 매혹되고 포섭되어가는 과정을 보여주는 한 예라는 측면에서 의미가 있다.

이규환처럼 견지동 청년 역시 청소년기에 활동사진에 빠져 살면서 영화의 길을 꿈꾸었지만, 그가 할 수 있는 일이란 극장을 찾거나 일간지나 잡지를 뒤적이며 영화에 대한 지식과 정보를 수집하는 정도였을 것이다. 그러나 1920년대 청년에게 영화는 큰 돈 들이

일제 강점기 저항의 정서가 담긴 영화 〈임자 없는 나룻배〉

지 않고 수시로 향유할 수 있는 일상적인 오락이 아니었다. 비록 경성에 거주하는 이들이라 하더라도 영화는 값비싼 오락의 일종이었던 것이 사실이다. 당시 사정을 알기 위해 구체적인 예를 들어보자. 1929년 11월 2일 《동아일보》에 의하면 춘천군청 고원(雇員)의 월급이 23원이었다.[19] 그런데 이와 비슷한 시점인 1929년 11월 17일 경성 조선극장의 입장료는 성인 기준 50~80전이었다.[20] 화폐 단위나 물가가 현재와 달라서 정확한 비교가 되지 않겠지만, 1920년대 후반 하급 공무원이 월급을 받아서 영화 구경을 가려면 적어도 월급의 40분의 1을 투자해야 함을 의미한다. 월급이 100만 원이라면 영화비가 2만 5천 원인 셈이다. 따라서 일반 가정에서 부부 동반으로 영화 구경 한 번 하기란 무척 어려운 일이었다. 그러다 보니 주머니 상황이 풍족하지 못한 청소년들은 비이성적인 충동에 휩싸여 범죄의 유혹에 빠져들기도 했다.

영화광 소년이 저지른 절도 범죄를 다룬 기사(《조선일보》 1937년 4월 20일자)

슬하에 자손을 둔 부모네들은 참으로 주의를 게을리 말고 훈계하며 단단히 타이를 일이다. 성년의 어른들도 구경이라 하면 무의미로 좋아하는데, 더구나 어린아이들은 어른들보다도 호기심이 많아서 구경 중에도 제일 활동사진 같은 데는 더욱 중독이 되는 모양이다. 그런 고로 그중에는 여러 가지 좋지 못한 폐단이 없지 아니한바, 시내 합동(蛤洞) 24번지에 사는 조중숙(趙重肅)은 공립보통학교 4년에 통학 중인데, 요사이 활동사진에 대단 취미를 얻어서 밥만 먹으면 활동사진관으로 줄달음질을 하던 중, 자기 부친이 늑막염에 걸려 십여 일을 자리에서 일어나지 못하므로 구경 갈 돈도 마음과 같이 얻을 수 없는 터이므로, 활동사진에 거의 미치다시피 된 그 아이는 별안간 악의가 일어나서, 부내 여러 곳으로 다니며 주인 없는 틈을 보아서 '구쓰(구두)' 같은 것을 훔쳐다가 팔아서 활동사진관으로 가는 것을 용산경찰서에서 발견하고, 경관이 즉시 불들어서 조사한 결과 아직 범죄 연령이 못 되었다 하여 여러 가지 말로 타이른 후 그 아이의 부친에게로 돌려보냈다고 하더라.[21]

위의 기사는 영화가 불러일으키는 폐단의 일단을 영화에 중독된 어느

소년의 범죄 행각을 통해 제시하고 있다. 보통학교 4년생인 조중숙이라는 소년이 영화를 보기 위해 눈에 보이는 구두란 구두는 다 훔쳐서 팔고 돌아다녔다는 사실은 당대 사회에서 영화가 얼마나 유혹적인 매체였는가를 보여준다. 늑막염에 걸린 부친에 대한 염려보다 그로 인해 영화 관람 비용을 마련할 수 없다는 사실이 이 소년을 더욱 가슴 아프게 한 것으로 보인다. 가히 '영화를 위해서 산다'라는 표현이 무색하지 않을 정도로 이 아동의 머릿속은 온통 영화로 채워져 있었을 게다.

이처럼 영화의 세계에 깊이 탐닉하는 존재들이 생겨나는 현상은 영화 초창기에 세계 어디에서나 흔히 볼 수 있는 것이었다. 그러나 그중에서도 아동이나 청소년이 영화에 깊이 탐닉하는 것에 대해 경계하는 목소리가 높은 것은 감수성이 민감한 그네들의 심성을 영화가 타락시키지 않을까 하는 구시대 어른들의 두려움이 작용한 탓이다.

일상적 오락거리가 되기 전 오랫동안 영화는 서구에 대한 지식과 정보에 목마르던 식민지 조선인들에게 간접적으로 서구를 체험하게 하는 훌륭한 교재였다.[22] 이것이야말로 '활동사진'이 수입되던 초창기 이 땅에서 가진 뚜렷한 위상이었다. 그래서 도덕적 타락을 우려한 기성세대마저 영화를 교육적 측면에서 부정하지 못했던 것이다. 그러던 것이 어느새 일상적 오락물로 바뀌어 통속소설 같은 영화가 주류를 이루자, 근대적 계몽의 매체라는 영화에 대한 사회적 신망이 서서히 철회되기 시작하였다.

> 칼럼

극장에 갈까, 영화관에 갈까

　흔히 영화를 보러 갈 때 '극장 간다'라는 말을 사용한다. 그러나 엄밀히 말하면 극장은 연극을 상연하는 공간을 지칭하는 표현이므로, 영화를 보러 갈 때는 영화관에 간다는 표현이 더 적절하다. 그럼에도 우리 문화 속에서 극장과 영화관은 비슷한 공간으로 이해되고 있다. 이는 다른 나라에서는 찾아보기 힘든 독특한 것이다.

　근대 이후 우리나라에는 근대적 의미의 연극이 영화보다 먼저 도래했다. 그리하여 연극을 상연하는 원각사나 단성사 등의 무대가 개설되었다. 그 뒤 등장한 영화는 처음부터 영화관이라는 독립적인 공간을 확보하지 못한 채 극장에서 프로그램의 일환으로 상영되었다.

1935년 개축된 단성사 전경. 일제 강점기 조선인 전용관 역할을 했다.

　영화가 대중의 호응을 얻으면서 점차 독립적인 공간을 확보하기에 이른 것은 1910년경이다. 이때부터 영화는 극장과 별도로 영화관이라는 독립적인 상영 장소를 마련했지만, 영화관에서 전적으로 영화만 상영한 것은 아니었다. 주요 프로그램은 영화 상영에 맞춰져 있었지만, 부분적으로 연극, 만담, 가요 등을 공연함으로써 복합적인 흥행 공간으로 존재했다. 1920년대의 대표적인 조선인 전용관이던 단성사나 조선극장이 그런 공간이었다. 특히 조선극장은 명칭 자체에서도 '극장'이라고 자신의 성격을 명확히

함으로써, 이후 조선인의 뇌리 속에 '극장'의 복합적인 이미지를 각인시키는 데 기여했다. 결론적으로 말하자면 일제 강점기 내내 극장과 영화관은 명확히 분리되지 못했다고 할 수 있다. 이런 현상은 적어도 1970년대까지 지속된 것으로 보인다. 영화관에 따라 일부는 다른 단체에 대관해서 가요나 공연을 선보이기도 했던 것이다.

그리고 일제 강점기에는 극장이나 영화관이라는 용어와 더불어 활동사진상설관, 영화상설관이라는 표현도 종종 사용되었다. 활동사진상설관이라는 표현은 영화상설관이라는 표현보다 좀 더 이전에 사용된 것이다. 영화가 전래되던 초창기에는 영화를 '활동사진'이라고 불렀다. 활동사진이라는 표현은 영화에 앞서 전래된 사진에서 착안한 것이다. 고정된 이미지를 보여주는 사진과 달리 영화는 움직이는 이미지를 보여주었기 때문에 움직임에 강조점을 둔 '활동사진'이라는 표현이 정착된 것이다. 이런 표현은 미국에서 영화를 'motion picture'라고 부른 것과 연관이 있다. 상설관이라는 표현은 사전적 의미로 '언제든지 이용할 수 있도록 설비를 갖추어놓은 건물'을 뜻한다. 영화가 처음 전래된 1900년대 초반에는 요즘과 달리 야외에 임시 무대를 만들어서 상영하곤 했다. 그러다가 극장과 같은 일정한 설비를 갖춘 공간에서 영화가 상영되었다. 이와 같은 변화를 반영하는 표현이 활동사진상설관이라는 표현으로 정착된 것이다. 그리고 활동사진이라는 다소 원시적인 표현이 1930년경부터 '영화'라는 표현으로 정착되면서 영화상설관이라는 표현도 종종 사용되었다.

2장

경성 영화관의 탄생

경성 최초의 영화관

일제의 식민 통치가 시작된 1910년대는 식민지 조선에서 활동사진이 하나의 새로운 문화로 뚜렷이 부각된 시점이다. 1895년에 오귀스트 뤼미에르와 루이 뤼미에르 형제에 의해 상업적으로 상영되기 시작한 이래로, 20세기에 들어서면서 영화는 전 세계적으로 빠르게 신종 예술 또는 신종 산업으로 주목받았다. 1900년대 초반, 영화산업의 선두 주자인 프랑스를 비롯하여 이탈리아, 미국 등이 발 빠르게 새로운 시장을 선점하려는 움직임을 보였다. 그 무렵 제작된 영화들 대부분이 1,000피트 미만의 단편영화였다. 요즘 상영 관습에 따라 초당 24프레임으로 돌린다면 불과 10분이 채 되지 않는 길이인데, 비록 짧은 분량이었지만 당시 세계 영화인들은 다양한 장르의 영화들을 활발하게 제작하였다.

처음에는 이런 영화들을 상영할 공간이 마땅치 않았다. 그래서 지방 소도시에서는 전문 영사업자가 영사기를 휴대하고 마을마다 돌아다니면서 가설 스크린을 설치하여 상영하는 이동 영사가 주류를 이루었다. 그리고 대도시에서는 기존에 가벼운 연예 쇼를 하던 '보드빌(vaudeville)' 극장에 이어 점차 영화 전용관이 생기기 시작했다. 미국의 경우 초창기에 전용관 기능을 한 것이 '니켈오데온(nickelodeon)'이었다. 1900년대에 우후죽순처럼 건립된 이 소형 극장은 곧 큰 인기를 얻었다. 그리고 1910년대에 들어서면서 상당한 규모를 갖춘 영화관이 설립되고, 1920년대에는 '영화궁전(picture palace)'이라고 일컬어지는 초호화판 영화관이 대도시마다 생겨났다.

이에 반해 식민지 조선은 이 시기에 미국과 달리 영화를 상영할 수 있는 일정한 물질적 토대를 마련하지 못한 상태였다. 1900년대 초에는 가설극장을 중심으로 상업회사의 상품 판촉을 목적으로 한 영화 상영이 간헐적으로 이루어지고 있을 뿐이었다. 1908년에 이인직이 운영하는 원각사가 활동사진을 자주 상영했는데, 1900년대 초 조선인들이 활동사진을 볼 수 있는 가장 중요한 공간이었다.[1] 그러다가 영화가 일정한 공간에서 상영되기 시작한 것이 1910년대의 일이었다. 1910년 경성의 남촌에 세워진 경성고등연예관은 일정한 공간과 상영 시스템을 갖춘 최초의 영화관이었다. 식민지 조선에서 영화문화가 미국의 1900년대 초반의 양상을 띠기 시작한 것은, 이처럼 영화관이 하나둘씩 들어서면서 영화 관람이 하나의 유행으로 정착된 1910년대 후반의 일이다.

영화관들은 1910년대에 주로 일본인이 거주하는 남촌을 중심으로 들어서기 시작했다. 본래 경성은 청계천을 기준으로 그 이북은 조선인들이 주로 거주하는 북촌, 그 이남은 일본인들이 주로 거주하는 남촌으로 경계를 구분하고 있었다. 한강을 기준으로 강남, 강북을 가르는 요즘과는 다른 경계 구분법이다. 당시 경성의 상권은 자본력이 강한 일본인이 장악하고 있었는데, 일본인들 중에 영화 사업에 관심을 가지고 투자하는 이들이 속속 생겨났다. 이는 경성으로 일본인 인구가 계속해서 유입되어 사업성이 좋을 것으로 판단했기 때문이었다.

이렇게 해서 생겨난 것이 앞에서 언급한 경성고등연예관, 황금관, 대정

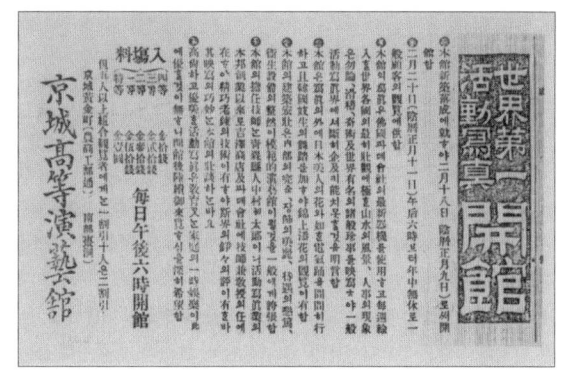

경성고등연예관 개관 광고 (《황성신문》 1910년 2월 18일자)

관, 유락관 등이다. 영화관 이름에 '관(館)' 자가 붙은 것이 특이하다. 이들 영화관은 개봉 영화를 상영하는 개봉관이고, 이 밖에도 한번 개봉한 영화를 받아서 상영하는 2번관, 3번관도 적지 않게 있었다.

일본인 영화업자들은 처음에는 주로 일본인 관객을 대상으로 영화관을 운영하였으나, 이후 곧바로 조선인 관객까지 이윤 창출의 대상으로 흡수하기 시작했다. 이에 비해 조선인이 주로 거주한 북촌에 대한 일본인 영화 사업가들의 활동은 비교적 제한적이었다. 북촌의 경우에 1912년 일본인 자본가에 의해 건립된 우미관은, 1918년 박승필에 의해 연극 전용 극장이던 단성사가 영화관으로 탈바꿈하여 경쟁체제에 돌입하기 전까지 독점적 지위를 누렸다. 1910년대 초반이 우미관의 시대였다면, 1910년대 후반은 우미관과 단성사의 2파전 시대였다고 할 수 있다.

비록 자본과 관객의 구성 면에서 상이한 모습을 보이기는 했으나, 1910년대 영화문화는 영화관이라는 물질적 기초에 기반을 두고 언론매체에 영화 광고나 기사가 일상적으로 게재되면서 형성되기 시작했다. 물론 당시는 제작이 전무한 상영 중심의 시대였기 때문에, 그보다 온전한 의미에

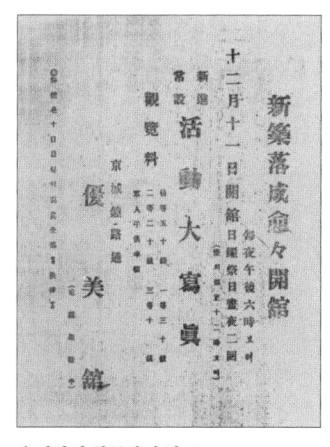
우미관의 활동사진 광고

서 식민지 조선의 영화문화를 논한다면 그 시점은 나운규의 〈아리랑〉이 등장할 무렵인 1920년대 중반으로 늦춰야 할 것이다.

본격적인 영화문화가 형성된 1920년대 이후 식민지 조선의 영화문화에 대해서는 최근 10여 년 이래 연구가 상당히 활발해지면서 많은 성과들이 발표되고 있다. 이는 1920년대 중반 이후 조선영화가 본격적으로 제작되기 시작하면서, 이에 따라 대중의 영화 열기가 증폭되고 영화의 제반 과정을 규제하는 법규가 정비되는 등 영화가 식민지 조선에서 대중문화의 한 부분으로 제도화되었기 때문이다. 특히 언론매체의 확장은 영화 열기를 고조시키는 계기였을 뿐 아니라, 최근 연구가 가능하게 된 근거이기도 하다.

그러나 1910년대 영화문화에 한정해서 본다면, 이 시기에 대해서는 거의 알려져 있지 않다고 해도 과언이 아니다. 당시의 영화문화를 논의한 비교적 초기의 글로는 영화학자 조희문의 논문[2]을 들 수 있다. 이 글은 한국영화사 연구가 본격화되는 초석을 놓은 글로, 사료에 근거한 정확한 견해를 제시하여 영화 연구가 학문적 영역으로 확장되는 기틀을 마련하였다. 영화 전래기부터 1920년대 초반까지의 다소 포괄적인 시기를 다루고 있으나, 이 글은 한국영화사 초기의 중요한 논점들을 제시하여 이후 연구에 많은 시사점을 제공했다. 그러나 특정한 연대에 대한 정밀한 탐구로 나아가지 못한 채 다소 방만한 구성을 보이는 것은 아쉬운 점이다. 특히 외국영화의 최초 상영 시점 논의나 〈의리적 구토〉(1919), 〈국경〉(1923)을 둘러싼 최초의 조선영화 논의 등 특정 사실의 기점과 관련된 분석에 지면의 다수를 할애했다.

남녀 좌석이 분리된 초창기 영화관

앞서 니켈오데온에 대해서 언급한 바 있다. 이들 영화관에 입장하는 데 5센트짜리 동전 하나만 있으면 충분하다고 해서 이런 이름이 붙었다. 대체로 이 영화관들은 200~300석 규모의 좌석을 구비한 영화 전용관으로, 하층 관객의 구미에 맞을 만한 단순한 내용의 영화를 상영하여 노동자, 여성, 이민자, 아동 등 수많은 미국인들의 저녁 오락거리 기능을 했다. 니켈오데온은 일종의 붐을 일으켜 급기야 미국 내에 수만 개가 들어설 정도의 인기를 얻었다. 이곳은 비교적 단순한 구조를 갖춘 소규모 영화관으로 내부가 길고 어두운 방 구조로 되어 있는데, 방 한쪽 끝에 모슬린이나 천을 내걸어서 스크린으로 활용하고 피아노와 드럼 세트를 스크린 옆에 배치하여 반주 음악을 연주하거나 음향 효과를 낼 수 있었다.[3]

1910년대에 미국에 문을 연 최초의 영화궁전은 1914년 뉴욕의 타임스스퀘어에 들어선 스트랜드극장으로 3,500석 규모였다.[4]

이후 1910년대에 생겨난 식민지 조선의 영화관들은 니켈오데온보다 좀 더 큰 규모였다. 영화관의 모습이 어떠했는지 자세히 알기는 어렵지만, 1912년에 개관한 대정관의 경우를 살펴보면, 당대 영화관 모습을 어느 정도 짐작할 수 있다.

대정관 개관 광고(《매일신보》 1912년 11월 8일자)

본관의 설비

• 건축의 장려(壯麗), 내부의 완전, 장식의 미려, 위생 설비의 정연(整然)한 사항이 사계(斯界)에 대한 원조라.

• 관내에는 끽다실(喫茶室), 매품부(賣品部), 끽연실(喫煙室), 화장실 및 운동장을 설비하고, 한난(寒暖)은 난로와 선풍기를 설치하여 조화롭게 하야 관객을 맞이함.

• 관내에는 일정한 양장한 부인 안내자를 고용하여 관객의 편의를 도모하고, 안내인 감독자로 하여금 끊임없이 순시하게 함.[5]

위의 글은 1912년《매일신보》에 게재된 대정관 개관 광고의 일부분이다. 객석의 규모를 정확히 밝히지 않았지만, 500~1,000석 규모로 추정된다. 참고로 1918년에 영화상설관으로 탈바꿈한 단성사의 경우는 680석 규모의 3층 구조로 되어 있었다.[6] 대정관 실내로 눈을 돌려보면, 실내에는 차를 마시며 이야기를 나눌 수 있는 끽다실, 담배나 주전부리를 살 수 있는 매품부, 흡연자를 위한 끽연실이 있다.

영화관 설비에 대한 소개에서 운동장과 화장실을 거론한 점이 눈에 띈다. 여기서 말하는 '운동장'은 흔히 연상하기 쉬운 학교 운동장 같은 것이 아니라, 아마도 탁구대나 당구대를 비치한 공간 정도가 아니었을까 추측된다. 그런데 굳이 언급하지 않아도 될 '화장실'을 언급한 이유는 무엇일까. 아마도 이 '화장실'도 '운동장'과 마찬가지로 '측간'이나 '변소'가 아니라 여성이 화장을 하는 설비를 갖춘 공간임을 강조한 것이 아닐까.

일제 강점기 영화관들은 대부분 복층 구조로 되어 있었다. 영화관에 입장하면, 전면에 스크린과 1층 객석이 마련되어 있고 측면 계단을 통해서 2층으로 올라갈 수 있는 구조로 되어 있다. 객석 후면부에는 영사실이 설치되어 있었다. 초창기 남녀 좌석이 분리되어 있던 시절에는 '부인석'이 주로 2층에 설치되어 있었다. 그러나 시간이 흐르면서 남녀 좌석 분리는 사라지고 남녀가 자연스럽게 어울려 영화를 보게 되었다.

대정관의 광고를 통해서는 실내조명 설비에 대해 잘 알 수 없다. 상영 전에는 전기 조명으로 관내를 밝혔겠지만, 상영이 시작되면 아마도 스크린 측면의 광고와 변사석을 제외하고는 일체 조명이 꺼졌을 것이다. 광고 등은 관객이 찾는 사람이 있을 때 호출하는 용도로 사용된 것으로 보인다.

영화가 시작된 뒤에 입장한 관객이 어둠 속에서 좌석을 찾기란 쉽지 않다. 요즘 영화관은 출입문 옆에 배치도가 붙어 있고, 좌석마다 위치를 확인할 수 있는 자그마한 조명이 있고, 또 바닥에는 관객의 동선을 지시하는 조명이 설치되어 있어 그런 어려움이 없다.

그러나 초창기 영화관에는 현재 우리에게 익숙한 것들이 아무것도 없었다. 그래서 관객이 누군가의 발을 밟기 일쑤였고, 관내는 빈 좌석을 찾아 헤매는 '신참'이 일으키는 이런저런 소동으로 시끄러워지기 마련이었다. 영화관은 상영 내내 '차분한 관람'과 거리가 먼 환경이었다. '신참'뿐만 아니라 '고참'들도 영화 화면이나 변사의 목소리에 즉각적으로 반응하면서 찬탄과 비난, 환호성과 야유를 수시로 내뱉으며 영화관을 일종의 콘서트 장으로 만들어버렸다. 경성고등연예관이 유일한 영화 상설관이던 시절에는 조선인과 일본인이 같은 영화를 보면서 소란이 일으키기도 했다. 권투하는 서양인과 유도하는 일본인이 맞붙은 영화가 상영될 때, 서양인이 이기면 조선인이 환호하고 일본인은 야유나 욕을 퍼부었다. 또 일본인이 이기면 이번에는 일본인이 박수를 치며 함성을 질렀고, 조선인은 기가 죽었다.[7]

무성영화 시절의 상영회 풍경은 이처럼 영화 원로들의 회고담이나 몇몇 소설 작품 속에서 찾아볼 수 있다. 작가 이상의 작품 중 〈산촌여정(山村餘情)〉이라는 수필이 그 대표적인 예이다. 이 글에서 이상은 1930년대 중반에 요양차 내려가 있던 평안남도 성천의 어느 마을 공회당에서 벌어진 이동 상영회 장면을 묘사하고 있다. 농촌 계몽적 성격의 영화와 연설이 결합된 이 상영회는 큰 소란 없이 즐거운 분위기에서 끝이 났다. 그러나 모든 상영회가 이렇게 끝난 것만은 아니다. 식민지 조선과 엇비슷했던 일본의 사정을 엿볼 수 있는 작품이 한 편 있다.

일본 프롤레타리아 작가 고바야시 다키지가 1929년에 발표한 〈게공선〉이라는 작품이 있다. 이 작품은 그의 대표작으로 노동 착취 문제를 다룬 대표적인 계급주의 소설로 통한다. 즉 사할린 근처 캄차카 근해에서 게를

잡아 가공하는 배, 즉 게공선 노동의 실상을 고발한 작품으로, 아래 장면은 보급선과 함께 찾아온 변사가 이동 상영회인 순업(巡業)을 하고 있는 장면을 묘사한 것이다.

맨 처음은 '기록영화'였다. 미야기, 마쓰시마, 에노시마, 교토 등이 덜거덕거리며 비쳤다. 가끔 잘렸다. 갑자기 사진 두세 장이 겹쳐서 현기증이라도 난 듯 헝클어졌다는 생각이 드는 순간 없어졌다. 퍽 하고 하얀 막이 나타났다.

그 다음엔 서양영화와 일본영화를 상영했다. 어느 것이든 죄다 필름에 줄이 죽죽 들어가 있어, 심하게 '비가 내렸다'. 게다가 여기저기 잘린 필름을 이어놓아서인지 사람의 움직임이 왠지 어색했다. 그러나 그런 것은 아무래도 좋았다. 다들 완전히 빨려 들어갔다. 훌륭한 몸매를 가진 외국 여자가 나오자 휘파람을 불거나 돼지처럼 콧소리를 냈다. 화가 난 변사가 한동안 설명을 하지 않을 때도 있었다.

서양영화는 할리우드영화로, '서부 개척사'를 다룬 것이었다. 야만인의 습격을 받거나 자연의 포악한 공격에 파괴당했다가, 다시 힘을 내서 한 칸 한 칸 철도 차량을 늘려갔다. 그러한 과정에서 하룻밤 새에 벼락치기로 만든 '마을'이, 철도를 마치 이음매의 매듭처럼 만들었다. 그리고 철도가 전진했다. 그 앞으로, 앞으로 또 마을이 생겨났다. 거기에서 일어나는 수많은 고난은, 공사장 인부와 회사 중역의 딸이 서로 '러브스토리'로 얽혀서 겉으로 드러나거나 안으로 감춰지는 식으로 묘사되었다. 마지막 장면에서 변사가 목소리를 높였다.

"그리하여 숱한 희생적인 청년들에 의해 결국 성공하게 된 장장 수백 마일의 철도는 기다란 뱀처럼 들을 달리고 산을 뚫고, 어제까지의 미개지는 그리하여 부강한 나라로 변해간 것이었습니다."

중역의 딸과, 어느 틈에 신사가 된 인부가 서로 포옹하는 장면에서 막이 내렸다.

중간에, 아무 뜻도 없이 낄낄 웃게 만드는 짧은 서양영화 한 편이 끼어 있었다.

일본영화는, 가난한 한 소년이 '낫토 장수'와 '신문팔이'에서 '구두닦이'까지 전전하다가, 공장에 들어가 모범적인 직공으로서 특별히 승진하여 큰 부자가 되는 영화였다. 변사는 대사엔 없었지만 이렇게 덧붙였다.

"참으로 근면이야말로 성공의 어머니가 아니고 무엇이더란 말이냐!"

거기에 잡일꾼들은 '진지한' 박수를 보냈다. 그러나 어업 노동자와 선원들 가운데 이렇게 고함치는 사람도 있었다.

"거짓말쟁이! 그렇다면, 나는 벌써 사장이 돼 있어야 하잖아!"

그러자 다들 크게 웃음보를 터뜨렸다.

뒤이어 변사는 이렇게 말했다.

"저런 곳에선, 당신의 운과 힘을 모조리 쏟아 부으라고……. 되풀이하고 또 되풀이해서 말하지만 회사로부터 명령을 받은 것이다."

마지막으로, 회사 소유의 공장과 사무실을 비췄다. '근면'하게 일하고 있는 많은 노동자를 보여줬다.

영화가 끝나자, 모두는 '일만 상자 축하' 술에 취했다.[8]

게공선 선상에서 노동자들을 상대로 펼쳐진 순회 상영에는 일본 각지의 풍경을 담은 다큐멘터리영화, 서부 개척사를 다룬 할리우드영화, 단편

코미디영화, 하층 계급의 성공 신화를 다룬 일본영화가 상영되었다. 이를 통해 무성영화 시절에 영화 상영회 프로그램의 구성이 어떠했는지 대강 짐작할 수 있다. 그중에는 다양한 장르와 국적의 영화들이 고루 섞여 있었다. 그런데 이 영화들은 한결같이 오랫동안 상영된 탓에 '비 내림 현상'이 심하고, 때로 손상된 필름을 제거해서 화면이 '튀는' 현상까지 군데군데 보인다. 이는 순회 상영에 사용되는 필름이 보통 개봉관부터 재상영관까지 돌고 돌아 낡아빠질 대로 낡아빠진 것이었기 때문이다.

게공선 노동자들은 화면에 몸매가 좋은 서양 여배우가 등장하면 휘파람을 불거나 돼지 먹따는 소리 같은 알 수 없는 소리를 지르며 환호했다. 세상과 격리되어 수개월 동안 바다에서 거친 파도와 싸우는 남성 노동자들에게는 이것 자체만으로도 충분한 위로가 되는 것이다. 그러나 설명의 기회를 주지 않는 노동자들에게 변사는 화를 낸다. 그래도 노동자는 아랑곳하지 않는다. 오히려 무시하는 기색마저 있다.

변사가 서부 개척의 성공 신화를 이야기하고 가난한 소년이 근면하게 일하여 큰 부자로 성공했다고 덧붙이는 대목에서 노동자들은 반감을 느낀다. 계속해서 변사가 노동자 관객에게 설교를 늘어놓으려 하자, 한 노동자가 "거짓말쟁이! 그렇다면 나는 벌써 사장이 돼 있어야 하잖아!" 하고 맞받아친다.

이 상영회는 게공선 회사의 기획 하에 프로그램이 구성되었다. 그러나 노동자들에게 순응과 근면의 이데올로기를 주입시키고자 한 의도는 그들의 비웃음을 받으며 철저히 부정되었다. 변사가 영화에 대해 적절히 해설할 때는 별로 문제가 되지 않았지만, 그 도를 넘어서 관객의 기대를 어그러뜨리는 발언을 시도할 때는 조롱당하거나 비난받곤 했다. 이처럼 무성영화 시절 영화관의 각종 소란은 시간이 흐르면서 잦아들기는 했지만, 그러기까지 꽤 오랜 시간이 필요했다.

다시 영화관 설비 이야기로 돌아가자. 고객 편의라는 측면에서 훨씬 앞서 있던 미국에서 식민지 대중의 상상력을 앞서는 설비들이 속속 등장하였다.

> 미국에서는 어두운 사진관 안에 들어가 빈 자리가 어떠한 곳에 있는지 이를 찾아내는 방법이 교묘하게 설비되었더라. 경성 안의 활동사진들로 말하면, 그러한 설비가 전혀 없고 또 앉을 자리로 말하여도 한 사람이 꼭 한 자리씩 차지하게 되지 아니하였으며 사람이 많을 때에는 뒤에 가서 사람 다닐 길도 없이 늘어서는 터인즉 실상 별로 필요하지도 아니하나, 서양에서는 의자 하나에 한 사람씩 앉는 터인즉 낮같이 밝은 길에서 별안간 어두운 데 들어가서는 장시간 곤란하며 물론 안내인이 있지만은 안내자도 역시 알기가 어려운고로 이 불편함을 없이 하기 위하여 전기 작용으로 사람의 앉고 앉지 아니한 자리를 알게 하였는데, 그 방법은 조그마한 전기등을 관람석 수효와 그 차례대로 켜놓고 각 좌석과 통하여 사람이 앉으면 꺼지고 앉지 아니하면 켜지게 만들어 놓았으므로, 그것만 보고도 몇째 줄 몇째 자리가 비어 있음을 즉시 알게 되었다 하니, 그 사진관의 설비를 이것만 보아도 가히 알겠더라.[9]

위 기사는 경성의 영화관들과 달리 최신 조명 설비로 좌석을 찾는 어려움을 해결한 미국의 영화계 소식을 알려주고 있다. 좌석을 전기로 연결하여 빈 좌석을 실시간으로 확인하여 관객을 안내할 수 있는 시스템이 설치되었다는 것이다. 이 기사에 등장하는 영화관은 뉴욕의 '록시'다. 이곳은 '활동사진의 전당'이라고 불리던 무성영화 시절 최고의 영화궁전으로, 객석이 무려 6,214석이었다.[10] 비슷한 시기 경성의 웬만한 영화관들과 비교하면 무려 10배 수준인 셈이다. 멀티플렉스 영화관이 보편화된 요즘의 가장 큰 영화관도 이 정도에는 못 미칠 것이다. 규모나 설비 그 어느 면에서도 미국의 영화관은 단연 압도적이었다.

　일제 강점기 영화관 설비 중에서 가장 부실한 것은 냉난방 설비였다. 여름철과 겨울철에는 각각 선풍기와 난로 몇 대로 냉난방에 충당하고 있었다. 그러나 몇 대의 선풍기나 난로로 넓은 실내를 감당한다는 것은 애초부터 역부족이었다. 그래서 여름철이나 겨울철은 영화관의 비수기가 될 수밖에 없었고, 이윤 창출이라는 거대한 덫에 걸린 영화관 관주들의 고민은 이만저만이 아니었다.

　특히 겨울철보다 여름철이 더 문제였는데, 겨울철은 영화관이 찬 공기를 막아주는 바람막이 역할을 했지만, 여름철은 그 반대로 영화관이 찜통 구실을 할 수밖에 없었기 때문이다. 영화관 관주의 입장에서는 여름철 비수기를 해결할 뚜렷한 묘책이 서지 않았다. 이는 식민지 조선뿐만 아니라, 그 무렵 전 세계 영화관 어디서나 흔히 볼 수 있는 상황이었다. 미국에서도 여름철이 되면 '사업이 증발'[11]한다는 말이 있을 정도였다.

　〈현대의 영화관〉이라는 글[12]에서 김규환은 "뼈를 저미는 듯한 겨울이 닥쳐오는 이때에 서울의 영화관에서 영화를 본다는 것은 큰 고통", "조선의 영화관은 겨울에 춥고 여름에 덥다는 것이 통례가 되어 그것을 괴상히 여기지 않고" 등의 말을 하고 있는데, 이로 미루어볼 때, 1920년대 말까지도 경성의 영화관은 냉난방 설비를 제대로 갖추지 못하고 있었음을 알 수 있다.

1920년대 냉난방 설비라는 것은 "추운 때는 두 점의 노화(爐火, 난롯불), 더운 때 두세 개의 풍선(風扇, 선풍기)"이라는 표현에서도 알 수 있듯이 지극히 원시적인 수준에 머물러 있었다. 그 원인으로 김규환이 지적한 것은, 영화관 설비의 기술적 문제가 아니라 영리만을 추구하고 관객을 배려하지 않는 영화관의 인식 부족이었다.

그러나 김규환이 지적한 내용과 달리, 이 문제는 식민지 조선의 영화업자들이 시설에 과감히 투자하기에 영화 자본이 너무 허약했기 때문인 듯하다. 일본의 영화관이 냉난방 설비를 갖추기 시작한 시점은 1932년 여름경이었다.[13] 이어서 식민지 조선의 영화관에 '최신식' 설비가 이루어지기 시작했다. 1933년에 난방 시설이 완성된 희락관은 그해 겨울 흥행에서 난방 시설이 불완전하던 대정관의 관객을 빼앗아올 수 있었다.[14] 그리고 1935년에 신축한 약초영화극장은 냉난방 시설을 갖춤으로써 현대적인 영화관에 좀 더 근접한 모습을 보여주었다.[15] 이처럼 냉난방 시설의 완비는 전체 흥행 성적에도 영향을 주어 1935년부터 식민지 조선의 영화 관객이 급격하게 늘어났다.

변사와 악대가 함께하는
영화 관람

　1930년대에 유성영화가 등장하기까지 일제 강점기 영화는 무성영화였다. 따라서 무성영화에는 음향이 빠져 있기 때문에 화면과 더불어 등장인물의 목소리, 효과음, 배경음악 등 영화 감상에 필요한 요소를 인위적으로 추가할 필요가 있었다. 그중에서 등장인물의 목소리를 인위적으로 재생하고 영화의 줄거리를 설명해주는 역할을 하던 사람을 흔히 '변사'라고 한다. 영화가 전래되던 초창기부터 변사는 영화 상영에서 필수적인 존재였다. 그 뒤 영화 상설관이 생기고 영화가 대중의 인기를 모으자 변사는 영화 상영에서 핵심적인 존재가 되었다. 스크린 옆 책상에 앉아서 등장인물의 '입'을 대신하기에 바쁜 변사야말로 일제 강점기 영화관의 꽃이었다. 청소년들은 영화 자체보다 변사에 더 관심이 많아서, 누가 설명하느냐에 따라 영화관에 갈 것인가 말 것인가를 결정하곤 했을 정도이다.

　일제 강점기 유명한 의사로서 이 무렵에 청소년 시절을 보낸 김성진(1905~1991)의 다음 회고를 통해 당시에 변사가 누리던 인기를 짐작할 수 있다.

　기자 언제부터 구경 다녔습니까?
　김 내가 보통학교를 사범부속에 다니면서 당숙집에 유숙했습니다. 아마

> 영화 구경 다니기는 열한 살 때부턴가 되는데, 그때는 우미관으로 다녔지요. 차차 구경에 재미를 붙이게 되니깐, 학교에서 나오는 길로 호떡 같은 걸 사서 호주머니에 넣어 가지고 갔습니다. 역시 〈명금〉이나 서부 활극 같은 것이 그때 영화로는 인상에 남아 있어요. 그 후로는 조선극장이니 단성사도 생기고 했는데, 솔직히 말하자면 그때는 영화 구경보다도 변사를 따라다닌 셈이지요. 그중에도 서상호가 제일 나았어요. 그래서 변사를 선택해서 구경 다녔지요.[16]

김성진이 회고하는 시점은 1910년대이다. 이 시절은 영화 상영이 일상에 자리 잡던 시점으로, 위 글을 통해 지금으로부터 100여 년 전 그 '옛날 옛적에도' 영화가 청소년들에게 깊은 인상을 심어주었음을 짐작할 수 있다. 1910년에 경성고등연예관이 개관하면서 식민지 연예계에 등장한 변사는, 외국영화의 해설을 담당함으로써 연예인이자 스타로 군림하였다.[17] 그로부터 변사는 항상 대중의 관심이 집중되는 표적이 되었고, 그러다 보니 종종 관객의 구설수에 오르내리기까지 하였다.

> 근일 각 활동사진관에서는 재미있는 일본 연극 사진을 많이 하는 모양인데, 일본 사진이 나올 때는 조선 변사가 설명을 좀 자세히 하여주어야지, 심지어 어떠한 사진관에서는 일본 사진 다음에 서양 사진이 나올 터이니 일본 사진 비출 동안에는 좀 참으라고 하든가, 우리는 같은 돈 내고 자리 채움 하려고 거기 들어가 앉았나.[18]

위는 어떤 관객이 변사의 연행 방식에 대해 불만을 토로한 글이다. 필자

1930년대 초반 변사들의 사진이 들어간 조선극장의 전단지

의 신원을 밝히기는 힘들지만 조선인인 것은 분명해 보이는데, 이 사람은 변사가 일본영화가 상영될 때 서양영화처럼 자상하게 설명하지 않는다고 불만을 토로하고 있다. 이 변사가 왜 일본영화에 대해서는 자세하게 설명하지 않았던 것일까. 설명 대본이 없었거나, 혹시 있었다 하더라도 평소 일본영화에 대해서 무관심했거나 반감을 가지고 있었던 것은 아닐까. 그 어느 쪽인지 알 수 없지만, 이 글을 통해서 우리는 식민지 관객들이 영화를 이해하기 위해 절대적으로 변사에 의존하고 있었다는 점은 확실히 알 수 있다.

영화 한 편은 보통 서너 시간에 걸쳐 상영되었다.[19] 장편 극영화 한 편과 단편이나 실사, 뉴스 등의 영화, 그리고 그 사이를 채우는 '막간흥행(幕間興行)'이 주요한 방식이었다. 따라서 요즘과 비교해보면 일제 강점기의 영화 상영 시간은 대단히 긴 편이었다.

이러한 흥행 방식에서 가장 이채로운 것이 막간흥행이다. 영화와 영화 사이를 채운 장르는 보통 '주악(奏樂)'이나 '쇼'라고 할 수 있다. 주악은 유성기 음반을 틀거나 소규모 악단의 공연을 통해서 관객에게 음악을 들려주는 방식이었다. 유성기 음반은 음반회사가 협찬해주는 방식으로 대여하여 틀어준 것인데, 영화관 측에서는 초라한 수준이긴 하나 막간흥행의 대용으로 쓸 수 있다는 이점이 있고, 음반회사 측에서는 음반을 홍보하는 효과가 있어서 좋았다. 그러나 일제 강점 말기의 물자통제정책과 음반회사 측의 사정에 따라 기존의 음반을 대여하던 방식은 점차 자취를 감추게 된다.

이보다 나은 수준이 소규모 오케스트라 공연이었는데, 이는 미국 영화관들의 흥행 방식을 모방한 것으로서 수십 명으로 편성된 미국의 대규모 오케스트라에 비해 초라하기 짝이 없는 수준이었다. 이러한 관행은 1970년대까지 지속되었다. 1970년대 서울의 경우에, 영화관에서 영화 사이에 1920년대부터 '아트락숀'이라고 불러오던 막간흥행을 넣거나 가수, 코미디언, 유명 연예인의 공연을 하기도 했다.[20]

주악 이상으로 자주 등장한 것이 쇼였는데, 이 쇼는 무성영화 시절에 대단한 인기를 얻은 것으로 보인다. 관객이 영화보다 쇼를 보기 위해 상영관에 오는 경우도 없지 않았던 것이다. 무성영화 시대 최대의 스타였던 변사 서상호는 우미관 전속으로 있던 시절에 자신이 만든 '뽕뽕이춤'으로 인기를 끌기도 했다.[21] 쇼 방식은 일제 강점 말기에 외국영화를 통제하면서 관객이 많이 감소하자 더욱 화려한 모습을 보이기도 했다.[22] 이렇게 볼 때, 적어도 무성영화 시대의 영화관은 영화를 중심으로 음악, 공연 등 이질적인 것들을 한 곳에서 동시에 경험하는 복합적인 연희 공간이었다고 할 수 있다.[23]

극장의 악대 연주와 관련해서 아래와 같은 불평이 제기된 바 있다.

① 각 극장 음악부에 희망한다. 제발 좀 케케묵은 곡목은 집어치우고, 생기가 있는 새 곡목을 사다가 음악이고 무엇이고 하지 않으려거든 집어

치우는 것이 어때! 사진까지 볼 재미가 없더라.(K생)

② 음악을 들으러 가는 것이 아니라 사진 보러 가는 것이 근본이니만큼, 반주악은 관객의 귀에 거슬리지 않고 영화 장면과 완전히 조화가 되어야 할 것이다.(충신동 설○○)[24]

①, ② 모두 음악에 대한 불만을 제기하고 있다. 무성영화를 상영할 때 악대는 변사와 더불어 필수 요소라고 할 수 있었다. 영화궁전이라고 불린 동시대의 미국 영화관에서라면 대규모 편성의 관현악단급 악대가 영화마다 새로운 반주를 선보일 수도 있겠지만,[25] 식민지 조선의 영화관에서는 그럴 만한 여유가 없었다. 위 인용문의 필자들은 불과 서너 명으로 이루어진 단출한 구성은 양해할 수 있었지만, 영화의 교체와 무관하게 항상 똑같은 곡만을 연주하는 행태는 양해할 수 없었던 듯하다.

변사의 연행과 달리 악대의 연행에 대해서는 고구할 자료가 거의 없는 상황이라 정확하게 밝혀내기 어렵지만, 음악에 불만을 제기한 관객들의 이야기에 따르면 영화가 교체되어도 악대들이 새로운 레퍼토리의 반주를 선보이지 못한 것 같다. 아울러 ②의 지적처럼 영화의 흐름과 조화되지 않은 반주 문제도 식민지적 후진성의 문제로 수렴해서 이해할 수 있을 듯하다.

문화도시 경성의 수치

영화관의 외양이나 내부 설비 면에서 일제 강점기 영화관은 요즘 보다라도 크게 뒤떨어졌다고 할 수 없다. 그러나 정작 관객들은 영화관에 대해 여러 가지 불편을 호소하였다.

일제 강점기 영화관은 영화를 상영하여 관객에게 보여주는 기능적인 측면 외에는 요즘과 비교할 때 미비한 점이 많았다. 영화 관람과 관련하여 관객들이 제기한 문제를 몇 가지로 나눠볼 수 있는데, 좌석이나 냉난방, 환기 등 설비 문제가 주를 이루었다.

나는 지난 정초에 시내 M상설관에 구경을 갔다가 큰 봉변을 당한 일이 있다. 내가 들어갔을 때는 오전 11시 경이었는데, 그때 벌써 좌석이 만원이었다. 나중에 안 일이지만, 그날은 오전 9시 반부터 개관이었다. 오전 9시 반이라면 대개 학교가 시작할 시간이니 구경하는 사람도 극성이거니와 상설관도 어지간히 부지런하여서, 이것은 내가 아는 한 경성에서는 처음 기록이다. 한데 원체 정초라면 각 관청, 은행은 물론, 거의 모든 상점이란 상점이 이삼 일 휴업을 하는 고로, 가령 노는 날이라고는 1년 365일 중 이 정초밖에는 없는 식료품점의 배달꾼이라든지 혹은 오뎅집 더부살이라든지 구둣방 직공이라든지 하는 사람들이 한꺼번에 쏟아진 관계도 있지만,

>오전 11시에 구경 가서도 변변한 자리를 못 잡는다는 것은 끔찍한 성황이다.[26]

이 글은 1930년대 후반 경성 중심가에 위치한 한 영화관의 정초 풍경을 묘사하고 있다. 요즘은 설날, 추석, 방학 등이 영화관의 성수기로 꼽히지만, 일제 강점기에는 설날이 유일한 성수기였다. 예전부터 정초에 일을 쉬고 한가하게 지내던 풍속이 있던 터라, 이때는 평소 고용살이로 고달프게 살던 식모나 점원까지 거리로 쏟아져 나오기 마련이었다. 그래서 평소에는 시간이나 경제 사정 때문에 엄두를 내지 못하던 '영화 구경'을 나온 사람들로 극장가 주변이 인산인해를 이루었다.

이구라는 본명보다 '하소(夏蘇)'라는 필명이 더 유명하던 위 인용문의 필자는, 중일전쟁으로 바깥 사정이 급박하게 돌아가던 1938년 정초 연휴에 극장가를 찾았다가 영화관에 몰려든 관객으로 인해 좌석을 얻지 못한 것이다.

이는 지정좌석제를 실시하지 않던 당대의 영화관 흥행 관행에서 빚어진 사태였다. 한번 영화관에 들어간 관객은 영화관이 폐관(閉館)할 때까지 계속 영화를 볼 수 있었다. 이 글이 1938년 1월을 시간적 배경으로 한 것이라는 점을 감안할 때, 이러한 흥행 관행은 비단 위에서 거론된 'M상설관'(명치좌)뿐만 아니라 다른 영화관들에도 일반화된 현상이 아닌가 생각된다.

그러나 이러한 흥행 관행은 그리 오래된 것으로 보이지 않는다. 영화관 초창기라고 할 수 있는 1920년대까지 하루에 저녁 7시 전후에 시작하는 1회 상영밖에 없었다. 굳이 1회 상영이라고 할 것까지도 없을지 모른다. 왜

현재 명동예술극장 자리에 있었던 명치좌

냐하면 그때는 한 번 표를 사서 들어가면 영화관이 문을 닫는 11시 경까지 구경하고 나오는 것이 일반화되어 있었기 때문이다. 그리하여 인내심만 있으면 관객은 4시간 가까이 영화관이 제공해주는 각종 연희나 영화, 노래 등을 실컷 즐길 수 있었다.

그러나 시간이 흐르면서 상영 횟수가 증가하고, 이에 따라 장편영화 상영 중심으로 프로그램이 바뀌면서 한 회의 관람 시간도 점차 축소되었다. 이때 문제가 된 것은, 기존 관행에 익숙해 있던 관객들이 한 회 상영이 끝났는데도 자리를 뜰 줄 몰랐다는 사실이다. 물론 다 그런 건 아니었겠지만, 일부 관객들이 종일 영화관에 죽치고 앉아서 본 영화를 다시 보기도 했다. 이런 현상이 발생하자 영화관 입장에서도 난처할 수밖에 없었다. 우선 관객을 한 명이라도 더 받아야 하는 입장에서는 가급적 입장권 하나로 두 번 이상 관람하는 것을 막아야 했다. 그러나 영화관 측에서는 관객에게 야박하게 군다는 인상을 줄까 봐 적극적으로 손님들을 내쫓지는 못했다. 설상가상으로 영화관을 감독하는 당국에서 위생 문제를 들어 한 회 관람을 마치고 다음 회 관람을 기다리고 있는 손님을 내쫓을 것을 강요하자 영화관들은 더욱 당황할 수밖에 없었다.

일제 강점기 영화관들은 근대적 외양에 어울리지 않게 비위생적이라는 약점을 가지고 있었다. 상영관과 화장실이 공간 배치 상으로는 구분이 되어 있는데도, 화장실에서 나는 악취가 상영관 안까지 퍼져서 관객이 영화에 집중할 수 없을 만큼 고역이었다. 이와 더불어 관객을 정원 이상으로 받아들임으로써 수많은 관객이 특정 장소에 밀집해서 영화를 관람해야 하는 고통도 컸다. 당시 관객은 요즘처럼 잘 씻지 않았다. 그런 사람들이 한곳에 밀집해 있었으니 '우아한 관객'의 코가 얼마나 혹사당했을지는 충분히 짐작할 수 있다. 1930년대 초반에 유아를 데리고 영화관에 출입하는 것이 아이의 건강에 얼마나 큰 악영향을 야기할 수 있는가를 경고하는 기사까지 등장한 것으로 보아,[27] 당대 영화관의 위생 상태가 얼마나 심각한 상태였는지 짐작할 수 있다. 이와 같은 현상은 횟수를 지정하여 관객의 영화 관람을 제한하지 않는 흥행 방식에서 비롯된 문제였다.

상황이 심각함을 인식한 당국에서, 1920년대 중반에 공포한 '활동사진 필름 취체규칙(活動寫眞フィルム取締規則)'을 1934년에 개정하였다. 이 규칙의 골자는 내선일체(內鮮一體)의 이념을 강화하기 위해 일본영화를 확대 보급한다는 것이다.[28] 이 규칙으로 인해 영화관을 운영하는 방식에 변화가 생겨났는데, 개정된 단속규칙 중 영화관 운영 방식과 관련된 주요 사항은, 흥행과 흥행 사이에 최소 한 시간 이상 간격을 둘 것과 상영관 내에 환기와 채광 등의 조치를 취하도록 한 것이다.[29] 이러한 조치는 공중 보건

식민지 조선의 영화관이 모여 있던 번화한 충무로 1가 거리

을 주목적으로 한 것으로, 당대 영화관이 안고 있던 문제를 '문화도시 경성의 수치거리'로 인식한 결과라고 할 수 있다. 그러나 이처럼 단속규칙을 개정·공포하였는데도 이러한 조치가 적극적으로 강제되지는 못했다.

흥행 사이에 한 시간 간격을 두고 기존 관객을 내보내는 방식을 제시한 것은, 한 번 입장하면 계속 영화관에 머물 수 있다는 종래의 인식을 갖고 있는 관객들에게 영화관 측이 관객을 몰인정하게 대한다는 나쁜 이미지를 주지 않도록 고안한 것일지도 모른다. 여하튼 당시의 단속규칙은 강제성을 갖기에 일정한 한계가 있었던 것으로 보인다.

처음에는 이러한 단속규칙이 적극적으로 시행되지 못했다. 그러다가 시간이 지나면서 공권력의 강력함을 믿고 영화관들이 전보다 더 자신감 있게 손님들을 대하기 시작했다. 그러자 처음에는 강하게 저항하던 일부 관객들도 자연스럽게 새로운 관행에 따를 수밖에 없었다. 이제 영화관은 매회 상영이 끝나면 손님을 밖으로 내보내고 상영 내내 굳게 닫혀 있던 커튼과 유리창을 열고 신선한 공기를 유입시키고 장내를 청소하는 등, 다음 관객이 더 쾌적하게 관람할 수 있도록 부산하게 움직였다.

이로써 영화관을 둘러싼 모든 문제가 해소된 것은 아니었다. 매회 상영 시 규정 좌석보다 더 많은 손님을 받기 일쑤였고, 좌석도 지정되어 있지 않아서 빈 좌석을 두고 쟁탈전이 벌어졌다. 잠시 화장실이라도 다녀올라 치면 잽싸게 그 좌석을 차지하는 사람도 있었고, 동행자가 물건을 놔두고 그 자리를 지켜주고 있을라치면 그 자리에 앉을 권리를 놓고 실랑이가 벌어지기도 했다.

이러한 일들이 문제되자, 이번에는 매회 입장권에 지정 좌석을 명시하여 좌석을 둘러싼 논란을 잠재우고자 했다. 그러나 어느 순간 어떤 이유에서인지 몰라도 이러한 '현대적인' 제도가 더 '원시적인' 제도, 곧 자유 좌석제로 회귀했다. '하소'가 영화관을 찾은 1938년이 바로 이 원시적인 제도로 회귀한 시점이었다.

여하튼 영화를 관람할 때 좌석을 안정적으로 확보하는 일은 관객의 입장에서 큰 문제였다. 그리고 이는 관객뿐만 아니라 영화관 경영자의 입장에서도 곤란한 문제였다. 관객에게 편의를 제공해야 하는 입장에서 좌석을 안정적으로 공급하지 못한다면, 관객의 불신을 초래하여 영화관 경영상 치명적인 타격을 입을 수 있기 때문이다.

1930년대 후반으로 가면서 영화 관객이 폭발적으로 늘어나는 현상을 목도한 영화관 측에서는 이를 해결해야만 함을 절실히 느꼈을 것이다. 그래서 경영주들은 일본 도쿄의 영화관들에서 실시하던 '예매 번호제'의 도입을 검토하기에 이르렀다.[30] 이 제도는 관객이 원하는 회차의 표를 미리 구매하는 방식으로, 요즘 영화관에서 일반화된 것이다. 이러한 제도의 도입은 기존의 무계획적이고 무예측적인 흥행 방식을 벗어나 영화관을 계획적으로 운영할 수 있다는 점, 이와 더불어 관객의 편의를 도모할 수 있다는 점에서 획기적이었다. 또한 관객에게 더욱 편안한 영화 관람 환경을 제공한다는 측면에서 바람직한 것이었다. 그러나 이러한 제도는 아이디어 차원에서 소개된 것일 뿐, 예매 번호제가 실제로 실시되지는 않았던 듯하다.

치열한
관객 모으기 경쟁

조선인 관객이 영화를 보기 위해서 찾아가는 영화관의 수는 1910년대를 거치며 조금씩 늘어났지만, 이 무렵 경성의 영화관들은 대체로 조선에 거주하는 일본인 관객을 위주로 영업을 했다. 지역적으로 보면 북촌의 영화관은 우미관이나 단성사가 유일했고, 나머지는 모두다 남촌에 위치해 있었다. 따라서 조선인 영화 관객 중에는 남촌 소재 관공서에 근무하는 직장인이나 새로운 문화에 대한 호기심이 큰 고등보통학교나 전문학교 학생, 작가나 기자, 교사 등 인텔리 층이 다수를 차지했다. 이들은 일본인 관객과 어깨를 맞대며 경성의 영화 관객층을 형성하였다.

소설가이자 영화 평론가인 가와모토 사부로에 의하면, 다이쇼 초기인 1910년대 초반에 영화가 서양의 고급문화로 통하는 창으로 여겨지면서 영화를 관람하는 문화가 일본 지식 청년층 사이에 급속히 확산되었다. 그들은 스크린 위에 펼쳐지는 비현실적인 시공간에 탐닉함으로써 당대의 현실에서 벗어나 동경의 대상으로서 서양을 환시하고 있었는데,[31] 이와 같은 분위기가 식민지 조선에도 파급되어 조선 청년들 역시 이러한 문화에 흡수되어갔다.

경성처럼 인구가 많은 지역에서는 비공식적으로 조선인 전용관과 일본인 전용관이 구분되어 있었지만, 지방의 경우는 전용관 개념이 없이 조선

관객이 모여든 단성사 앞

인과 일본인이 함께 영화를 관람했다. 일본영화의 경우에 대체로 일본인 변사가 설명을 담당했기 때문에 조선인 관객은 언어 문제로 인해 영화를 제대로 즐기기가 힘들었다. 이러한 문제를 해소하기 위해 함흥의 만세관에서는 3일 간격으로 조선인 전용과 일본인 전용으로 관객과 변사를 분리하는 제도를 시행하기도 했다.[32] 이는 일제 강점기가 낳은 기형적 현상이라고 할 수밖에 없을 것이다.

정확한 통계 자료는 없지만, 여하튼 1910년대에 조선인 관객은 점점 늘어나는 추세였다. 조선에 거주한 일본인 관객의 숫자는 한정되어 있었으므로, 일본인 전용관들도 점차 이러한 추세에 맞춰 조선인 관객을 주요 관객으로 고려할 수밖에 없었다. 그리하여 대정관은 관주가 1914년 6월에 경성고등연예관을 매수하여 조선인 전용관으로 개장하기도 했다. 기존 영화관 명칭을 제2대정관으로 개칭하고, 또 김덕경이나 최병룡 같은 조선인 변사를 영입하였다. 이로써 1910년대 중반에 조선인 전용관은 우미관과 제2대정관 두 곳으로 늘어나게 되었다. 그러나 1년이 채 지나지 않은 1915년 4월 15일에 제2대정관은 조선인 전용관에서 일본인 전용관으로 재개장하게 된다. 왜 이처럼 전환하게 되었는지는 잘 알려져 있지 않다. 어쩌면 일본인 거주 지역인 구리개(을지로)라는 입지 조건이 조선인 관객을 끌어들이는 데 장애가 되었는지도 모른다. 조선인 관객으로서는 이러한 변화에 대해 아쉬움을 느낄 수밖에 없었다.

> 오는 15일부터는 경성 제2대정관이 일본 사람 손님을 본위로 고치고 조선 사람 변사를 없이 한다는데, 제2대정관이 그렇게 되면 조선 사람이 구경 갈 활동사진관은 경성에 우미관 하나뿐이라 금후부터는 벌이가 낫겠지. 그래서 우미관 주인은 제2대정관 제도를 고치는 보수로 대정관 주인에게 한 달에 이백 원씩 주마 하는 약조를 하였다. 독무대를 차지할 테니까 우미관 주인에게는 이익이 있겠지마는, 경쟁할 사람이 없다고 변변치 못한 사진이나 자꾸 끌어내오면 그것을 구경하는 사람에게는 참 가엾은 일인걸.[33]

이 글은 《매일신보》의 〈붓방아〉라는 난에 게재된 글로, 대정관과 우미관 사이에 이면 계약이 있었음을 암시하고 있다. 제2대정관을 일본인 전용관으로 전환하는 대가로 대정관이 우미관에 매달 200원을 지급한다는 것이 이면 계약의 골자이다.

이 문제에 대해서 언급한 바 있는 김려실은 이 계약의 사실 여부를 확신하고 있지만,[34] 그 내막에 대해 정확히 알려진 바는 없다. 다만 조희문의 추정을 참고할 수 있을 뿐이다. 그에 의하면, 대정관은 황금관과 일본 관객을 놓고 경쟁하고, 다른 한편으로는 우미관과 조선인 관객을 놓고 경쟁을 벌여야 하는 이중 경쟁 상황에 놓여 있었다. 이중 경쟁을 감당할 수 없게 된 대정관은, 조선인 전용관으로 전환한 제2대정관을 다시 일본인 전용관으로 전환함으로써 황금관과 경쟁하는 데에만 집중할 수 있는 구조를 창출한 것이다.[35]

물론 우미관은 이로써 조선인 전용관이라는 독점적 지위를 얻게 되었다. 이때 우미관이 대정관에 매달 200원을 지급하기로 했다손 치더라도, 우미관이 그 반대급부로 조선인 전용관으로서 누릴 독점적 지위를 생각하면 그 정도 금액은 아무것도 아니었을 것이다. 이로써 남촌과 북촌이라는 민족적 경계에 따라 1910년대 경성의 영화시장은 뚜렷하게 구분되었다.

조선인 관객을 독점하게 된 우미관에 대한 조선인 관객들의 감정은 어떠했을까.

> 우미관에 경고함. 이번 영사하는 〈명마(名馬)〉라는 사진은 좋기는 좋아. 그러나 전 네 편 되는 것을 거짓으로 다섯 편이라고 광고를 하여 놓고, 마지막 끝마칠 때에 가서는 구경꾼의 감정을 산담. 사실대로 하는 것이 좋은 줄 모르고……(일 관객)[36]

> 대정관, 황금관에서는 사오 일 전부터 즉위 대례식 활동사진을 영사하는데, 우미관에서는 여전히 탐정사진으로 끌어나가는 모양이에요. 입장료는 남과 같이 받으면서 사진은 찌꺼기만 구경시키려다가는 아무리 독무대라도 이익이 많이 못 남을걸.(철교생鐵橋生)[37]

위의 두 글은 〈독자 기별〉란에 실린 관객의 글이다. '일 관객'은 〈명마〉

라는 영화에 대한 허위 광고를 문제 삼고 있다. 영화 자체는 좋았지만, 영화의 러닝 타임을 속여 관객의 감정을 상하게 했다는 것이다. 러닝 타임의 문제는 어떻게 보면 사소한 것일 수도 있지만, 이 관객은 '우미관에 경고함'이라는 다소 과장되어 보이는 문구를 동원하여 자신의 분노를 드러내고 있다.

그리고 두 번째 글의 필자인 '철교생'은, 일본인 전용관에서는 1915년 11월에 열린 '다이쇼 천황 즉위식(大正天皇卽位式)' 실사영화(實寫映畵)를 상영하고 있는데 우미관에서는 탐정영화만 상영하고 있다는 불만을 토로하고 있다.

일반인이 천황 같은 저명인사를 만날 기회는 쉽게 생기기 어렵기 때문에 비록 조선인이라 할지라도 화제가 되는 이런 종류의 영화를 보고 싶은 욕망이 컸던 것으로 보인다. 그는 탐정영화를 '찌꺼기'라고까지 비하했다.

그러나 평범한 조선인 관객이라면 천황이 등장하는 영화보다 탐정영화가 훨씬 더 흥미로웠을 것이다. 우미관 역시 돈이 되는 탐정영화를 상영하지 않을 이유가 없다. 관객 대부분이 '천황'보다 '탐정'을 보고 싶어 했을 것이다. 그럼에도 우미관에 대한 '철교생'의 이처럼 다소 과한 공격은 조선인 관객을 독점한 우미관이 행사한 오만에 대한 거부감 때문이 아니었을까.

외국영화 배급계의 사정

일제 강점기 영화 배급은 영화 상영과 더불어 가장 뜨거운 경쟁 무대였다. 그러나 영화 상영업이 영화관이라는 물리적 공간을 사업의 중심에 놓고 이루어지는 안정성을 가지고 있었다면, 영화 배급은 다분히 투기적 성격이 짙었다.

일제 강점기 배급업자들은 영화의 흥행 여부를 과학적으로 예측할 수 있는 능력이 없었기 때문에 해외 흥행 성적을 기준으로 과도하게 배급 경쟁을 벌였다. 그러다 보니 배급 비용이 터무니없이 상승하는 경우도 있었다. 당시 영화 배급업자들은 주로 할리우드의 메이저 스튜디오와 계약을 맺고 그들 영화의 특약점 또는 대리점 기능을 했다.

그리하여 일제 강점기 영화관에서는 할리우드 대작 영화들이 줄줄이 개봉되었다. 제1차 세계대전 이후 전쟁영화는 일종의 특수를 누린 영역이라고 할 수 있는데, 전쟁영화와 더불어 할리우드에서는 '성경 서사극(Biblical epic)'을 추진하고 있었다.

성경 서사극은 전적으로 기독교 소재 영화로서, 예수 그리스도를 직접적으로 다루거나 아니면 그가 활동한 시대의 상황을 다룬 것들이 주류를 이루었다. 이는 '유대인들이 세운 제국'이라는 말이 있을 정도로 유대인들이 할리우드영화사들을 지배하고 있었다[38]는 이유도 작용한 것으로 보인다. 유니버설사 사장 칼 램믈, 폭스사 사장 윌리엄 폭스, 파라마운트사 사장 아돌프 주커는, 대부분 동유럽 출신의 유대인으로 젊은 시절에 미국으로 건너와서 의류, 모피, 보석업으로 번 돈을 영화업에 투자하였다.[39]

그런데 제작자들이 유대인 출신이라는 사실보다 더 중요한 요인은, 기독교가 전쟁 못지않게 거대한 세트와 다수의 엑스트라, 장대한 서사 구조 등 할리우드가 요구하는 다양한 요소를 구비한 소재였다는 사실이다. 영화평론가 시미즈 슌지에 의하면, 성경 이야기는 할리우드에서 대작을 기획할 때 즐겨 사용한 소재였다.[40]

또한 이들 영화는, 〈폼페이 최후의 날〉(1913), 〈카비리아〉(1914) 등 고대 지중해를 배경으로 한 일련의 이탈리아 서사극의 성공에 자극받아 만들어진 그리피스의 〈국민 창생〉(1915), 〈불관용〉(1916) 이후 할리우드에 나타난 대작 전통을 잇는 것이었다.[41] 이탈리아 서사극들은 할리우드영화들보다 규모나 화려함에서 돋보였으며, 트릭을 효과적으로 사용하여 시각적인 상상력 면에서 할리우드에 큰 자극이 되었다.[42]

성경 서사극은 감독의 성향이나 제작사에 따라 다양한 편차를 보이는데, 1920년대에 성경 서사극에서 단연 두각을 보인 감독은 세실 데밀이다. 그는 1920년대에 〈십계〉(1923), 〈왕중왕〉(1927), 1930년대에는 〈십자군〉(1935)을 발표했다. 특히 1920년대에 만들어진 무성영화 〈십계〉는 1956년에 컬러 유성영화로 다시 제작되기도 했다. 〈십계〉의 경우 1925년에, 〈왕중왕〉은 1929년에 국내에 개봉되었다. 특히 〈왕중왕〉과 〈거리의 천사〉(1928)은 단성사와 조선극장이 그 상영권을 놓고 실랑이를 벌일 정도로 상당한 인기를 얻었다.

영화 쟁탈전의 대상이 된 〈왕중왕〉의 한 장면

'천사'와 '왕'은 단성사와 조선극장 사이에 끼어서 헐떡거린다. 최근에 〈왕중왕〉은 조선극장에서 지난 6일부터 일본 측 중앙관과 한가지로 상영하려 하다가 문제가 생겨 못하게 되고, 7일부터는 신문 광고에 조선극장과 단성사가 똑같이 '〈왕중왕〉은 기어코 우리 집에서 상영하게 되었습니다' 하는 예고를 하고 있다.[43]

위 기사는 1920년대 영화관들 사이에서 치열하게 벌어진 '명화 쟁탈전'의 일단을 잘 보여주고 있다. 사건의 발단은 다음과 같다. 1929년 6월 6일부터 조선극장에서 개봉하기로 되어 있던 〈왕중왕〉이 상영권 문제로 개봉이 연기되고, 6월 7일에 단성사와 조선극장에서 신문에 동시에 상영작 광고를 내보낸다. 기사의 필자가 말한 그대로는 아니지만, 광고에 '〈왕중왕〉은 기어코 우리 집에서 상영하게 되었습니다'라고 표현함으로써 이 영화를 절대로 포기하지 않겠다는 집념을 보여주었다. 신성한 예수 그리스도의 생애를 다룬 영화가 상업적 경쟁의 대상이 되었다는 사실은 자못 아이러니하다.

아무튼 이 사건에 대한 기사는 3회에 걸쳐 연재되었고, 이로써 이 영화의 일본 배급업자가 식민지 조선 내 상영권을 이중 계약함으로써 발생한 것임이 드러났다. 이 사건은 '명화 쟁탈전'이 얼마나 치열했던가를 단적으로 보여주는데, '전쟁'의 대상이 〈왕중왕〉이었다는 사실은 성경 서사극이 국내에서 상당한 이익을 낼 수 있는 소재였음을 시사한다.

할리우드영화 외에 일본영화나 유럽영화도 배급 대상이었지만, 굳이 특정 회사와 단독 계약을 맺을 정도로 큰 비중을 차지하지는 않았다. 일본영화는 1930년대 중반 이후 일본영화의 작품성이 어느 정도 인정받기 전까지는 대중에게 별다른 소구력(訴求力)을 가지지 못했다. 그리고 프랑스영화 역시 1930년대 자크 페데, 쥘리앵 뒤비비에, 마르셀 카르네 등이 만든 시적 리얼리즘(poetic realism) 영화로 식민지 대중에게 '문예영화'의 대명사처럼 여겨지기도 했으나,[44] 단독으로 계약이 이루어질 정도는 아니었다.

독일영화나 프랑스영화의 경우, 먼저 일본 배급업자들과 해당 국가 배급업자 사이에 계약을 맺고 일본 내에서 상영한 다음에, 일본 업자들이 식민지 조선 내 업자들과 계약하여 식민지 조선에 배급하는 간접 배급 방식을 취했다. 일본 내 독일영화나 프랑스영화 등 유럽영화를 배급하던 배급사로는 '엠파이어사', '삼영사', '도와상사 영화부', '구미영화사' 등이 있었다.[45] 도와상사 영화부는 가와키타 나가마사가 1928년에 설립한 영화 배급사로서 주로 독일영화를 취급했다. 그는 그에 앞서 한 해 전인 1927년에 우파사의 일본 배급처인 다구치상점에 취직했는데, 이곳은 프리드리히 무르나우의 〈파우스트〉(1926), 아르놀트 팡크의 〈성산〉(1926) 등 걸작을 소개하다가 1928년경에 채산성 문제로 해체되었다.[46] 그리고 식민지 조선에서는 기신양행이 이창용에 의해 1927년에 설립되어 외국영화 배급을 시작하면서 유럽영화도 같이 취급했다. 기신양행의 경우에 다른 식민지 조선의 배급업자와 달리 일본 업자를 거치지 않고 직접 배급하는 경우도 있었다. 일제 강점기 일간지에 게재된 영화 광고를 보면 대체로 제공처가 명시되어 있다. 'ⅩⅩⅩ사 제공'이라고 되어 있는 경우, 이 회사는 일본 배급

촬영기사 1세대에서 영화 배급자로 성장한 이창용

사로부터 배급 분배를 받은 대리점이 아니라, 외국 배급사와 일본 내 배급 계약을 맺은 일본이나 조선의 배급사였다. 예를 들어 1930년 4월에 개봉된 〈판도라의 상자〉의 시사 평에는 '동양영화사 제공'이라는 문구가 시사 평 말미에 붙어 있다.[47] 그러다 보니 일본보다 식민지 조선에 먼저 영화가 상영되는 이례적인 일이 벌어지기도 했다. 드물긴 했지만 1930년대 이후로 이러한 사례가 가끔 있었다. 그 전까지는 대부분 일본에 수입된 영화들이 이후 식민지 조선에 소개되는 형식이었다.

기신양행 외에는 국광영화사, 동양영화사 등이 유럽영화를 취급했다. 국광영화사는 박원철이 경영하던 회사로, 1930년대 중반쯤 설립되어 우파사와 더불어 독일 2대 제작사로 꼽히던 토비스영화사의 대리점 역할을 했다.[48] 동양영화회사는 1929년에 조선영화 제작과 외국영화 배급을 목적으로 창립되었으며, 책임자는 이서구, 김홍진이었다. 유럽영화 첫 배급 작품은 독일영화 〈왈츠의 꿈〉이었다.[49] 그러나 일제 강점기에 유럽영화를

지속적으로 가장 많이 소개한 회사는 일본계 배급사인 도와상사 영화부였다.

식민지 조선에서 외국영화 배급을 중심으로 다양한 배급업자들이 활동했음은 분명하지만, 그들의 구체적인 활동 상황에 대해서는 정확히 파악하기 힘들다. 뚜렷한 목적의식과 사업체를 가지고 지속적으로 활동한 예가 별로 없을 뿐더러, 참고할 만한 영업 문서도 남아 있지 않기 때문이다. 따라서 일간지 보도 내용을 통해서 간접적이고 단편적으로만 활동 상황을 확인할 수 있다.

또한 배급된 외국영화 모두를 일간지에 광고했다고 볼 수 없지만, 당시 영화의 광고나 관련 글 등을 종합적으로 고려하면 어떤 경향성은 확인할 수 있다. 그 경향성이란 외국영화 중 대다수가 할리우드영화였고, 유럽영화는 매우 드물게만 식민지 조선에 배급되었다는 것이다. 특히 일간지에 소개된 독일영화는 1920년에서 1940년까지로 한정할 경우 현재 확인되는 작품 수는 장편 기준으로 100편 남짓이다. 이는 매년 다섯 편 정도에 지나지 않는 것이다. 게다가 앞에서도 말했듯이 일간지에 영화 소개기사가 실렸다고 모두 식민지 조선에 개봉된 것은 아니다. 어떤 경우는 일본 수입 소식을 전한 것도 있고, 어떤 것은 해외 개봉 소식을 전한 것도 있다. 아르놀트 팡크의 산악영화(山岳映畵) 〈몽블랑의 폭풍우〉의 경우 일간지 소개기사 말미에 '미수입'이라고 덧붙여 놓고 있다.[50] 이 영화는 그 뒤에 수입되었다.

이런 현상은 몇 가지 측면에서 설명할 수 있다. 우선 고려해야 할 점은 1920년대 후반 이후 관객들의 영화 취향이 할리우드영화로 급격히 기울면서 다른 영화들이 설 자리가 좁아졌다는 것이다. 특히 독일영화의 경우

1933년에 나치가 정권을 장악한 이후로 선전영화(宣傳映畵)로 재편하는 움직임이 일어나면서 그나마 가지고 있던 할리우드에 대한 경쟁력을 상당수 상실했다는 사실도 감안해야 한다.

이와 더불어 식민지 조선 내의 상황도 고려할 필요가 있다. 1920년대 중반 발표된 검열 규정을 강화하여 1934년부터 시행된 '활동사진 영화 취체규칙'에는 외국영화에 대한 상영 제한 규정이 포함되었다. 그런데 여기에는 외국영화 쿼터가 1934년 말까지 4분의 3 이내, 1936년 중반에는 3분의 2 이내, 1939년 이후에는 2분의 1까지 축소되도록 규제하는 세부 조항이 포함되어 있었다.[51]

또 중일전쟁 이후 악화된 외환 사정으로 인해 일본 대장성(大藏省)에 의해 외국영화 수입이 차단되면서, 한때 외국영화의 수입이 전면 보류되는 사태에 이르기도 했다. 13개월여 동안 지속된 이 사태로 인해 가장 큰 타격을 입은 것은 할리우드의 영화산업과 할리우드영화의 배급과 상영을 위주로 한 식민지 조선의 영화계였다. 수입 전면 보류 사태는 이후 영화계의 탄원 그리고 할리우드와 일본 영화업자들의 협상으로 해소되었지만, 미국과 일본 간의 외교 상황 악화와 그로 인한 태평양전쟁의 발발로 인해 할리우드의 영화업자들이 일본에서 수익을 얻는 것은 매우 어려워졌다.[52] 비단 할리우드영화뿐만 아니라 1943년경부터는 외국영화 수입이 거의 전면적으로 차단되었다.

할리우드영화
독점 시대

　기존 한국영화사 연구는 일제 강점기 조선영화를 둘러싼 문제, 즉 조선영화의 정체성을 둘러싼 논점들이나 영화 제작과 정책의 측면에 관심이 편중됨으로써 영화를 둘러싼 다양한 측면, 즉 영화가 어떤 방식으로 대중에게 전달되었으며 그들이 영화를 어떻게 수용하였는가 하는 문제에 대해서는 충분히 주목하지 못한 경향이 있다.

　특히나 식민지 조선에서 조선영화는 관객에게 그다지 친숙한 대상이 아니었다. 나운규의 〈아리랑〉으로 일어난 최초의 조선영화 붐과 최초의 발성영화 〈춘향전〉에서 시작되어 일제 강점 말기에 영화 통제가 시작된 기간까지를 제외하면, 대중에게 조선영화는 낯선 대상이었다. 오히려 식민지 조선의 관객에게 영화의 이미지를 결정적으로 각인시키고 영화의 참 재미와 심오함을 느끼게 한 것은 외국영화였다. 우리나라에 영화가 전래된 이래 20년 가까이 식민지 조선의 관객은 외국영화만을 볼 수 있었을 따름이다.

> 경성부 내에서 1월 중에 영사한 활동사진 필름은 일본 신파 61권 4만 5천여 척, 구극 55권 4만 2천여 척, 서양극이 291권, 21만 3,700여 척, 희극이 11권 1만 5,600여 척, 합계 457권 33만 9,250권인데, 이를 이수(里數)로 환

산하면 실로 그 길이가 260여 리요, 풍속 문란 기타 관계로 금지 혹은 중간 절단을 당한 것이 열 가지나 된다더라.53

위 기사는 《조선일보》 1925년 2월 4일자 지면에 게재된 기사로, 1월 한 달간의 경성 시내 상영 통계를 제시하고 있다. 비록 인용 출처를 밝히고 있지는 않지만, 기자 자신이 상당한 신뢰하는 당국의 통계에 기대서 썼을 것으로 보인다.

그런데 이 기사에는 조선영화라고 불릴 만한 것이 전적으로 배제되어 있음을 알 수 있다. 이런 점을 생각해보면 비록 한 달간의 상영 통계이지만, 식민지 관객에게는 조선영화를 전혀 볼 수 없는 달이 훨씬 더 많았을 것임을 충분히 상상할 수 있다. 이는 조선영화의 제작 편수가 매우 적었기 때문이고, 영화관으로서는 영업을 원활하게 하기 위해 외국영화에 의존할 수밖에 없었기 때문이다.

또 하나 고려해야 할 것은 위 통계가 일본영화와 외국영화로 대별되어 있기는 하지만, 일본영화는 주로 일본인 전용관을 통해 상영되었기 때문에 식민지 조선의 관객이 관람한 영화는 거의 외국영화였다는 점이다.

물론 시간이 흐를수록 조선영화 제작 편수가 증가하고 관객들이 조선영화를 접하고 그에 호응하는 정도가 상승했겠지만, 조선영화가 영화 관람의 대세를 형성하기에는 역부족이었다. 조선영화가 상승 기조에 들어서기는 했지만, 그와 비교할 수 없을 정도로 엄청나게 많은 외국영화들이 국내로 유입되었기 때문이다.

1925년도에 수입된 영화는 그 횟수가 2,470여 권이니, 전년도에 비하여는 확실히 이삼 할은 증가되었다. 우미관의 신축 낙성(落成)과 조선극장의 완전 계속 등으로 이러한 결과가 나오게 되었다. 할리우드영화는 어느 때에든지 수입된 영화의 구 할 이상이 항상 되었다. 그리하여 유럽영화는 겨우 120여 권에 지나지 못하고, 나머지는 전부가 미국 것이었다.[54]

1925년도 한 해의 영화계를 결산하는 기사의 서두에 해당하는 위의 글은, 1920년대 중반의 상황을 잘 보여준다. 정확한 수치를 제시하지 못한 약점이 있지만, 이 기사를 통해 우리는 1924년에 비해 1925년에 외국영화의 수입 양이 '이삼 할' 증가되었다는 사실을 알 수 있다. 이는 조선인 관객을 주 대상으로 한 영화관의 성업에 따른 현상으로 보인다. 1920년대 중반 이후 기존 영화관들이 안정적으로 운영되고 새로운 영화관들이 생겨남으로 인해 외국영화의 수요가 계속 확대되었다.

그런데 수입된 영화 중 '구 할 이상'이 할리우드영화라는 사실에도 주목할 필요가 있다. 왜냐하면 1920년대야말로 조선인 관객의 영화 경험이 할리우드영화에 정향되는 중요한 기점이기 때문이다. 이 시기에 할리우드영화가 급속도로 성장하여 다양한 레퍼토리의 영화들이 전 세계를 향해 쏟아 나오기 시작했다.[55] 1910년대만 하더라도 할리우드영화가 이 정도로 압도적인 비율로 수입되지 않았다. 제1차 세계대전 전까지 조선에는 주로 프랑스, 이탈리아, 독일 등 유럽 영화 선진국의 영화들이 큰 비중을 차지하고 있었으나, 전시 여파로 영화 제작과 수출이 위축되자 그 자리를 할리우드영화가 채워 나가기 시작한 것이다.[56] 단적인 예로 제1차 세계대전 발발 직전인 1913년에 3200만 피트이던 할리우드영화의 수출이 1923년에 4배, 1925년에 8배로 급증하였고, 1913년 대비 1925년에는 식민지

조선을 포함한 동아시아, 라틴아메리카, 아프리카의 할리우드영화 진출이 10배가량 신장되었다.[57]

이러한 사정으로 인해 식민지 조선에서 할리우드영화가 물밀듯이 유입되었다. 이러한 흐름에 노출된 조선의 대중은 비교적 어린 시절부터 할리우드영화에 내포된 서구적 근대 문화를 일상 차원에서 받아들이고자 노력했다.

> 어쨌든 이 미국영화가 조선에서 뿌리를 박는 동안 조선 사람의 문화에 적지 않은 영향이 있었으니, 기독교가 준 영향보다도 모든 생활 위에 감염시킨 바가 적지 않다.
>
> 그것은 대중적인 오락기관이 전무한 데다가 극이 발달치 못했고 또는 발달치 못한 것이 아니라 없었던 까닭에 이 영화가 조선 대중에게 빨리 영접된 것이니, 이 영화는 조선 사람들에게 신속히도 교육(좋은 의미로나 그렇지 않은 의미로나)을 시킨 바가 적지 않다고 할 수 있다. 이것은 조선뿐 아니라 이 영화라는 진객(珍客)이 들어간 곳마다 그렇겠지만, 값싼 요금으로 하루의 위안을 살 수 있고 또는 자기 생활에 대한 불만을 가진 무리들은 스크린에서만 허락할 수 있는 황홀한 세계를 찾게 되었을 것이고 여기서 그들의 정신생활에 자기도 모르게 받은 영향이 적지 않을 것이다.
>
> 그래서 한때는 종로통 대로로 활보하는 남녀 청소년들이 영화에 나타난 인물의 분장을 하고 다닌 때도 있었으며, 그들의 섭어(囁語, 소곤거리는 말)는 영화의 자막을 외우는 것 같은 그런 것이었다.
>
> 여성들의 안면 화장, 양말 신은 모양, 구두, 또는 스커트가 오르고 내리는 것도 영화의 여배우를 따랐었고, 지금은 퍼머넌트 웨이브가 양가의 집 처

녀의 깜장 머리카락을 못살게 굴고, 또는 옥시풀로 머리의 깜장 물을 빼서 여우 털 같이 만드는 이 기관(奇觀) 역시 영화가 가져온 범죄다.[58]

위 글에서 안석주(필명 안석영)는 할리우드영화가 미친 영향이 기독교의 그것보다 크다고 말하고 있다. 대중오락이 전무한 상태에서 유입된 할리우드영화가 값싼 요금을 무기로 오락에 굶주린 자에게 위안을 주고 새로운 문화에 굶주린 자에게 '문화의 빛'을 주었다는 것이다.

이러한 대중의 호응과 정비례하여 업계도 더불어 활성화되었다. 영화 업계에서는 고비용을 투자한 흥행성 있는 할리우드영화를 들여오는 데 사활을 걸어야 했다. 태평양전쟁이 발발하여 외국영화의 수입이 차단되기 전까지 할리우드영화는 식민지 조선에서 영화의 대명사가 되어 조선인 관객의 영화 경험을 지배하는 결정적 요인이 되었다.

일제 강점기에 경성 영화관의 상영 프로그램은 일종의 버라이어티 쇼였다. 1천 피트 미만의 단편영화 중심으로 상영 프로그램이 꾸려지곤 했다. 보통 필름 한 권이 700~1,050피트인데, 1천 피트 필름을 최대한 느리게 영사한다고 해도 상영 시간은 약 17분 정도였다.[59] 그 숫자가 많게는 20편 정도에 이르는 경우도 있었다. 이는 외국영화 제작사들이 장편영화 제작에 본격적으로 착수하기 전이었기 때문이다.

일제 강점기에 상영된 영화들을 장르적으로 정확히 분류하기는 힘들지만, 크게 실사영화와 극영화로 구분할 수 있을 것이다. 실사영화는 세부적으로 소재에 따라 인물이나 경치, 사건을 담은 것 등으로 분류할 수 있고, 극영화는 영화의 스타일이나 영화가 관객에게 기대하는 심리적 효과 등을 고려하여 희극, 비극, 활극(活劇), 인정극(人情劇) 등으로 분류할 수 있다.

당시 조선인 관객이 주로 다닌 영화관은 단성사, 조선극장, 우미관이었다. 이들 상설관 중에는 우미관이나 조선극장처럼 일본인이 직접 경영한 곳도 있지만, 조선극장처럼 경영주는 일본인이지만 조선인을 상대하는 영업 특성상 조선인의 정서를 잘 아는 조선인 지배인을 두어 운영한 경우도 있다.[60] 조선극장과 단성사는 일제 강점기에 조선인 관객들에게 영화 관람의 기회를 지속적으로 제공한 영화문화의 산실이었다고 할 수 있다.

이들 영화관은 국내에서 활동하던 알렌상회, 모리스상회, 테일러상회 등 외국계 배급업체나 기신양행 같은 국내의 신생 배급업체 등을 통해서 외국영화를 공급받았다.[61] 배급업자 쪽이 아무래도 흥행업자 쪽보다 권력을 가진 편이었기 때문에 흥행업자들이 여러 면에서 어려움을 겪은 것으로 보인다. 그중에서도 가장 불리한 점은 흔히 '블록 부킹(block-booking)'이라고 알려진 것이다. 이는 배급업자가 흥행업자에게 영화를 공급할 때 구사하던 관행적인 영화 판권 계약으로, 이 경우에는 배급업자가 끼워 파는 저급 영화를 울며 겨자 먹기 식으로 받을 수밖에 없다. 이러한 계약 관행은 1920년대 미국에서도 광범위하게 벌어지던 일로, 식민지 조선의 영화업계에서도 어쩔 수 없이 받아들여졌다.

이렇게 공급받은 영화들은 대체로 미국의 메이저 스튜디오 작품들이었다. 영화의 제작 연도를 기준으로 볼 때, 1920년대 중반에 수입되어 개봉된 영화들은 대체로 그보다 2~3년 전의 것들이었다. 이와 같은 시간적 격차는 영화의 유통 속도가 지금처럼 빠르지 않아서 생긴 현상이라고 할 수 있다.

물론 이 과정에는 중간 배급업자의 판단, 즉 비용, 관객 선호도 등 영화를 수입하는 과정에서 고려해야 하는 갖가지 조건들도 개입되어 있을 것이다. 개중에는 제작 당해 연도에 곧바로 수입된 영화도 있지만, 제작된 지 십여 년이 지나서야 수입된 영화도 있었다.

> 이런 중에도 가장 우수한 작품은 사십여 편에 지나지 못하였다. 이 무수한 작품을 일일이 기록하기는 어려우나, 그중에서 특별한 몇 편에 대한 느낌을 적어보자.
> 〈십계〉, 〈바그다드의 도적〉, 〈회장마차〉, 〈노트르담의 꼽추〉, 〈백장미〉, 〈우처〉, 〈메리고라운드〉, 〈도살자〉, 〈국민 창생〉, 〈암굴왕〉 등 이른바 미국식 백만 불 영화가 왔다.[62]

위의 기사는 1925년도 영화계를 결산하는 특집 기사의 일부분이다. 기사에서 거론된 열 편의 영화 중에서 현재 확인이 쉽지 않은 몇 편을 제외하고, 제작 연도와 상영 연도를 비교해보면 아래 표와 같다.

제작 연도와 개봉 연도의 차이

영화 제목	제작 연도(A)	개봉 연도(B)	C(A-B)
〈국민 창생〉	1915	1925	10
〈우처〉	1922	1925	3
〈노트르담의 꼽추〉	1923	1925	2
〈메리고라운드〉	1923	1925	2
〈십계〉	1923	1925	2
〈바그다드의 도적〉	1924	1925	1

표에서 알 수 있듯이 제작 연도와 국내 개봉 연도 사이에는 차이가 있다. 가장 큰 차이를 보이는 영화는 그리피스의 〈국민 창생〉(1915)이다. 이 영화의 화려한 명성을 고려할 때 개봉 시기가 늦어도 너무 늦다. 무려 십 년이 지난 뒤에 국내에 개봉된 것이다. 아마도 이 영화가 나왔을 때 국내에 아직 장편영화 상영 관행이 정착되지 않았다거나 수입 비용이 흥행 수입을 맞추기에는 국내 영화시장이 작다는 이유였을 것이다.

〈바그다드의 도적〉에 출연한 더글러스 페어뱅크스

〈국민 창생〉과 달리 제작 연도와 국내 개봉 연도 사이에 가장 작은 차이를 보이는 영화는 라울 월시의 〈바그다드의 도적〉(1924)이다. 그 밖의 영화들은 2~3년 격차를 보이고 있다.

이와 같은 차이들은 이후 조금씩 줄어드는 경향을 보여 1930년대에는 몇 개월밖에 차이를 보이지 않는 경우도 생긴다. 이는 그 정도로 식민지 조선이 할리우드라는 '영화 제국'에 단단히 포섭되었음을 보여주는 것이다.

이렇게 수입한 영화들은 시내 상설관에 5~7일 주기로 교체되어 상영되었다. 지금과 비교해보면 엄청나게 빠른 주기로 영화가 상영되었다고 할 수 있으며, 그에 따라 그만큼 많은 영화들이 필요했다. 물론 인기 작품의 상영 기간은 다른 영화에 비해 길었다. 특히 관객의 인기를 끈 화제작의 경우에는 재상영이 이루어지는 경우도 있었다. 1928년의 화제작인 프랭크 보제이지의 〈제7천국〉 경우 그해 1월 28일에 조선극장에서 개봉했는데, 관객들로부터 인기를 모으자 그 뒤에 재상영을 추진하기도 하였다.[63]

'유니버설 영화'를 둘러싼 경쟁

1910년대 중반에 조선인 관객이 주로 찾던 우미관의 경우, 할리우드영화 중심으로 상영 프로그램을 짜고 있었다. 그렇다고 우미관이 반드시 할리우드영화만을 상영한 것은 아니었다. 그러다가 1917년경부터 우미관은 미국 유니버설사와 특약을 맺은 일본 도쿄의 히라마상회로부터 유니버설사 영화를 독점 공급받게 되었다.64 1917년경 식민지 조선에서 유니버설사 영화가 가진 시장 지배력을 고려할 때, 이는 우미관 입장에서 강한 자부심의 근거였다. 1917년 이후 우미관은 영화 광고에 이러한 사실을 표 나게 드러내기 시작했다.

> 본관은 관객 제사(諸士)의 후한 동정을 만일(萬一)이라도 보답하기 위하여 금회 본사에서 기증을 받은 '키티 그레이', '프레더릭'의 사진을 오는 8일로부터 12일까지 5일간으로 무루진정(無漏進呈, 무료 증정) 하겠음.
>
> 미국 유니버설 히라마상회 특약점
>
> 우미관65

우미관에서는 특약을 맺은 사실을 대중적으로 홍보하기 위해 유니버설사의 대표적인 연속영화로서 식민지 조선에서 큰 인기를 끈 바 있는 〈명금〉(1915)의 극중 두 주인공 키티 그레이와 프레더릭 백작의 스틸 사진을 관객에게 제공하는 행사를 개최하기도 했다. 이런 스틸 사진들은 그때로서는 희귀한 영화 관련 상품이었다. 이처럼 관객을 상대로 스타 배우의 이미지를 홍보용으로 배포한 것은 1910년대 미국에서 처음 있었던 일이다. 칼렘사가 처음 시도한 이러한 홍보 방식이 이후 확산되어 식민지 조선에서도 시작된 것으로 보인다. 영화 관련 상품은 주로 스타의 이미지를 엽서, 쿠션, 숟가락 손잡이 등에 프린트한 것이 대부분이었다.[66] 이런 홍보 방식은 미국에서 관객을 소비주의로 유인하는 구실을 했지만, 경제적 상황이 열악한 식민지 조선에서는 크게 부각되지 못한 듯하다.

이에 비해 1918년 12월에 영화관으로 전환한 단성사는 관객의 인기를 독차지한 유니버설사의 영화를 상영할 수 없게 되어 관객 경쟁에서 우미관에 뒤처질 수밖에 없었다. 부득이하게 단성사는 유니버설사 영화를 제외한 다양한 국적의 영화를 상영해야만 했다. 그러다가 1919년에 일본의 천연색활동사진주식회사(약칭 덴카쓰天活)와 계약을 맺고 이곳을 통해 영화를 공급받으면서 '천활회사 특약' 영화관이라는 점을 강조하기 시작했다.[67] 그해 12월에는 '미국 유니버설사 천활회사 특약'이라는 광고를 내기도 했다.[68]

그러나 이 광고에는 어딘가 의심스러운 구석이 있다. 왜냐하면 우미관이 경성 내에서 유니버설사 영화를 독점하고 있는 상황에서 단성사가 유니버설사 영화를 우미관과 공유할 수는 없기 때문이다. 이에 대한 대응으로 우미관은 얼마 후 '타관에서 영사가 불가능한 유니버설 영화'라는 광고를 실어[69] 단성사의 광고가 허위라는 점을 강조했다.

이처럼 단성사가 일종의 허위 광고를 내면서까지 '유니버설사'라는 상표에 집착한 점은 인상적이다. 우미관이 〈명금〉을 비롯해 미국에서 제작한 인기 연속영화들을 독점하자 단성사가 이에 대응하기 위해 부심한 인상이 역력하다.

1920년 4월에 우미관이 몇 년 전 개봉한 〈명금〉을 재수입하여 일명 '명금대회'를 개최한 일이 있는데,[70] 이때 5일 동안 총 22편의 에피소드를 집중적으로 상영하였다. 그 전까지 연속영화는 매주 에피소드를 두 편씩 묶어서 상영하여, 전체 영화를 상영하는 데 길게는 석 달 가까이 걸렸다. 그런데 관객 입장에서 이러한 상영 방식은 꽤 불편한 것이었다. 매주 꼬박꼬박 한 편의 영화를 연속적으로 챙겨 보는 일이 쉽지 않았기 때문이다. 그래서 일부 관객은 편수가 많은 영화는 집중적으로 상영해달라고 요구하기도 했다.[71] 따라서 우미관의 명금대회는 관객의 이러한 바람에 부응하는 상영회였다. 몇 년 전 개봉한 영화이기는 했지만, 재개봉에서도 이 영화는 성공적이었다. 이런 사정을 잘 알고 있던 단성사는 '명금 붐'에 편승하여 새로운 상영회를 기획하게 된다.

〈명금〉의 외국 신문 광고

세계적 연속 모험대활극 명금대회
전 23편 46권, 매주 6권 이상 대공개
당(當) 9월 8일부터 8권 공개
명금대회 공개

과반(過般) 우미관에서 상장하였던 〈명금〉이 아니요, 금회 대각색(大脚色)
　　으로 새롭게 촬영한 전편(全篇)의 영화[72]

　위는 단성사가 1920년에 기획한 명금대회의 광고문이다. 우미관의 명금대회를 모방한 흔적이 역력하다. 그런데 이 광고에서 특이한 점은 단성사가 상영하는 〈명금〉이 우미관에서 상영한 〈명금〉이 아니라 새 영화라고 말하고 있는 점이다. 우미관의 〈명금〉은 1915년 프랜시스 포드 감독의 영화로 총 22편의 에피소드로 구성되어 있다.

　단성사가 이 영화를 총 23편이라고 광고하고 있는 점, '지난번 우미관에서 상장하였던 〈명금〉이 아니요, 금회 대각색으로 새롭게 촬영한 전편의 영화'라는 문구 등을 보면 단성사의 〈명금〉은 새 영화처럼 보인다. 그러나 이 광고가 실린 다음 날 광고에 수록된 아래 문구에 주목할 필요가 있다.

　　공연 원작자 에마손 후후 씨
　　감독 후란시스 로트 씨
　　각색자 구레스 기유나트 양[73]

　이는 단성사 〈명금〉에 대한 부가적 설명이다. 이에 의하면 원작자는 '에마손 후후', 감독은 '후란시스 로트', 각색은 '구레스 기유나트'로 되어 있다. 그러나 프랜시스 포드가 감독한 영화 중에 1915년판 〈명금〉을 제외하면, 이 세 사람이 협력한 영화는 존재하지 않는다. 1915년판 〈명금〉은 에머슨 휴 원작, 그레이스 커나드 각색 및 배우(키티 그레이 역), 프랜시스 포드 감독 및 배우(프레더릭 백작 역)로 되어 있다.

이런 사실을 고려할 때 단성사의 〈명금〉은 기존 영화와 다른 새 영화가 아니라, 우미관의 〈명금〉일 가능성이 매우 높다. 이는 단성사가 우미관에서 재개봉한 〈명금〉을 배급사와 계약해서 포장만 약간 달리한 뒤 개봉한 것이 아닌가 생각된다.

결과적으로 단성사의 광고는 일종의 허위 광고라고 할 것이다. 그러나 이후 단성사의 명금대회와 관련된 어떤 언급도 보이지 않는다. 이는 조선인 관객들이 보고 싶은 영화를 볼 수만 있다면 영화관이 비윤리적인 방법을 쓰더라도 무관할 정도로 맹목적이었다는 사실을, 그리고 일제 강점 초기에 세상의 감시자 역할을 해야 할 저널리즘적 사명감도 자본주의적 상도덕도 통용되지 않았다는 점을 반증하는 현상이라고 할 수 있다.

칼럼

1,000석 규모, 2층 구조, 단관 상영

요즘은 영화관을 복합상영관으로 운영하는 곳이 대부분이다. 영화관 내부 공간을 10여 개로 나눈 세부 공간으로 구획을 지어서 한 공간에서 다양한 영화를 상영함으로써, 관객의 기호에 부응하고 수익도 창출하기 위해서다. 그러나 1980년대까지만 하더라도 영화관은 단관 상영이 기본이었다. 영화 한 편을 한 지역 안에서 특정한 영화관에서만 독점 개봉하는 방식이다. 흥행 가능성이 있는 영화를 와이드 릴리즈(wide release) 방식으로 전국 수백 개의 스크린에 내거는 요즘의 방식과는 다른 것이다. 일제 강점기에도 모든 영화는 단관 개봉을 원칙으로 하였다.

복합상영관의 경우, 한 관의 수용 공간은 200~300명에 지나지 않는다. 그러나 이전의 경우 단관 개봉이었기 때문에 영화관의 구조가 다를 수밖에 없었다. 일제 강점기 영화관들은 기본적으로 천여 석의 좌석을 설치했다. 관내는 대체로 2층 구조로 되어 있었다. 관객이 편하게 영화를 관람할 수 있도록 2층에는 1층보다 좌석을 덜 배치하였다. 영사실은 2층 객석보다 조금 높은 위치에 설치되어 있었다.

그런데 재미있는 것은 1980년대까지 일반적이던 영화관의 이러한 구조가 일제 강점기 영화관의 구조와 거의 동일하다는 점이다. 현재 남아 있는 일제 강점기 영화관 단면도를 살펴보면 이런 사실을 알 수 있다. 1918년에 영화상설관으로 탈바꿈한 단성사의 경우 외부에서 볼 때 3층 건물이다. 영화관으로 들어가 보면 1층에는 객석, 2층과 3층은 객석과 영사실이 차지하고 있다. 3층은 영사실 공간이므로 객석은 1~2층까지라고 할 수 있다. 객석 수는 대체로 600~1,000석 정도이다. 단성사가 680석, 황금좌가 1,228석이

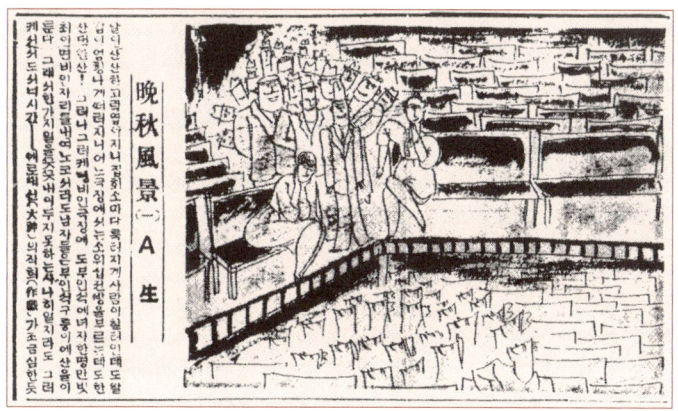

일제 강점기 극장 객석을 묘사한 안석주의 신문 만화(《조선일보》 1930년 10월 26일자)

었다.

그러다가 한국전쟁 이후 본격적으로 영화관이 설립되면서 객석 규모가 커졌다. 1955년에 개관한 대한극장은 1,914석, 1957년에 개관한 명보극장은 1,565석이었다. 한국전쟁 이후 개관한 영화관들은 내부 구조상 커다란 변화 없이 1990년대까지 존속되었다.

그러다가 2000년대에 복합상영관이 보편화되면서 그 생명을 다하게 된다. 복합상영관의 객석 규모는 이전에 비해 훨씬 커졌다. 롯데시네마 건대점이 10개 상영관에 2,175석이고, 메가박스 코엑스점이 16개 상영관에 4,128석이다. 예전 영화관의 경우 복합상영관 한 곳의 전체 객석 수에 비해 적다고 할 수 있다.

그러나 관객이 느끼는 공간 감각을 기준으로 생각해보면 결코 작은 것이 아니었다. 기껏해야 300명 정도가 앉아서 같이 영화를 보는 것과 2,000여 명이 같이 영화를 보는 것은 엄청난 차이인 것이다.

3장

영화관 구경 가기

스크린의 꽃, 여배우

일제 강점기에 대중은 영화에 열광과 찬사를 보냈다. 이러한 사실은 당시의 각종 신문이나 잡지를 일별해보면 알 수 있다. 1920년대 이후 일간지들은 영화에 할애하는 지면을 늘려서 연예란을 확충하고, 주로 영화 기사 중심으로 지면을 꾸미기 시작했다.

이와 비슷하게 잡지 역시 영화에 할애하는 지면이 늘어갔다. 잡지의 특성상 비교적 긴 호흡으로 더 심도 있는 기사를 실을 수 있다는 장점을 십분 활용했다. 당대 주요 평론가들을 동원해서 외국 영화계의 동향을 충실히 소개함으로써 일간지의 얕은 정보로는 채울 수 없는 대중의 지식욕을 상당히 충족시켜주었다.

또한 몇몇 영화 전문지들이 야심찬 계획을 가지고 창간되기는 했지만, 그렇게 오래가지 못했다. 일부 영화에 관심 있는 사람들끼리 동인지 수준에서 시작한 잡지는 물론이려니와 박문서관처럼 일정한 자본력을 갖춘 경우에도 영화잡지는 버거운 존재였다.

일제 강점기에 영화에 대한 대중의 관심은 높았지만, 그런 관심이 영화잡지에 대한 수요로 이어지지 않았다. 잡지의 주된 수입원이 지면 광고라는 점을 생각하면, 광고를 뒷받침할 만큼 산업이 성장하지 못한 식민지 자본주의의 한계가 작용한 탓이다. 그리하여 영화 전문 잡지는 뚜렷한 족

1930년대 발간된 영화잡지 《영화시대》(위)와 1930년대 박문서관에서 펴낸 《신흥영화》

적을 남기지 못했다.

오히려 충실한 자본력을 갖춘 신문사 계열 잡지나 《삼천리》 같은 잡지가 큰 부담을 감수하지 않으면서도 영화 관련 지면을 꾸준히 꾸려가고 있었다. 또한 일본에서 발간되던 《키네마준포(キネマ旬報)》 같은 영화 전문 잡지가 충실한 내용을 갖추고 전문 식자층을 흡수하고 있었기 때문에 굳이 영화 전문 잡지의 필요성을 느끼지 못한 것도 사실이었다.

그러나 일부 식자층에게는 외국 영화계의 동향을 다룬 기사가 소중했겠지만, 아무래도 일반 대중의 관심은 그런 데서 다소 멀리 떨어져 있었다. 그들이 알고 싶어 한 것은 오로지 영화배우에 관한 것이었다. 앞에서 식민지 초기의 영화 마니아 견지동 청년에게서 살펴보았듯이, 그는 감독이나 평론가가 되고 싶다고 하지 않았다. 그가 되고 싶은 것은 스크린에 등장하는 배우였다. 식민지 대중은 영화 속에서 가장 이상적인 자기 모델을 찾고 있었던 것이다. 처음에는 영화배우와 등장인물을 거의 구분할 수 없었지만, 영화적 식견이 늘어가면서 점차 둘 사이를 구분하게 됐고 영화배우에 관심을 집중하게 되었다.

 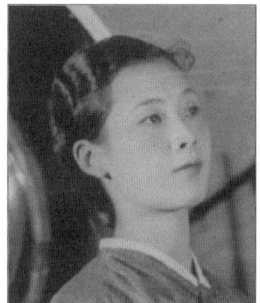 

왼쪽부터 〈집 없는 천사〉의 만년 소녀 김신재, 〈심청〉과 〈반도의 봄〉의 김소영, 가여운 식민지 조선 여성의 이미지로 인기 있던 문예봉

그러면서 점차 특정 배우에 대한 선호 현상이 생겨났다. 조선의 배우 중에는 단연 나운규, 문예봉이 압도적인 인기를 끌었다. 나운규는 〈아리랑〉으로 일약 스타덤에 올랐다. 그 뒤에 수 년 간에 걸쳐 찍어낸 몇 편의 영화를 통해 그는 단연 조선영화의 아이콘과 같은 역할을 하게 되었다. 의협심 강한 비운의 청년 역할이 자아내는 페이소스에 많은 사람들이 공감했다. 그러나 그의 외모는 그다지 출중한 편이 아니었다. 그래서 그런지 그는 연기파 배우로 인기를 끌었던 듯하다. 나운규 자신은 할리우드 최고의 액션 영화배우인 더글러스 페어뱅크스를 롤 모델로 삼았으나, 식민지 조선의 더글러스가 되기에는 훤칠한 키나 준수한 외모가 부족했다.

문예봉은 이규환의 〈임자 없는 나룻배〉로 데뷔한 이래 일제 강점 말기 군국주의 영화에 이르기까지 파란 없이 배우 인생을 이끌어간 여성 배우다. 순진한 처녀, 도시의 타락한 중산층 여성, 군국주의 시대의 여성 등 시대가 요구하는 다양한 영화에 팔색조 같은 연기로 적응력을 과시한 문예봉은 일제 강점기 숱한 여성 배우 중 단연 인기를 끌었다. 그녀는 외국 영화에서 흔히 보는 화려한 여배우 이미지와 달랐다.

문예봉 외에도 일제 강점 말기에 주목받는 여배우들이 몇몇 있었다. 김소영은 문예봉과 달리 섹시한 면모가 다분해서 눈에 띄었다. 그리고 김신재는 비록 여학교를 중퇴하기는 했지만, 초등교육만 받은 문예봉과 달리 일본어도 매우 능숙하게 구사할 수 있었다.[1] 김신재야말로 '국민 여동생'의 원조라고 할 수 있다. 이런 여배우들이 당시 조선의 영화계를 대표하고 있었다.

그러나 일제 강점기 영화배우를 논할 때 조선 배우만 언급한다면 이는 전체적인 분석이 될 수 없다. 왜냐하면 당시 대중이 본 영화의 99퍼센트가 외국영화였기 때문이다. 그중에서도 특히 할리우드영화의 지배력이 컸다는 점을 생각하면, 나운규나 문예봉은 고려의 대상이 될 수 없을 정도라고 해야 할지도 모르겠다. 일일이 거론하기 힘들 만큼, 조금 과장하자면 칠흑같이 어두운 맑은 여름밤 하늘에 보이는 별처럼 많은 외국영화 배우들이 대중의 사랑을 받았다. 찰리 채플린, 릴리언 기시, 더글러스 페어뱅크스, 클라라 보, 그레타 가르보, 에밀 야닝스 등등.

나운규와
페어뱅크스

한때 일제 강점기 영화사 논의는 주로 나운규를 중심으로 이루어졌다. 그는 서구의 작가주의 영화론 구도 하에서 주목해야 할 단 한 명의 영화 작가였기 때문이다. 그러나 영화학자 와다 마르시아노의 지적을 주목할 필요가 있다. 그녀는 그동안의 영화 연구가 주로 작가로서 대접받아온 엘리트 영화인들에게 편중됨으로써 영화 연구가 마땅히 주목해야 할 영화와 관객의 문제를 도외시했다고 지적한다.

나운규가 〈아리랑〉으로 조선영화 최초의 붐을 일으켰음은 주지의 사실이다. 이 영화의 감독이 누구인가는 여전히 논란의 대상이 되고 있지만, 적어도 영화의 시나리오 작가가 그라는 사실에 대해서는 대체로 동의하는 듯하다.

그런데 이 시나리오가 과연 얼마나 독창적인 요소를 가지고 있는가 하는 문제에 대해서는 선뜻 답하기 어렵다. 그의 절친한 영화 동지인 이경손의 회고[2]에 따라, 〈아리랑〉의 시나리오가 민족 현실에 대한 그의 관심에서 비롯된 작품이라는 점에 대해서는 동의할 수 있다. 그러나 설령 그렇다 하더라도 영화 시나리오에 관해 경험이 거의 없던 그가 짧은 시간 안에 한 편의 시나리오를 완성할 수 있었다는 것은 적잖이 놀라운 사실이다.

1920년대 중반 무성영화 전성기를 연 〈아리랑〉의 촬영 현장

영화계에 입문하기 전까지 나운규가 영화를 체계적으로 공부한 사실이 없다는 점을 생각하면, 〈아리랑〉의 시나리오가 그의 영화 관람 경험에서 힌트를 얻었을 가능성도 완전히 배제할 수는 없을 듯하다. 3·1운동 전후 민족의 현실을 고발하기 위해 고양이와 쥐 장면, 사막의 대상(隊商) 장면을 끌어들인 것은 영화 제작이 막 시작되던 때의 조선영화 수준을 고려할 때 대단히 예외적인 것이기 때문이다.

또 〈아리랑〉 이후 그가 제작하거나 감독한 일련의 작품들도 외국영화의 영향에서 전적으로 자유로운 것이 아니었다. 그가 일약 스타가 되었을 때 관객의 기대도 높아져 그 자신의 부담이 컸으리라 생각된다. 동시대의 할리우드와 달리 영화 제작에 필요한 시스템이 갖춰져 있지 않은 식민지 조선의 영화계에서 그의 스타성은 매우 불안한 것일 수밖에 없었다. 이런 상황에서 관객의 취향이나 요구를 전적으로 무시하고 영화를 만들 수는 없었을 것이다.

그의 영화 말년이라고 할 1936년부터 1937년 사이에 발표된 회고나 대담을 보면 그가 초창기 영화계에 뛰어들었을 때의 심정이 뚜렷하게 감지된다.

①[문] 〈아리랑〉이 그렇게 큰 센세이션을 일으킨 뒤 둘째 번 작품으로 내놓은 것은?

[답] 〈풍운아〉이지요. 이것은 그때 더글러스가 전성(全盛)하여 뛰고 달음박질하고 그런 영화를 일반 사회에서 요구했으니만치 나도 이런 것을 착수해보았지요.³

② 나도 장편보다 단편에 손대보고 싶어요. 내가 예전에 나도향의 〈벙어리 삼룡이〉를 만들어본 일이 있는데, 이 작품은 실패였지요. 문예작품은 예술미를 주로 하고 만들어야 할 터인데, 그때 시세가 관중들이 더글러스의 영화를 좋아하던 때로 주인공이 이리 뛰고 저리 뛰고 해서 활극미(活劇味) 있어야 좋아했고, 또 서양영화의 영향으로 엑스트라를 많이 써서 수십 명, 수백 명이 화면에서 우적북적해야 좋아들 했지요. 출자주(出資主)와의 약속에 속박되어 이 작품을 흥행 중심의 통속물로 만들기에 애썼기 때문에 결함이 많은 작품을 만들고 말았지요.⁴

①과 ②는 비슷한 시점에 술회된 나운규의 회고담이다. ①에서는 〈아리랑〉이 성공하자 자신감을 갖고 〈풍운아〉(1926)를 만들 때의 심정이, ②에서는 문예영화 〈벙어리 삼룡이〉(1929)를 만들 때의 심정을 토로하고 있다.

두 회고담에서 보이는 공통점은 이들 영화 모두가 관객이 가지고 있던 취향의 문제에서 자유롭지 못했다는 사실이다. 그는 1920년대 중후반의 관객들이 '더글러스'가 등장하는 영화들에 매혹되어 있었다는 점, 그리고 자신도 이러한 상황에서 벗어날 수 없었기에 거기에 부응하는 방향으로

나도향 원작 소설을 나운규가 주연 겸 연출한 〈벙어리 삼룡이〉의 한 장면

영화들을 기획했다는 점 등을 고백한다. 그의 이러한 회고들은 1920년대 식민지 조선의 영화문화에 대해 시사하는 바가 적지 않다.

조선 관객 사이에서는 '더글러스'나 그런 부류의 배우가 등장한 '활극'이 큰 인기를 구가하고 있었다.[5] 나운규가 언급한 '더글러스'는 앞서 말한 대로 더글러스 페어뱅크스를 말하는데, 그는 무성영화 시절 액션 영화의 주인공으로 명성을 누린 할리우드 영화배우다.

어느 영화배우 사전에서는 그에 대해서 '스턴트맨을 쓰지 않고 직접 연기하기를 좋아할 정도의 운동신경과 트레이드마크인 콧수염, 쾌활한 분위기가 진지한 칼싸움과 적절한 슬랩스틱이 조화된 과장된 모험극에 잘 어울렸다'라고 기술하고 있다.[6] 그리고 프랑스 초기 영화 비평가 루이 델릭은 그가 보여준 '몸 연기'를 평가하면서 그를 "체조 선수 같은 신체의 발달과 섬세한 감정의 소유자로 현대 우리가 살아가는 모든 모습을 표현하기에 적합한 배우"라고 격찬한 바 있다.[7] 그는 1920년대에 '의심의 여지가 없는 오락 브랜드'[8]였다.

그가 출연한 영화 가운데 1920년대 국내에 선보인 영화들도 적지 않았다. 그중 대표적인 작품을 보면 〈로빈 후드〉(1922), 〈바그다드의 도적〉(1924), 〈돈 큐〉(1925), 〈해적〉(1926), 〈가우초〉(1927) 등이 있다. 이들 작품은 대체로 1925년을 전후하여 국내에 개봉된 작품으로, 나운규 역시 이 작품들을 보았을 것으로 생각된다.

〈로빈 후드〉는 제작이나 박스 오피스 규모 면에서 신기록을 세운 영화로, 할리우드에서 스펙터클 영화 트렌드를 만들어냈다고 평가된다.[9] 이 영화는 십자군 전쟁으로 뒤숭숭한 리처드 시대의 영국을 배경으로 활약한 로빈 후드를 그린 대작으로, 리처드 1세가 십자군 원정을 떠난 후 왕자 존의 폭정, 로빈 후드와 왕녀 메리안의 사랑, 로빈 후드의 의적 활동을 액션 로맨스의 틀에 담은 영화다.[10] 그리고 〈바그다드의 도적〉은 바그다드와 공주를 차지하려는 몽골 악당과 경쟁하여 공주를 얻는 한 미남자 도둑의 이야기이다.[11]

이들 영화는 모두 로맨틱한 남성의 모험담을 보여준다. 영화에서 주연을 맡은 더글러스는 40세 초반이라는 나이가 믿기지 않을 만큼 날렵한 액션을 보여준다. 〈해적〉은 젊은 운동선수가 아버지의 복수를 위해 해적단에 가담하여 벌이는 이야기를 묘사하고 있는데, 여기서도 더글러스 특유의 액션이 펼쳐진다.

이처럼 더글러스가 출연한 1920년대 영화들은 모두 활극 장르로서, 해피엔딩으로 결말을 맺는 유쾌한 영화들이다. 더글러스의 영화들이 전 세계적으로 인기를 구가한 것은 사실이지만, 식민지 조선의 관객에게 더 커다란 호응을 받은 것은 아무래도 식민지 조선이 처한 상황에 기인한 바가 크다고 하겠다. 3·1운동 이후 침체된 분위기 속에서 관객에게 뭔가 유쾌한 웃음이 필요했을 것이고, 이러한 상황과 더글러스가 출연한 영화들이

식민지 조선의 가슴 아픈 역사를 온몸으로 경험한 청년 니콜라이 박을 연기한 나운규(《풍운아》)

대체로 잘 맞아 들어간 것으로 보인다.

물론 이들 영화 속에서 묘사되는 상황이 식민지 조선의 현실과 전적으로 부합되는 것은 아니지만, 영화 속에서 묘사되는 부정적 현실과 이를 극복하는 더글러스의 모습은 관객이 식민지 현실에서 느낄 수밖에 없던 우울과 절망을 적절히 정화해줄 수 있는 것이었다.

이처럼 경쾌한 활극이 관객의 인기를 얻고 있는 상황에서 나운규 역시 자신이 출연한 영화들에서 더글러스의 이미지와 비슷한 인상을 심어주고자 노력한 듯하다. 당대 할리우드영화에서 더글러스는 단순한 배우가 아니라 자신이 출연하는 영화의 예술성까지 책임지는 스타로서 대중에게 각인되어 있었다는 점을 고려할 때,[12] 직접 배우와 감독, 시나리오 등 영화 전반을 통제하려 한 나운규의 야심이 더글러스의 이미지를 모방하는 쪽으로 흐른 것은 매우 자연스러운 일이었다.

이로써 그가 왜 〈아리랑〉 이후 〈풍운아〉를 선택할 수밖에 없었는지가 다소 명확해진다. 〈풍운아〉는 '니콜라이 박'이라는 망명객이 식민지 조선으로 귀국하여 펼치는 일련의 이야기로 구성되어 있다. 주인공 니콜라이는 의협심이 강한 인물로서, 그가 위기에 처한 사람들을 구원해주고 다시

만주로 향하면서 영화가 끝을 맺는다. 이러한 니콜라이 박의 캐릭터는 위에서 살펴본 더글러스의 이미지, 특히 〈로빈 후드〉에 등장하는 의적 로빈 후드의 이미지와 부합되는 면이 있다.

〈오몽녀(五夢女)〉(1937)로 영화 인생 말년에 그간의 불명예를 어느 정도 회복했다고는 하지만, 나운규의 영화 인생은 대체로 〈아리랑〉으로 얻은 명성과 신망을 잃어가는 도정이었다. 짙은 현실성에서 출발한 영화들이 특유의 날카로움을 잃고 통속화된 것이 그 원인이라고 할 수 있는데, 그 통속화 과정은 할리우드 '활극'의 영향과 무관하지 않다. 할리우드영화에서 자극을 받으면서도 모방이 아니라 자기 색깔을 찾아가지 못한 점에 나운규 영화의 특징과 한계가 있다.

이처럼 자국의 영화를 제작하기 위해 할리우드영화를 직간접적 원천으로 삼는 경향은 동시대의 일본영화에서 더 강하게 나타나고 있었다.[13] 이는 이미 대중에게 익숙한 할리우드영화의 이야기 구조를 차용함으로써 여러 모로 이익을 얻고자 하는 심리에서 비롯된 것이었다.

성격배우의 대명사
'에밀 야닝스'

1920년대 중반부터 1930년대 초반까지 개봉된 영화 중에서 큰 반응을 얻은 작품은, 〈곡예단(바리에테)〉,[14] 〈최후의 인〉, 〈베를린, 대도회교향악〉, 〈메트로폴리스〉, 〈판도라의 상자〉 등 흔히 1920년대 독일 전위영화라고 일컫는 영화들이다. 이들 영화에 대해서는 단순한 정보성 기사 외에 영화평이 여러 일간지에 게재되기도 했다.

대중에게 깊은 인상을 남긴 첫 독일영화는 에른스트 루비치의 〈마담 뒤 바리〉와 에발트 듀폰의 〈곡예단〉이었다.

〈마담 뒤 바리〉는 1차 세계대전 후 처음으로 미국에 상영된 독일영화로, 주연 배우 에밀 야닝스와 폴라 네그리의 열정적인 연기로 미국 관객을 사로잡았다.[15] 이어서 〈곡예단〉의 상영은 미국 시장에서 에밀 야닝스의 존재를 확실히 부각시키는 계기가 되었다.

〈곡예단〉는 가정을 버리고 집시 애인과 사는 곡예사 '보스 훌러'가 서커스에서 한 팀을 이룬 미남 곡예사와 깊은 관계가 된 애인에게 질투를 느껴 그 남자를 살해하고 자수하는 이야기로, 감옥에서 나온 주인공이 회상하는 장면으로 시작된다.[16]

이들 영화는 선풍적인 인기에 힘입어 식민지 조선에도 1927년에 개봉되었는데, 관객들이 무엇보다도 주목한 것은 주인공을 맡은 배우 에밀 야닝스였다.

그는 인간의 강함과 약함이 결합된 불안정한 성격을 보여주는, 가장 독일적인 배우로 평가받았는데,17 그는 이 영화를 통해서 식민지 조선의 관객으로 하여금 인생의 의미를 깊이 생각하도록 했다.

영화가 성공하자 이후 '독일영화는 곧 에밀 야닝스'라는 일종의 신화를 창

〈최후의 명령〉에 출연한 에밀 야닝스

출했다. 배급업자들 역시 이 점에 착안해서 계속해서 그가 주연을 맡은 영화들을 소개했다. 〈디셉션〉, 〈마담 뒤 바리〉, 〈육체의 길〉(1927), 〈최후의 인〉, 〈파우스트〉, 〈최후의 명령〉, 〈아버지의 죄(아버지와 아들, 부와 자)〉 (1928), 〈탄식하는 천사(탄식의 천사)〉(1930), 〈격정의 폭풍〉(1932) 등의 개봉으로 이어졌다. 당대 관객에게 에밀 야닝스가 어떻게 비춰졌는지 살펴보자.

〈육체의 길〉, 〈최후의 인〉, 〈곡예단〉 등의 명편으로 천하의 '팬'을 열광케 한 성격배우 '에밀 야닝스'의 재주는 이미 너무도 유명한 바이다. 그러나 〈아버지의 죄〉, 일명 〈아버지와 아들〉에 있어서는 지금까지의 에밀 야닝스와 아주 판이한 일면을 보여주려고 애쓴 모양인데, 전자에 있어서 마음 속의 잔인, 침통, 융숭 등의 성격을 나타내었음에 반하여 이번 〈아버지의 죄〉에 있어서는 경쾌, 희열 등 인생의 광명한 방면을 통하여 다시 암흑의 구렁으로 밀어붙였으니, 이것이 에밀 야닝스로 하여금 명암(明暗)의 두 방

면에 모조리 뛰어난 재주를 가졌음을 증명함에 충분하다 하겠다.[18]

위의 글은 어느 아마추어 평론가(RK生)가 〈아버지의 죄〉에 대해 쓴 비평문의 일부분이다. 1930년에 쓰인 이 글에서 그는 앞서 자신이 보아온 영화들의 목록을 열거하면서, 이 영화에서 에밀 야닝스가 보여주는 연기의 특징을 설명하고 있다. '마음속의 잔인, 침통, 융숭'이라는 표현이 말해주듯이 그는 인생의 어두운 면을 표현하는 데 탁월한 배우로서 깊은 인상을 주었던 것이다. 또한 필자는 에밀 야닝스의 '명암의 두 방면에 모조리 뛰어난 재주'를 높이 평가하고 있다. 에밀 야닝스가 1920년대에 주로 맡은 역할은 대체로 인간적인 약점이나 사소한 실수로 인해 지위가 하락하고 비참함을 경험하는 남자인 경우가 대부분이다.[19]

식민지 대중에게 그의 연기가 인상적으로 받아들여진 것은, 그가 극 중에서 맡은 주인공의 전락이 대중의 식민화 경험과 중첩되면서 자아낸 연민과 깊은 관계가 있다. 그래서 그런지 몰라도 에밀 야닝스의 스타 이미지는 일제 강점기 내내 사람들의 뇌리에 깊이 각인되어 있었던 듯하다.

1930년에 한 좌담회에 참석한 나운규는 좋아하는 배우를 묻는 질문에 에리히 폰 슈트로하임과 에밀 야닝스를 꼽고 있다.[20] 에밀 야닝스의 인기는 영화계에만 그치지 않는다. 1934년의 어느 좌담회에서 〈향수〉의 시인 정지용은 "무엇무엇 하여도 에밀 야닝스가 좋아요. 감정에 육박하는 그 무서운 힘, 그런 힘을 가진 배우로 에밀 야닝스는 참으로 월등 뛰어난 천재예요"라고 했고, 근대시의 선구자 김억은 "나도 에밀 야닝스는 무척 좋아합니다. 좋지요. 성격배우로서 제일지(第一指, 첫손가락)에 갈걸요"라고 이야기하기도 했다.[21]

문인들의 '야닝스 앓이'는 식민지 말기까지 이어져, 1938년의 좌담회에서 소설가 이선희는 인상 깊은 영화를 묻는 기자의 질문에 조선영화로는 〈아리랑〉, 외국영화로는 〈곡예단〉을 꼽았다.22

이처럼 한 배우가 대중에게 깊은 인상을 주고 이것이 배급업자에게 영향을 미쳐 그의 다른 작품들을 수입하는 관행은, 에밀 야닝스에만 해당하는 것

청순하고 연약한 이미지로 무성영화를 빛낸 릴리언 기시(1893~1993)

이 아니었다. 할리우드영화에서는 더글러스 페어뱅크스, 릴리언 기시가 그런 배우였다.

독일영화 에밀 야닝스와 비슷한 역할을 한 또 한 명의 배우는 브리기테 헬름이었다. 프리츠 랑의 〈메트로폴리스〉에서 성녀 안나와 마녀 인조인간으로 1인 2역을 한 그녀의 성스럽고도 퇴폐적인 이미지는 대중에게 깊은 인상을 심어주었다. 이 영화가 개봉된 뒤로 식민지 조선의 영화관에 〈동양의 비밀〉, 〈니나 페트로브나〉, 〈애국자〉, 〈남국의 애수〉 등 그녀가 주연을 맡은 영화들이 연이어 개봉되었지만, 에밀 야닝스에 비해 그녀에 대한 대중적 공감은 오래가지 못했다.

식민지 언론매체는 영화배우들에 관한 이런저런 이야기들로 당시의 지면들을 장식하고 있었다. 때로는 영화배우들의 사진이나 스틸로 화보를 장식해서 독자의 이목을 사로잡고자 했다. 그리고 이들의 모습을 담은 브로마이드가 제작되어 식민지 도시의 누추한 방 한쪽 벽을 장식하기도 했

다. 지금 생각하면 이러한 모습은 식민지의 음울한 분위기와 결합되어 기괴하게 느껴진다. 그러나 지금까지 남아 있는 조선영화에서 엿볼 수 있는 식민지 대중은 결코 음울한 존재가 아니다. 오히려 이러한 짐작을 묘하게 일그러뜨리는 발랄함마저 느끼게 한다.

일제 강점기에 영화가 이처럼 사회 저변에서 대중의 인기를 조금씩 얻기 시작하면서 점차 영화산업이 성장해갔고, 영화에 중독된 일군의 사람들이 영화표를 위조하는 '신종 범죄'의 유혹에 빠져들기도 했다.[23]

소설을 뛰어넘는
영화의 매력

그렇다면 일제 강점기 대중이 영화에 매력을 느낀 이유는 무엇일까? 이 물음에 대해 답을 줄 수 있는 것이 영화와 소설의 비교론이다. 일제 강점기 초기의 영화는 흔히 소설과 비교되곤 한다. 그것은 영화와 소설이 일종의 서사물이라는 공통점을 가지고 있기 때문일 것이다.

무용가 최승희의 오빠로 잘 알려진 연극인 최승일은 1920년대 중반에 "사실상 영화는 소설을 정복하였다"[24]라는 극단적인 견해를 발표한 바 있다. 그는 영화의 매력에 대해, 지식을 매개로 한 사색의 노력을 요하는 소설에 비해 영화는 시선만으로 '짧은 시간'에 '사건의 전적(全的) 동작'을 파악할 수 있다는 점을 그 근거로 들고 있다.[25]

이와 같은 주장은 소설과 영화의 특수성을 고려하지 않은 일반론이라는 약점을 가지고 있다. 그럼에도 최승일의 이와 같은 주장이 당대의 통론과 무리 없이 결합될 수 있었던 것은, 그의 주장이 현대 도시 생활자가 가진 오락의 욕구를 반영하고 있기 때문이다.

'프로그램'에 적힌 소위 '스토리'란 것을 이삼 분에 읽어 제치고 그 다음 팔구 십 분에 완만(完滿)히 오육십 쪽에 합당한 것을 보는 것은, 온종일 먹기 위하여 시달려 쉴 시간조차 없는 현대인에게는 가장 적당한 혜택이다.[26]

도시 생활자에게 주간의 노동이 주는 압박감이 커짐에 따라 그에 비례해서 오락에 대한 욕구가 더 커지기 마련이다. 시간을 절약할 수 있는 오락에 대한 욕구라는 것만으로는 영화에 대한 매력을 설명하기에 충분치 않다. 당대 관객들에게 조선영화보다 외국영화가 한층 흥미롭게 받아들여졌다는 사실이 여기서 고려되어야 한다.

> 그러면 대체 무엇이 영화의 매력이냐. 일언으로 말하면 값이 싸고 화려하고 자미(滋味, 재미)있는 오락이 영화를 제외하고는 달리 없는 까닭이다. 오십 전 혹은 삼사십 전으로 세 시간 동안 어여쁜 여배우의 교태와 소름끼치는 자극과 노래와 음악과 춤을 실컷 맛보고 게다가 서양 원판 예술을 풍성하게 감상할 수 있으니까, 여기서 더 바랄 것이 없다. 평소엔 가까이도 못하는 외국 사람, 그중에도 쏙쏙 뽑은 스타들의 선명한 회화와 동작에 참여할 수 있고 '클로즈업'된 미인의 얼굴을 뚫어지게 쳐다보아도 욕을 먹거나 취체(取締, 규제)를 당하는 법이 없을뿐더러, 돌이켜 생각하면 그들 배우들이란 결국 관중의 돈으로 생활하는 일종 피보증자인 까닭에 관중의 코가 높아갈 수밖에 없다. 지난날에 '메리 픽포드'가 '세계의 애인'이었던 것도 무리가 아니다. 즉 세계의 영화 관중들은 누구나 메리의 애인 될 자격이 있는 셈이다. '메리'뿐이 아니라 '가르보'도 '웨스트'도 '디트리히'도 다 애인이 될 수 있다.[27]

위의 글은 할리우드영화가 관객에게 주는 매력의 정체를 그 어떤 글보다도 정확하게 지적하고 있다. 할리우드영화의 매력은 여배우의 매력이다. 페미니즘 영화비평가로 잘 알려진 로라 멀비가 할리우드의 고전영화를 분석하면서 지적했다시피.[28] 이러한 분석은 식민지 조선의 남성 관객에게도 그대로 적용된다. 남성 관객들은 화면 한복판에서 여배우가 드러내는 다양한 성적 암시를 관음증적으로 향유한다. 화면 속의 여배우는 남성 관객에게 매춘부적 존재로 각인되고, 할리우드영화 체험은 그에게 일종의 매춘 체험과 유사한 긴장과 흥분을 준다.

최승일은 '애인'이라는 표현을 통해 화면과 관객 사이에 오고가는 상호작용의 비윤리성을 포장하고 있다. 이와 더불어 배우의 사회적 기반이 대중에게 있다는 사실을 강조함으로써 영화의 매력을 자신 있게 주장하고 있다. 물론 할리우드영화의 매력을 전적으로 배우의 측면에 귀속시킬 수는 없을 것이다. 그럼에도 식민지 조선에서 배우가 가장 부각된 존재였다는 점은 부정할 수 없을 것이다.

앞서 영화관의 미비한 냉난방 시설을 비판한 바 있는 김규환은, 식민지 대중이 영화관을 찾게 되는 이유에 대해 다음과 같이 말했다.

우리들은 밤마다 영화를 보러 간다. 때로는 백주에도 보러 간다. 그러면 그것은 무엇을 위함일까. 그리고 무엇을 구득(求得)하려 함일까. 다만 기호성(嗜好性)의 발작을 억제치 못하기 때문일까. 혹은 생의 적막을 단 일시라도 잊어버리려 함일까. 그렇지 않으면 다단(多端)한 환경과 제도 밑에서 피로된 영(靈)의 안식을 꾀하려 함일까. 또 그렇지 않으면 아무런 목적과 기대가 없이 다만 심심풀이의 무위한 짓을 하려 함일까? ······여하튼 이러한 것들 중에 그 어떠한 것에 원인이 있음은 틀림없다. 혹은 이런 것의 전부가 원인이 될지도 모른다.

그러나 이런 것의 어느 것이든 영화관은 영화관으로서의 '즐겁게 해준다……'라고 하는 참 임무를 지유(持有, 가지다)하지 않으면 안 될 것이다. 그리고 혼(魂)의 '안식처'라야 함을 최대의 조건으로 해야 할 것이다.[29]

김규환은 그 이유를 '① 기호성의 발작, ② 생의 적막, ③ 피로한 영혼의 안식, ④ 심심풀이' 네 가지로 설명하고 있다. 이러한 분석은 그다지 체계적인 것이 못 된다. 각각 ①과 ④, ②와 ③은 비슷한 범주에 묶일 수 있는 것들이기 때문이다. 호기심의 충족이나 심심풀이가 관객의 영화관 구경의 표층적 요인이라면, 생활의 고독과 영혼의 피로는 영화관 구경에 개입되는 심층적 요인이라고 할 수 있을 것이다.

이러한 요인들을 관객층을 구분하는 절대적 기준으로 설정할 수는 없겠지만, 호기심에 이끌리거나 심심풀이 용도로 생각한 측은 대체로 평범한 대중들이라고 할 수 있고, 영화를 인생과 영혼과 연관된 그 무엇이라고 생각한 측은 대체로 지식인 이상의 계층이라고 할 수 있을 것이다.

초창기 영화가 활동사진이라는 다분히 오락 수준의 양상을 보일 때 지식인이나 예술가 들이 영화관 출입을 그다지 좋아하지 않은 점에는 이와 같은 인식이 작용했을 것이다. 당대의 영화 구경은 대체로 대중의 현실을 위무하는 오락으로서의 기능이 강했던 것으로 볼 수 있다. 그 이유는 영화가 대중의 삶에 위안을 주지 못하고 그들의 현실을 환기시킬 때 영화 구경은 뜻하지 않은 결과를 초래하기도 했기 때문이다.

8일 오후 9시경 부 경성부 내 본정(충무로) 1정목 영화관 희락관(喜樂館)에서 〈금색야차(金色夜叉)〉를 상영하던 중 돌연 객석에서 이십 가량 된 청년이 '칼모친'을 먹고 고민하는 것을 옆에 있던 관객이 발견하고 소동을 일으쳐, 한때는 수백 관중이 사람 죽었다고 야단하는 바람에 극장 안이 수라장을 이루었는데, 음독한 청년은 기옥현(埼玉縣, 사이타마 현) 출생의 장원죽치랑(長原竹治郞, 20)으로, 고향에서 어떤 여자에게 실연을 당한 후 수개월 전에 서울로 와서 본정 1정목 어떤 시계점 외교원으로 있다가 당일 해고를 당하고 울적한 심사를 위로하고자 구경을 갔었으나 역시 영화가 자기의 환경을 더욱 자극하여 그와 같이 죽으려 한 것이라는바, 방금 부근 소림(小林, 고바야시)병원에 입원치료 중인데 생명이 위독하다 한다.[30]

비록 일본인의 경우이긴 하지만, 위의 기사는 일제 강점기 영화관이 국적을 막론하고 일상적 삶의 위안을 희구하는 공간이었음을 잘 보여주고 있다. 이 기사의 주인공 나가하라 다케지로(長原竹治郞)는 일본 사이타마 현 출신의 20세 청년으로 고향 여성에게 실연을 당하고 몇 개월 전 경성에 건너와 본정의 어느 시계점에서 점원으로 일하고 있었다. 그런데 어느 날 해고를 당하고 마음을 달래려 영화관을 찾은 것이다. 사랑과 직장을 잃은 이 청년은 '울적한 심사를 위로하고자' 영화관을 찾았지만, 그가 스크린에서 마주친 것은 자신과 마찬가지로 비참한 주인공의 모습이었던 것이다.

메이지(明治, 1868~1912) 시기 최대의 신문소설로서 국내에도 일찍이 《장한몽》이라는 이름의 소설로 번안되고 영화화까지 된 오자키 고요의 〈금색야차〉는, 자본주의 사회의 황금만능주의로 인해 타락한 인간 사회의 모습을 드러낸 작품이다.

이 청년이 희락관을 찾은 것은 자신의 현실로부터 도피하고자 한 것이라기보다 영화 속의 상황과 자신의 처지를 등치시켜 위로를 받고자 한 것이다. 그럼에도 이 청년은 심리적 위안을 얻지 못하고 결국 자살을 기도하게 된다. 청년의 자살 소동으로 인해 영화관은 일시에 아수라장이 되어 버리고 말았는데, 이 사건은 일제 강점기 영화관에서 관객이 영화에 대해 보여준 가장 적극적인 상호작용의 예라고 할 수 있다.

 영화관 구경 가기가 하나의 근대적 일상 오락으로 자리 잡았음에도 관람 환경은 그와 같은 욕구를 충분히 뒷받침해주지 못했다. 서구적 근대를 욕망하면서도 그러한 욕망의 근대화를 뒷받침할 제도와 환경의 미비함은, 외적으로 드러나는 영화관 체험의 일면에 지나지 않는다. 그것만 가지고는 '식민지 대중이 영화관 구경이라는 새로운 오락을 어떻게 향유하고 있었는가?'라는 심층적 질문에 답을 줄 수 없다.

 영화관 구경 가기는 근대적 공간의 체험일 뿐만 아니라, 그 내면으로는 오락이라는 형식을 통한 서구 문화의 체험이라고 할 수 있다. 영화관은 단순히 영화를 상영하고 관람하는 공간이 아니라 영화를 매개로 근대성을 인식하고 수행하는 담론과 의례의 생산장이었다고 할 수 있다. 따라서 영화관에 가는 것뿐만 아니라 영화관에서 품위 있는 관람자로서 자신을 생산하고 시연하는 것 역시 중요한 의미를 가지는 것이다.

 그리고 영화관 체험은 영화관에서 영화를 관람하는 것뿐만 아니라, 관람하기에 앞서 어떤 영화관에서 어떤 영화를 관람할 것인가를 선택하는 행위까지를 포함한다. 관객은 관람이라는 특정한 행위 이전에 그런 행위를 수행하기 위한 사전 작업으로 다양한 고려를 하기 때문이다. 결국 영화의 국적이나 장르, 감독이나 배우, 영화관의 서열 등을 일정한 기준에 따라 선별하는 과정을 거치는데, 이 과정에 영화에 관한 관객의 주관적 취향과 영화적 지식이 개입되기 마련이다.

일제 강점기 영화관은 대체로 일주일 단위로 영화를 교체했다. 그리고 새로 개봉하는 영화에 대한 광고는 보통 수요일이나 목요일 석간에 실렸다.[31] 한 편의 영화는 단관 흥행을 기본으로 했다. 물론 일제 강점 말기로 가면 두 군데 영화관이 같은 영화를 동시에 개봉하는 경우가 없지 않았지만, 단관 흥행 방식은 계속되었다. 이는 경성 시내 각 영화관이 외국영화 배급사와 전속 계약을 맺고 있었기 때문이다. 예를 들어 명치좌는 쇼치쿠(松竹), 약초극장은 도호(東寶), 황금좌는 니카쓰(日活), 경성극장은 신코(新興)의 영화를 상영하는 식이다.[32] 이는 물론 일본인이 경영하는 영화관의 경우이지만, 단성사나 조선극장 등 조선인이 경영하는 영화관 역시 할리우드 각 영화사의 전속 영화관처럼 영화를 상영했던 점에서 일본인이 경영하는 영화관과 동일했다.

관객은 일간지를 통해서 새로 개봉되는 영화에 대한 정보를 쉽게 얻을 수 있었던 듯하다. 신문 광고를 통해 개봉 영화의 감독과 주연배우의 이름, 영화의 개략적인 내용 같은 정보를 얻고 그중에서 볼 만한 영화를 선별하는 일은 영화관 구경의 사전 작업이자 영화관 구경의 시작이라고 할 수 있었다.

그러자 영화관에서는 신문에 광고를 내서 개봉 영화를 선전하는 방법 외에 '위클리'라고 부르는 영화 소개 전단을 제작하여 배포하기도 하였는데,[33] 현재 단성사에서 발행한 《단성위클리(Dansung Weekly)》가 남아 있

단성사에서 발행한 《단성 위클리》 표지

다.³⁴ 이것들을 통해서 관객은 빈약한 영화 정보를 보충할 수도 있었다. 관객은 영화가 상영되기 전에 대체로 이러한 전단지를 통해서 영화의 내용을 확인하였다. 특히 무성영화 시대에는 요즘처럼 영화 정보가 많지 않기도 했지만, 더욱 중요한 이유는 일본어 자막을 읽을 수 있을 만큼 관객의 지식 수준이 높지 않았기 때문이다. 또한 변사의 해설에만 의존하여 영화를 관람하다 보면 때로 영화 내용을 멋대로 오해하는 경우도 많았다.³⁵

발성영화의 등장

주지하다시피 무성영화는 변사라는 매개자를 동반해야만 한다. 관객이 자막을 통해서 영화 내용을 이해하는 데는 한계가 있기 때문에 영화의 내용을 관객에게 효과적으로 전달할 매개자로서 변사의 존재는 자연스러운 것이었고, 영화관 경영자의 입장에서도 중요한 문제였다.[36] 변사에 의해 영화의 내용이 번안되어 전달됨으로써, 관객은 영화라는 낯선 문물을 자신의 일상 체험에 쉽게 녹여 넣을 수 있었다. 그리하여 초창기 관객은 변사의 자의적 해석과 오역에 대해 별다른 저항을 느끼지 않았다.

초창기 관객에게 영화 관람은 변사의 연희 관람이라고 할 수 있을 정도로 변사들이 주목을 받았다. 변사는 영화 해설뿐만 아니라 때에 따라 마치 자신이 영화 속 배우인 것처럼 즉석에서 연기를 하기도 했다. 영화 속에서 비극 장면이 나올 때 변사는 손수건을 꺼내서 우는 시늉을 하기도 했다.[37] 또한 변사는 영화 상영과 관련된 갖가지 문제에 대해 '책임'을 져야 하는 존재이기도 했다.

특히 한 대의 영사기로 영화 릴을 교체하던 무성영화 시대에는 릴 교체가 지체될 때 객석에서 항의가 빗발치기도 했다.[38] 이 밖에도 변사의 해설 소리가 잘 들리지 않는 경우, 반복 영사로 인해 화질이 좋지 않은 영화를 상영해서 화면이 희미한 경우[39] 등 여러 가지 이유로 식민지 조선의 영화 변사 시험에서 프롤레타리아, 사상 선도, 사회물 등이 무엇인지 묻는 질문에 대해 황당한 답안이 나왔다는 기사(《조선일보》 1929년 7월 24일자)

관은 자주 소란스러워졌다.

이 경우 관객은 주로 변사에게 항의를 했는데 개중에는 변사의 책임 영역 밖의 문제를 거론하기도 했다. 고속 촬영한 슬로 모션 장면에 대해 "좀 빨리 놀려라!" 하는 식으로 항의하기도 했던 일은, 영화에 대한 인식이 전반적으로 부족하던 초창기 상황이 빚어낸 해프닝이라고 할 수 있다. 때때로 이러한 상황이 벌어질 때 변사는 재치 있는 응답으로 관객의 항의를 무마하고 넘어갔다.

무성영화 시절은 변사의 황금기였다. 관객이 영화를 어떻게 받아들이는가는 전적으로 변사의 몫이었다. 영화관 측에도 변사는 스타로 군림했다. 그러나 변사는 발성영화가 도입되면서 짧은 황금기를 뒤로 하고 영화사에서 퇴장한다. 발성영화가 도입됨으로써 영화에 대한 인식이 점진적으로 향상되자, 영화관 체험에도 질적인 변화가 생겨난다.

결정적으로 변사를 퇴장시킨 음향의 도입은 기존에 변사가 수행하던 해설을 불필요한 것으로 만들어갔다. 그러나 외국영화의 경우 일본어 자막이 있다 하더라도 영화를 이해하기가 쉽지 않아 한동안은 변사가 개입할 수밖에 없었는데, 그런 경우에 영화의 음향과 변사의 해설이 충돌을

일본인 극장 경영자 하야카와 고슈가 각색·감독한 〈춘향전〉

일으키는 경우가 많았다. 근대적 교양을 갖춘 관객들이 더 이상 변사의 존재를 받아들이지 못했기 때문이다.

조선영화 최초의 발성영화인 〈춘향전〉은 1935년 10월 4일에 개봉되었다. 이후로는 조선영화를 상영할 때 더 이상 변사가 필요 없었지만, 서구의 발성영화에서는 사정이 달랐다. 앞에서 지적한 것처럼 자막만으로는 영화 내용을 이해하기 힘들었기 때문에, 외국영화의 경우에는 발성영화를 상영할 때에도 변사가 필수적인 존재였다.

그러나 갈수록 발성영화와 변사가 서서히 충돌하기 시작했는데, 일례로 중문학자 정래동은 한 잡지에 기고한 글에서 발성영화에서 변사가 해설하는 방식이 가져오는 불편함을 호소하고 있다.[40] 영어로 된 발성영화에 변사의 조선말 해설이 덧붙여지다 보니, 소리의 상쇄 작용으로 인해 상영관이 '듣기 싫은 잡음(雜音)'의 공간이 되어버렸다.

발성영화가 도입됨으로써 당대의 관객들이 시청각적 불편을 겪은 것으로 보이는데, 여기에는 변사라는 특이한 매개자가 무성영화와 함께 퇴장하지 않은 사정과 함께 자막이 삽입된 외국영화 관람 방식이 익숙지 않았다는 사정이 개입되어 있다.

 이 두 가지 요인 중에서도 관객은 특히 변사에 대한 거부감이 더 컸던 것으로 보이는데, 이는 관객의 인식이 변화했기 때문이다. 발성영화가 도입되면서 기존의 벙어리 배우는 하나의 온전한 생명체가 되었다. 그리하여 관객들은 자연스럽게 화면 속의 온전한 생명체인 배우에 주목하게 되었고, 변사가 따로 그 사이를 매개할 필요가 없다고 느끼게 된 것이다. 심지어는 일급 변사들의 특기인 연희 능력이 오히려 영화 관람을 저해하는 장애물처럼 인식되기에 이르렀다.

> 전일 '얀 키에푸라'의 노래를 들으려고 시외 모 관에 갔더니 '키에푸라'가 한참 가극 〈토스카〉를 노래하고 있는데, 갑자기 그 중도에서 발성이 적어지며 변사 아저씨가 "맑은 시냇물 소리와도 같은 그의 노래는 사랑하는 사람의……" 하고 나오기 시작하므로 변사의 뱃심에 어처구니가 없어서 얼이 도망갔다. 그랬더니 다음 장면에 음악이 나오면서 주역의 두 사람이 사랑을 속삭이는 '러브신'에 이르러, 영화는 바이올린의 선율로 반주되고 들리는 것은 영사실에 기계 도는 소리……. 벽력같은 소리와 함께 "변사 죽었니? 해설해라!" 하는 고함이 관중 속에서 일어났다. 나는 이런 속에서 구경하는 것이 어쩐지 소름이 끼쳐서 나와버린 일이 있다.[41]

 뮤지컬 영화는 특정한 서사 구조보다 주연 배우들의 노래와 춤을 중심으로 하는 영화다. 그런데 위의 글에서 필자는, 주연 배우인 얀 키에푸라가 한창 열창하고 있는 장면에서 갑자기 음량이 줄고 변사가 쓸데없는 해설을 덧붙이면서 영화에 몰입할 수 없게 방해한 것에 대해 비판하고 있다. 그와 반대로 적절한 해설이 필요한 러브신에서는 해설을 하지 않고 화면 밖의 바이올린 연주를 끼워 넣음으로써 영화를 관람하는 기분을 완전히 망쳐놓았다. 수시로 관객들이 항의하는 소리로 소란하던 영화관에서 교양 있는 관객의 개인적 몰입은 종종 방해받았다.

변사의 해설은 관객이 보이는 반응에 좌우되는 경우가 많은 것이 사실이었다. 이는 영화를 자기완결적인 예술의 한 형식으로 생각하는 현대적 입장에서는 결코 흔쾌히 수용할 수 없는 전근대적인 양태라고 할 것이다.[42] 발성영화가 도입되는 시기에 변사와 관객이 상호간에 느낀 이질감은, 영화의 예술적 혁신의 기운이 식민지 영화계에 서서히 싹트고 있음을 반증한다.

이처럼 식민지 초창기부터 발성영화의 도입기까지 영화관 체험은 변사를 매개로 한 경험이라고 할 수 있던 데 반해, 발성영화가 널리 보급되면서 1930년대 후반 이후 경성 시내 영화관에서 변사는 자신의 존재 가치를 완전히 상실한 채 관객의 기억 속에서 사라졌다. 또 그와 더불어 변사와 관객의 상호작용도 사라지게 되었다. 변사를 향해 주문을 쏟아내던 식민지 관객은 이제 서서히 침묵을 지키며 화면만을 조용히 응시하는 정숙한 관람, '쾌적한 환경'에서 '개인적 몰입'이 가능한 영화 관람의 단계로 서서히 진입하고 있었다.[43] 1930년대 후반 일류 영화관에서는 영화를 매개로 변사와 관객이 상호작용하던 풍경이 더 이상 존재하지 않았다. 그러나 아래의 글에서도 알 수 있듯이 2류 이하의 상설관에서는 1930년대 후반에도 변사와 영화에 대한 관객의 반응이 지속되었다.

> 고함이 그칠 사이가 없으며, 어디로 보나 당시의 돈 시세로는 상당히 고

가인 10전 내지 23전의 입장료를 물고 일부러 먼 길을 찾아온 이유를 캐내기 어려울 지경이다. 지금도 도화극장, 신부좌, 제일극장 같은 데 가면 간혹 볼 수 있지만, 활극 장면에서 박수를 한다든가 연애 장면이 나오면 짐승의 소리 같은 외마디 소리를 지르는 것은 전부 이 시대의 유물이라고 볼 수 있다.[44]

수해영화를 제작한 신문사 활동사진반

1920년에 3대 민간 신문사의 하나로 탄생한 조선일보사는 일제 강점기 내내 동아일보사와 치열한 경쟁을 벌였다. 특히 1920년대 후반부터 이러한 경쟁이 과열되어 각 신문사에서 다방면의 활동을 구상하게 되었다. 그중 하나가 종래 신문지면 기사를 영화 필름으로 제작하여 보급한다는 다소 획기적인 시도로서, 이 구상을 최초로 실행한 쪽은 조선일보사였다. 이는 한창 대중의 관심을 받고 있던 영화를 매개로 사세를 확장하고자 한 경영진의 판단이 작용한 것이었다.

조선일보사는 이러한 구상 하에 1920년대 후반부터 사내에 활동사진반을 조직하여 뉴스영화 제작에 착수하였다. 이는 1920년대 초 조선총독부가 총독관방(總督官房) 문서과에 활동사진반을 구성하여 영화 제작 및 상영 활동을 한 것 등을 제외하면 민간 차원에서는 처음 있는 일이며, 같은 시기 일본 신문사들보다는 10여 년 늦은 것이었다.

일본의 저명한 영화사 연구가이자 비평가인 사토 다다오는 일본의 신문사들이 뉴스영화를 제작하기 시작한 시점을 1934년으로 보면서, 그 예로 〈아사히 영화뉴스〉 등을 거명한 바 있다.[45] 그러나 국내 개봉관 상영작을 분석해보면, 그의 언급과 달리 이미 1910년대에 일본의 신문사들이 뉴스영화를 제작한 것으로 보인다. 일제 강점기 부산의 영화관 상영작을 정

리해놓은 자료[46]를 살펴보면, 1917년 10월 30일에 보래관에서 〈오사카마이니치 필름통신(大阪毎日フィルム通信)〉(제4호)이 상영되었다는 사실을 확인할 수 있다. 따라서 사토 다다오의 언급에 사실과 부합하지 않는 부분이 있는 듯하다. 물론 일본의 신문사들이 본격적으로 뉴스영화 제작에 착수한 것은 전황 보도 붐이 일었던 1931년 만주사변 이후의 일이기는 하지만, 그가 이 점을 염두에 두고 위와 같이 거론한 것인지는 명확하지 않다.

조선일보사 활동사진반의 첫 성과는 1929년 6월 14일에 조선극장에서 공개되었다. 일반 영화들과 함께 뉴스영화를 상영하는 방식으로 영화관에서 공개된 것이다.[47]

이날 상영된 뉴스영화에는 ① 조선일보사가 캠페인하고 있던 생활 개신(改新) 선전의 대행렬(大行列), ② 상공인 대운동회, ③ 유치원 연합 대원유회(大園遊會)의 세 가지 내용이 담겨 있었고, 필름 길이는 2천 피트였다. 애초 구상에 따르면, 뉴스영화를 경성에서부터 상영하기 시작해서 이후 전국을 순회하면서 자사 독자에게 무료로 공개할 예정이었다.[48]

조선일보사 내에 설치된 활동사진반은 이후에도 이와 같은 계획에 따라 계속해서 뉴스영화를 제작하고 상영했을 것으로 생각된다. 그러나 일상적인 활동 내용에 대해서는 구체적으로 밝혀진 바가 없고 현재 뉴스영화 릴이 남아 있는 것도 없어서 자세히 알 길이 없다. 한편 유현목은 조선일보사 활동사진반의 뉴스영화가 제1호밖에 제작되지 못했다고 언급한 바 있다.[49] 그러나 이후 제작된 수해영화 등도 뉴스영화에 포함될 수 있으므로, 뉴스영화는 1930년대 내내 제작되었다고 할 수 있다.

우선 이들의 활동이 뚜렷이 감지되는 것은, 1933년부터 1934년까지의 수해 관련 영화 제작 및 상영 활동이다. 일제 강점기에 농촌은 해마다 여름철이면 태풍이나 호우로 인해 수해가 극심하였다.

일제 강점기 총독부의 산미증식계획에 따라 화학비료와 개량종자 사용, 개간, 관개시설 개선 등을 통해 미곡 수확량이 비약적으로 증가하였으나,50 자연 재해의 피해를 인위적으로 예방하는 데는 역부족이었다. 그래서 해마다 여름이면 수해 기사가 신문사의 단골 보도 아이템이 되다시피 하였다. 조선일보사에서도 여름철 수해가 발생한 지역에 기자를 특파하여 수해 현장의 상황을 보도하였다.

1925년 발생한 을축 대홍수 당시 광경

특히 1933년 여름에는 영남 지방에 수해가 발생하여 큰 피해를 입었다. 수해로 인해 5만여 명이 사상·실종·이재를 당했고, 1만 가구와 5만 정보 가량의 전답이 유실되었다.51 1933년 수해 상황 보도에서는 기존과 달리 특별히 활동사진반이 동원되었다. 그 경위에 대해 《조선일보》는 다음과 같이 설명하고 있다.

> 본사에서 수해의 급보를 받자 곧 기자와 사원을 현장에 특파하여 보도와 구호에 노력 중임은 이미 누차 지상으로 보도한 바이어니와, 특히 현장 참상을 눈앞에 보이는 듯이 독자의 앞에 보도함에는 심상 일반의 방법만 가지고는 만족할 수 없으므로, 이에 조선 신문계의 첫 시험으로 활동사진을 이용하여 현장의 실상을 일각이라도 속히 독자에게 보이려는 계획을 세우고, 사원과 기자를 급급히 현장에 파견하여 모든 위험을 무릅쓰고 막

대한 비용을 들여 촬영을 단행케 하였다.[52]

위에서 보는 바와 같이 《조선일보》는 급변하는 대중의 기호에 맞추어 '현장 참상을 눈앞에 보이는 듯이 독자의 앞에 보도함'에 있어서 영화가 신문보다 적절하다고 판단했다. 그 이유는 신문이 보도의 속도와 실감이라는 측면에서 한계를 가진 것으로 인식되었기 때문이다. 이처럼 《조선일보》가 뉴스영화라는 새로운 영역을 개척해간 것은 《동아일보》와의 경쟁에서 우위를 차지하고자 하는 의욕에서 비롯되었다고 할 수 있다. 1933년은 그해 3월에 조선일보사에 부사장으로 취임한 방응모가 동년 7월에 사장으로 취임하여 재도약을 꿈꾸던 중요한 시점이었다.[53]

활동사진반의 구성이 어떠하였는지는 정확히 알 수 없지만, 촬영기사와 보조 인원 등으로 단출하게 짜여 있었을 것으로 생각된다. 1933년 여름 수해의 경우 활동사진반에서 촬영한 필름은, 7월 2일에 수해 현장에서 가까운 부산으로 이송되어 그곳에서 현상과 편집을 마쳤다.

무성영화 시절이던 당시에는 후시 녹음(after recording)이 필요하지 않았다. 그리하여 편집된 필름을 7월 3일 아침에 기차를 이용해서 경성으로 이송하여, 그날 오후 5시 30분에 경성역에 도착하는 즉시 총독부 경무국 도서과 검열실로 옮겨서 검열이 끝나는 대로 곧바로 공개 상영을 하는 계획을 실행에 옮겼다.[54]

이처럼 《조선일보》는 수해속보를 전하기 위해서 총력전을 벌였는데, 일제 강점기에 국내 소식을 영화라는 새로운 방식으로 그처럼 급속도로 볼 수 있다는 것이 대중에게 낯선 경험이었을 것이다. 《조선일보》가 호외까지 제작했다는 사실이 이러한 추측을 가능하게 한다.

평안남도 남포에서 개최된 삼남 수재영화대회 광경(《조선일보》 1934년 8월 10일자)

검열을 마친 필름은 '수재영화'라는 이름으로 프린트 세 벌이 복사되었다. 경성에서 시작된 상영회는, 세 곳 동시 상영이라는 방식으로 관객에게 공개되었다.[55] 그리고 그 후 전국을 순회하면서 상영되었는데, 그중에서 이 영화에 대해 가장 큰 관심을 보인 곳은 부산이었다. 부산이 수해의 피해지였기 때문이다. 부산에서는 7월 8일 오후 8시 30분에 보통학교 교정 두 곳, 역전 한 곳에서 동시 상영되었다.

이날 상영회에는 '관중이 구름같이' 모이는 대성황을 이루었으며, 수해 장면에서 "아유—" 하는 개탄의 소리가 진동'을 했다고 한다. 상영회는 12시 30분경에 끝났다.[56] 이날의 소식을 전하는 기사에 의하면, 수재영화는 계속 제작될 것이었다.[57]

그러나 그 후 수재영화의 제작이나 상영에 관한 소식을 전하는 기사가 보이지 않는 것을 보면, 그해에는 더 이상 제작되지 않은 듯하다. 위에서 그 과정을 살펴보았듯이, 비교적 제작이 간편한 뉴스영화라고 하지만 1930년대 초반에 영화 한 편을 제작하는 것이 그렇게 쉬운 문제가 아니었기 때문이다. 이후 수재영화 제작은 1934년에 계속되었다. 그해 7월에 삼

남 지방에 발생한 수해를 촬영한 수재영화가 제작되어 평양에서 공개되었다.[58]

　조선일보사 활동사진반은 수해보도처럼 속보성이 요구되는 현장에서 단연 발군이었다. 그러나 활동사진반의 활동은 시의성을 띤 단기적인 활동에만 머물지 않았다. 때로는 학술적이거나 문화적인 내용을 기획성을 갖고 제작한 경우도 있었다. 그 단적인 예가 1936년에 제작된 백두산 등정 관련 영화와 1938년에 제작된 민속 관련 영화이다.

　1936년에 각계 명사로 구성된 산악회가 백두산을 등정한 광경이 활동사진반에 의해서 촬영되었다.[59] 영화사가 이영일에 의하면, 그때 산악회와 동행한 이는 일제 강점기에 촬영기사이자 영화감독으로 활동한 이명우라고 한다.[60] 그리고 1938년에는 10월에 조선의 민속을 소개할 목적으로 〈조선 민속〉이라는, 일종의 문화영화가 제작되어 관객에게 공개되었다.[61] 이 영화는 전 2권, 1천2백 피트 정도의 필름으로, 농악, 산대도감, 꼭두각시, 봉산탈춤, 짠지패, 줄타기를 소개하였다.[62]

　이 밖에도 조선일보사 활동사진반은 적어도 1938년까지 지속적으로 뉴스영화를 제작하고 상영한 것으로 보인다. 신문기사로 확인할 수 있는 마지막 상영회는 1938년 11월에 개최되었다. '독자 위안 영화대회'로 지칭된 이 상영회는 보름간 지속되었는데, 상영작은 〈홍길동전〉, 〈모스크바의 하룻밤〉, 조선일보사 활동사진반이 제작한 뉴스영화였다.[63]

칼럼

《단성 위클리》

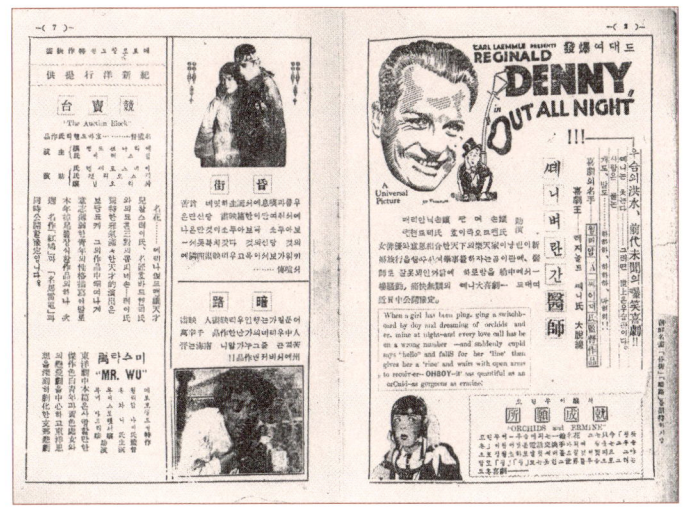

단성사에서 발행한 《단성 위클리》 2면과 7면

일제 강점기에 영화관에서는 다양한 방법으로 영화 홍보에 나섰다. 그중 한 가지가 영화 홍보 전단지다. 단성사의 경우 《단성 위클리》라는 소식지를 8면 체제로 매주 발간했다. '위클리'라는 표현에서 알 수 있듯이 매주 개봉 영화 소식을 관객들에게 전달하는 것이 목적이었다. 《단성 위클리》는 단성사에서 그 주에 개봉하는 영화를 주로 소개하고, 다른 한편으로 다음 주에 개봉하는 영화도 덧붙여 소개했다. 그리고 단성사 활동 상황도 간간이 덧붙였다. 전체적으로 단순한 감이 없지 않으나, 여러모로 열악했던 상황을 고려할 때 제한된 지면을 화려하게 꾸미려고 노력한 흔적이 엿보인다. 다음에 소개하는 것은 《단성 위클리》 제270호의 2면과 7면이다.

경매대(競賣台) Auction Block

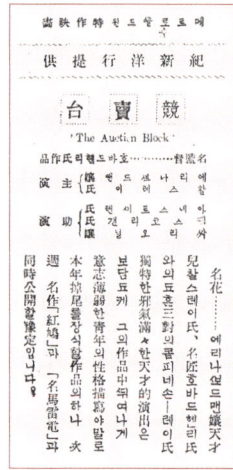

명화(名花)…… 에리나 뽀드맨 양, 천재아 찰스 레이 씨, 명장 호바드 헨리 씨와의 좋은 삼대(三對)의 콤비네이션-레이 씨, 독특한 사기(邪氣) 만만한 천재적 연출은 보다 좋게 그의 작품 중 뛰어나게 의지박약한 청년의 성격 묘사야말로 본년 도미(掉尾)를 장식할 작품의 하나. 차주(次週) 명작 〈홍구(紅鳩)〉와 〈명마 뇌전(名馬雷電)〉과 동시 공개할 예정입니다.

미스타 우(禹) "MR. WU"

메트로 골드윈 특작
윌리엄 나이 씨 감독
론 차니 씨 주연
루이스 로렛서 양, 루네 아드리 양 조연

동양극 중 본편은 사랑할 만한 걸작. 백색 청년과 황색 처녀와의 연애극을 중심하고 동양사상을 심각히 극화한 지나(중국) 비극.

혼가(昏街)

울음과 탄식에서 탄생하였네. 빈고(貧苦, 가난으로 인한 고생)에서 쥐어짠 이 한 편 영화. 당신만은 보아두소. 꼭 보아두소. 이것만은 나의 것, 당신의 것, 다 같이 북돋우세―. 키워 가보세. 이윽고 우리 영화 사린(四隣, 사방)에서 훤전(喧傳, 떠들썩함)…….

암로(暗路)

어둔 길 가는 행인. 우리 영화인. 영화인 중 우리네의 가난한 작품. 천신만고 겪은 줄 그 누가 알리. 남해는 진주에서 빚어낸 작품!!

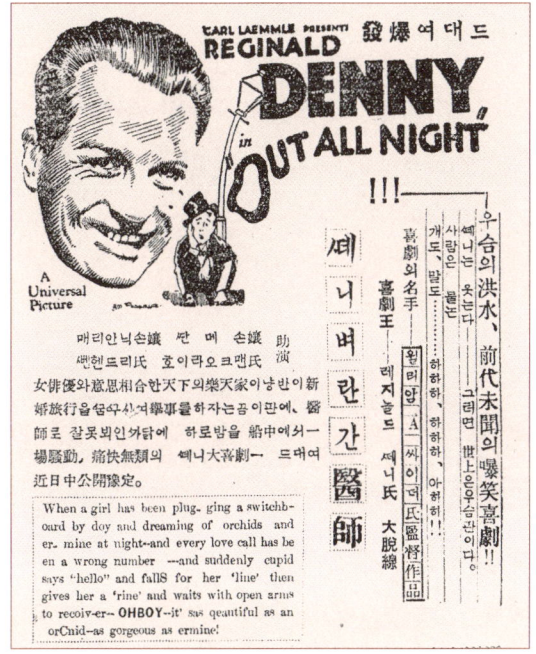

CARL LAEMMLE PRESENTS

드디어 폭발(爆發)

〈떼니 별안간 의사(REGINALD DENNY "OUT ALL NIGHT")〉

유니버설사

웃음의 홍수, 전대미문의 폭소희극!!

떼니는 웃는다. 그러면 세상은 웃음판이다.

사람은 물론

개도, 말도……, 하하하, 하하하, 아히히!!

희극의 명수─윌리엄 A. 싸이더 씨 감독 작품

희극왕─레지날드 떼니 씨 대탈선

매리안 닉손 양, 딴 메손 양, 뻰 헨드리 씨, 호이라 오크맨 씨 조연

여배우와 의사 상합(相合, 맞음)한 천하의 낙천가 이 양반이 신혼여행을 꿈꾸시어 거사를 하자는 꿈. 이판에, 의사로 잘못 보인 까닭에 하룻밤을 선중(船中)에서 일장 소동, 통쾌 무류(無類, 유사한 예가 없음)의 떼니 대희극─드디어 근일 중 공개 예정.

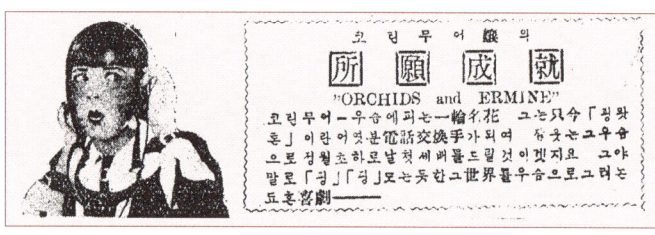

코린 무어 양의 소원 성취 "ORCHIDS and ERMINE"

코린 무어─웃음에 피는 일륜명화(一輪名花). 그는 지금 '핑 와톤'이란 어여쁜 전화교환수가 되어 잘 웃는 그 웃음으로 정월 초하룻날 첫 세배를 드릴 것이겠지요. 그야말로 '핑', '핑' 도는 듯한 그 세계를 웃음으로 그려놓은 조흔 희극.

4장

영화 관객의 탄생

영화를 평하는 사람들이 생겨나다

'하소'라는 필명으로 잘 알려진 이구는 1930년대 후반 경성의 영화문화를 가장 훤히 꿰뚫고 있던 대표적인 인물이다. 그는 〈영화가 백면상(映畵街百面相)〉, 〈속(續) 영화가 백면상〉이라는 두 편의 글을 통해서 1930년대 후반 경성 영화 관객의 모습을 비교적 다양하게 보여주고 있다. 영화 관련 에피소드에 논평을 덧붙인 이 글들을 읽노라면, 일제 강점기와 현재 사이에 과연 얼마나 차이가 있는가 하고 되짚어볼 정도로 요즘과 흡사한 구석이 많다. 생각과 달리 그때도 꽤 '모던'했던 것이다. 그가 소개하는 일련의 에피소드들 중에는 아래와 같은 것도 있다.

"나는 베토벤보다 슈베르트가 좋아. 베토벤은 늙을 때까지 살았지만, 슈베르트는 젊어서 벌써 인간을 초월한 천재가 아냐?"
"베토벤이 귀먹어서까지 작곡하던 열정은 어떠하고. 슈베르트가 천재라면 베토벤은 악성(樂聖)이야."
"그래도 슈베르트가 제일이야."
"베토벤이 제일이야."
전차 안에서 중학생들이 드디어 이 때문에 말다툼이 났다. 그 논리야 어쨌든 음악에 대하여 이만한 열성과 관심을 가진 것은 보기 드문 일이므로

재미있게 듣고 있었는데, 두 중학생은 종시 슈베르트가 좋으니 베토벤이 좋으니 하더니,

"너 잡지의 영화평을 못 봤니? 베토벤은 너무 지루하게 되고, 거기다 대면 〈미완성 교향악〉이 장면도 좋고 배우들도 잘했다고 한 것을 난 두 번이나 봤다."

"그래도 아리 보만큼 한스 야라이가 표정이 못허지 뭐야. 그까짓 영화평 쓰는 놈이 뭐 아는 줄 아니?"

"〈미완성 교향악〉이 잘됐어."

"베토벤이 잘됐어."

여기까지 이르러서는 입을 딱 벌리고 앉을 수밖에 없다. 그들은 음악 이야기가 아니라 영화 이야기를 하고 있었던 것이다.[1]

　필자가 무슨 일로 전차를 타고 가다가 옆에 서서 가는 학생들의 대화를 우연히 엿듣게 되었다. 그런데 필자가 듣기에 그들의 대화가 은근히 '고상하게' 들렸던 것 같다. 그들의 대화 소재는 베토벤과 슈베르트였다. 음악평론가이기도 한 필자는 자연스럽게 직업정신이 발동하여 전차 간에서 흘러나오는 '베토벤과 슈베르트 담론'에 귀를 기울이게 되었다.

　대화를 들어보니 친구인 듯 보이는 두 학생이 베토벤이 좋으니 슈베르트가 좋으니 말싸움을 하고 있었다. 나이에 맞지 않게 고상하게 베토벤과 슈베르트를 운운하는 학생들을 대견하게 생각하고 있던 필자는 이내 실망하게 되었다. 그 학생들의 대화 출처는 소설이나 음악이 아니라 영화였기 때문이다.

　이 글에는 구체적인 작품 이름이 언급되어 있지 않지만, 베토벤을 옹호

한 학생은 베토벤의 음악을 들은 게 아니라 1937년에 국내 개봉한 아벨 강스의 〈악성 베토벤〉(1936)을 본 것이고, 슈베르트를 옹호한 학생은 1935년에 국내 개봉한 빌리 포르스트의 〈미완성 교향악〉(1934)을 본 것이다.

요즘도 영상물을 통해서 서구의 고전 명작 소설들을 '섭렵'하는 일이 흔하다. 요즘 학생들은 입시에 치여서 책 읽을 시간이 없다는 변명이 어느 정도

영화를 보고 음악을 논하는 학생들(《영화가 백면상》,《조광》 1937년 12월호)

통할 테고, 증조할아버지나 증조할머니뻘 되는 그때의 학생들도 책보다 영상에 더 본능적으로 끌렸던 듯하다. 이 정도라면 일제 강점기 청소년층에서 영화가 소설을 앞질렀다는 말이 순전한 허구라고 하기 어려울 것이다. 여기에서는 일제 강점기 영화 관객 혹은 팬의 모습을 좀 더 자세히 살펴보고자 한다. 관련된 영상 기록물이 있으면 좋겠지만 아쉽게도 남아 있는 것이 없으므로, 힘들더라도 미세한 틈을 비집고 들어가거나 우회로로 에둘러 가보자.

영화는 그 어떤 예술보다 수용자의 반응이 중시되는 분야라고 할 수 있다. 흥행 실적으로 표현되는 관객의 반응에 근거해서 영화 제작업자는 제작 계획을 세운다. 이는 영화 제작뿐만 아니라 흥행에도 해당되는 사항이다.

만약 어떤 영화관이 관객의 불만을 시정할 생각이 없다면 그곳은 생존할 수 없다. 좀 더 넓게 보면 자본주의 사회에서 이윤을 추구하는 모든

영역이 그러하다. 특히 조선영화 제작이 부진하여 영화 상영업이 영화산업의 중요한 영역을 차지하던 식민지 조선 사회에서는 더욱 그러했을 것이다.

따라서 흥행업자의 입장에서는 일정 기간 동안 흥행 실적을 분석하여 향후 흥행 계획을 세울 수도 있겠지만, 좀 더 직접적으로 관객의 목소리를 수용할 만한 경로가 필요한 것이 사실이었다. 그러한 경로 역할을 한 것이 일간지 지면을 통해 발표된 관객의 반응이라고 할 수 있다.

요즘처럼 대중매체가 풍부하지 않았던 일제 강점기에는 영화 관객의 목소리를 접할 수 있는 적절한 경로가 없었다. 관객의 반응을 수용할 수 있는 가장 유력한 경로는 아무래도 가장 대중적인 매체로 존재한 일간지였는데, 일간지 역시 이러한 영화업계의 욕구와 자신들의 욕구가 맞아떨어져 영화란을 확충하기 위해 노력했다.

일제 강점기 저널리즘을 통해서 소개된 관객 반응은 주로 영화 비평가나 영화감독 등 영화계 인사들에게서 나왔다. 물론 비평가의 계급, 성, 인종, 정치적 신념에 따라 영화에 대한 시각도 다양할 수 있기 때문에 그들이 관객의 반응을 전형적으로 대표한다고 볼 수는 없을지도 모른다. 그럼에도 그런 의견들은 관객이 자신의 의견을 표출하기 힘든 시대일수록 매우 중요한 자료적 가치가 있다고 하겠다. 특히 일제 강점기처럼 언론매체가 대중의 목소리를 적극적으로 담아낼 수 없었던 환경에서 이들 일군의 기명 혹은 익명 기고자들의 글은 소중한 가치를 지닌다.

1920년대 초반부터 외국영화가 식민지 조선에 본격적으로 소개되었지만, 1926년까지는 외국영화에 대한 반응이라고 할 만한 것이 나오지 않았다. 개봉작 소개에 지나지 않는 단편적인 기사가 있었을 뿐이다. 이는 그때까지 영화를 보고 나서 느낀 감상이나 비평을 텍스트화한다는 사고를 관객들이 가지지 못했고, 그런 텍스트를 언론매체가 수용한다는 사고도 미처 움트지 않았음을 보여준다.

그러나 조선영화에 대한 감상이나 비평은 이미 일간 지상에 게재되고 있었다는 사실을 떠올리면 다소 의아스럽다. 이 문제는 앞으로 심도 있게 탐구되어야 할 사항이겠지만, 아마도 외국영화가 조선영화보다 서사적 측면과 기술적 측면에서 한층 복잡했기 때문에 일반 관객이 외국영화에 대해 평하는 것이 어려웠기 때문이 아닐까 싶다.

일제 강점기에 개봉작 소개기사는 일간지의 경우 학예부 연예계 기자가 전담한 것으로 보이는데, 그 글들은 대체로 개봉작의 감독, 배우, 기술진에 대한 정보와 줄거리, 영화의 의의 등을 담고 있었다. 요즘과 달리 기자의 글에는 성명이 포함되지 않아서 기사 작성자가 누구인지 알기 어렵다. 영화 기사를 쓰기는 하지만 전문성을 결여한 인사들이 외신이나 배급사가 제공하는 정보에 의존해서 기사를 쓰다 보니 굳이 자신의 이름을 밝힐 필요가 없었던 것일 수도 있다.

일간지에 게재된 영화평 중에는 이와 같은 무기명 기사 외에 기명으로 쓴 글도 종종 보인다. 기명이라고는 하나 대체로 익명에 가까운 별명이어서 그 글의 필자와 친분이 있는 사람이 아니면 알 수 없는 경우가 많다. 물론 심훈, 윤기정,[2] 남궁옥 등 자신의 이름을 걸고 글을 발표한 사람들이 있기는 하지만, 1920년대 중후반에 발표된 영화평 중 다수가 무기명 기사의 경우처럼 자신의 이름을 밝히고 글을 쓸 만큼 영화이론이나 기술, 외국의 영화계 사정에 대해 전문적 지식을 갖춘 전문가의 글이 아니었다.

당시에 영화평을 자주 게재한 사람 중에는 이경손, 이구영, 안석주 등이 있다. 그러나 이들은 주로 조선영화에 대한 글을 썼고, 외국영화에 대해서는 큰 관심을 보이지 않았다. 이는 그들이 그 시기에 조선영화 제작 현장에 관여하고 있었던 탓이라 생각된다. 이와 달리 심훈, 윤기정, 남궁옥 등은 영화 제작과 일정한 거리를 두고 있었고, 기술적으로 앞선 외국영화에 더 관심이 있었던 것으로 보인다. 이것이 영화 비평가들이 이분화된 것처럼 보이는 이유라고 할 수 있다.

이는 1930년대 초반의 사정과 비교해보면 쉽게 이해할 수 있다. 1930년대 초반에 영화평을 자주 게재한 영화평론가 김유영이나 서광제, 연극평론가 서항석 등은 이전 세대에 비해 한층 전문적인 식견을 갖춘 사람들이었다. 그리하여 1920년대 중후반에 활동했던 아마추어 비평가들이 활동할 공간은 한층 좁아졌다.

관객 반응이 일간지 지면에 소개된 것은 1910년대 《매일신보》에서부터였다. 1914년 10월 28일자 〈독자 기별〉란에는 '관객'이라는 익명의 독자가 보낸 의견이 다음과 같이 게재되었다. "이번 우미관에서 영사하는 사진 중 다섯 권 〈금색선〉, 참 활비극입디다요. 구경꾼도 많고요. 한번 구경할 만하여요." 이와 같은 독자 의견은 3대 민간지가 탄생한 1920년대 초반에는 잠시 자취를 감추었다가, 1920년대 중반에 다시 활성화된다. 《조선일보》1926년 7월 11일자에는 학예부 기자가 아닌 일반 관객의 다양한 반응이 처음으로 소개되고 있다.

① 〈미왕자〉는 기대하던 만큼 나의 욕망을 만족시켜주지는 않았지만, 역시 참 좋은 영화다. 플래슈박크(플래시백)는 가장 재미있었다.(청진동 방○옥)

② 짝키 혹시의 인디안 복장은 어색하기 짝이 없다. 그러나 그런 점이 우리 짝키 군을 좋아하게 되는 점이 아닐까 생각한다.(청주서 석돌이)

③ 대관절 계림영화협회 〈산채왕〉은 언제나 완성이 되는지 알고 싶다. 이래서는 조선의 영화계는 언제든지 비관 상태를 면하지 못할 것이다.(청주서 석돌이)

①~②은 동일 지면에 실린 다양한 관객 반응이다. 대체로 글 말미에 주소와 성명을 붙이고 있는데, 개중에는 주소나 성명만 넣거나, 성명이지만 익명에 가까운 필명만 첨부한 경우도 보인다. 이는 실명으로 불만을 제기하는 일의 거북함을 피하려는 의도인지도 모르겠다. 그 내용을 살펴보면 다채롭다. ①, ②는 영화를 관람한 뒤에 그 영화에 대한 느낌을 표명한 것이고, ③은 제작 중인 영화가 언제쯤 개봉될 것인지를 묻는 것이다. 비록 단편적인 지적들이긴 하지만, 일부 관객이 참여하여 이뤄진 이와 같은 관객 반응의 조직화는 중요한 의미를 지닌다. 상품 수용자로서 관객이 제작, 배급, 흥행 등 상품 제공자에게 요구를 표명했다는 점에서 그러하다.

일간지에 등장한
관객의 요구

1926년 7월에 관객 반응을 최초로 일간지에 게재한 이후, 신문사에서는 관객의 반응을 게재하는 데 좀 더 적극적으로 나서기 시작했다. 이는 영화와 관련된 독자들의 투고를 촉구하는 광고 형태로 표면화된다.

- **인상** 극이나 영화에 관한 팬들의 인상이니 극히 간단히 또는 요령 명료히 불편부당하게 쓰되, 14자 1행, 15행 이내로, 자체(字體) 분명히, 용지는 원고용지

- **희망** 조선 연예계에 관한 팬들 모든 희망이니 극히 간단히 요령 명료히 불편부당하게 쓰되, 14자 1행, 50행 이내로, 자체 분명히, 용지는 원고용지

- **불평** 극계와 영화계에 대한 불평 혹은 극장에 대한 불평이니 극히 간단히 또는 요령 명료히 불편부당하게 쓰되, 14자 1행, 10행 이내로, 자체 분명히, 용지는 엽서[3]

최초로 관객의 반응을 조직화한 곳은 동아일보사다. 위의 글은 동아일보사가 1927년 1월 21일자 지면에 게재한 광고 전문이다. '연예 기고 환영—투고 종류 및 방법'이라는 제하의 이 광고문은, 모집하는 독자 투고

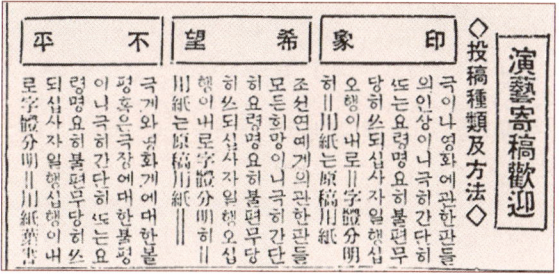

일간지에서 모집하는 독자 투고의 종류를 밝힌 기사(《동아일보》1927년 1월 21일자)

의 종류를 '인상', '희망', '불평'으로 구분하고 있다. '인상'은 극이나 영화를 본 소감을, '희망'은 식민지 조선의 연극계나 영화계에 대해 바라는 바를, '불평'은 영화관에 대한 것을 포함해 식민지 조선의 연예계 전체에 대한 불만을 담도록 요구하고 있다.

이 광고는 투고의 종류뿐만 아니라 작성 요령도 제시하고 있다. 투고의 분량은 '14자 1행, 10행 이내', 즉 140자에서 '14자 1행, 50행 이내', 즉 700자까지, 투고의 종류마다 차별화하고 있다. 특히 '희망'에 700자 기준을 적용하고 '불평'에 140자 기준을 적용한 것에는, '불평'보다 '희망'을 더 많이 피력해달라는 영화계 안팎의 주문이 담긴 것으로 해석할 수 있다. 이런 글자 수 규정 외에 '극히 간단히 또는 요령 명료히' 그리고 '불편 부당히' 작성할 것, 그리고 글씨는 분명하게 하고, 용지는 원고지를 이용할 것을 요구하고 있다.

첫 광고치고는 독자에게 상당히 많은 것을 요구한다고 생각되는 이 광고는, 신문이 미디어로서의 기능, 즉 영화와 관객의 매개체로 자임한 분명한 경우라고 하겠다. 동아일보사의 광고에 크게 자극받은 듯, 곧이어 조선일보사에서도 비슷한 광고를 게재한다. 《조선일보》 1927년 2월 17일자 지면에도 독자 투고를 요청하는 광고가 게재되었다.

투고 환영!

연극이나 영화에 대한 인상평이나 감상문을 환영합니다. 뜻이 있는 분은 원고를 조선일보 연예계로 보내주시오. 문체는 순국문으로 간단명료한 것이라야 합니다.[4]

동아일보사 광고에 비해서 한층 단순한 면모를 보인다. 동아일보사처럼 종류를 구분하지 않고 영화평(감상문) 한 종류에 국한하고, 형식 요건 면에서는 '순국문으로 간단명료할 것'만을 요구했다.

이러한 광고들이 실제로 독자들의 투고 욕망을 얼마나 자극했는지는 정확히 알 수 없다. 이러한 광고들이 게재된 1927년 한 해의 지면을 살펴보면, 일반 관객의 반응이 지면에 수록된 경우는 거의 보이지 않는다. 다만 외국영화 제목의 오역에서 오는 문제를 제기한 '익선동 B생'의 글,[5] 즉 동아일보사 방식의 구분으로 보면 세 번째 종류인 '불평'에 해당하는 글이 한 편 보일 뿐이다.

그 뒤에도 독자 투고에 대한 광고가 일간지 지면에 몇 차례 게재되는데, 동아일보사 방식의 삼분법에 따르면 첫 번째 종류, 즉 '인상'으로 일원화되고 형식적 제약이 좀 더 완화된다.

① 경성 시내에 상영된 영화의 본 인상을 모집합니다. 비평하는 형식은 자유로 취하시되 행수(行數)는 14자 20행 이내로 제한합니다.[6]

② 연극과 영화를 감상하신 뒤에 무엇이든 느낀 바가 있거든 인신공격을 제하고는 써서 보내주십시오.

◇ 투고 규정

하나, 14자 1행, 30행 이내로 기송(記送, 써보냄)하시오.

하나, 투고는 일절 반환치 않습니다.

하나, 지상(紙上)에는 익명(匿名)할 수 있으나, 원고에는 성명을 명기하시오.7

①에서 보이는 특징은 '인상' 투고의 대상이 되는 영화를 경성 시내 개봉 영화로 한정했다는 점과 종래의 종류별 투고 분량 기준을 폐지하고 모두 280자 기준으로 적용하고 있다는 점이다. ②는 조선일보사의 광고로 종래의 자수 기준을 변경하여 이번 광고에서는 투고 분량에 420자 기준을 적용하고 있고, 그 밖에 투고문의 반환과 투고자의 성명에 관한 규정을 새롭게 첨부하고 있다. 이 중에서도 특히 성명에 관한 규정이 돋보이는데, 여기에는 익명 투고자의 투고를 제한함으로써 글에 대한 투고자의 책임성을 강화하고자 하는 의도가 엿보인다.

이러한 광고에 기인한 탓인지는 몰라도, 첫 광고가 나간 연도에는 거의 보이지 않던 일반 관객의 '인상' 투고가 1928년 이후 지속적으로 지면에 게재된다. 거의 익명으로 발표된 이 글들은 그 의도 면에서는 순수할지 몰라도, 그 글들이 신작 영화를 소개하는 기사를 대체하는 방식으로 게재됨으로써 관객의 적극적인 반응을 전하는 데에는 한계를 보인다. 특히나 영화에 대한 인상만으로 독자 투고가 제한됨으로써 영화계 일반에 대해 관객이 가질 수 있는 다양한 의견들이 제한될 수밖에 없었다.

한때 의욕적으로 추진된 관객 반응의 조직화가 이처럼 시간이 갈수록 그 날카로움을 잃어버리고, 갈수록 매체에서 관객의 목소리가 사라질 수밖에 없었던 이유는 무엇일까? 달리 질문하자면, 일간지는 왜 애초에 가졌던 관객 반응의 조직화 욕구를 서서히 잃어간 것인가? 이 문제는 일간지의 근대화 내지는 전문화라는 측면에서 살펴볼 수 있다. 초창기 일간지는 영화를 제대로 다룰 수 있는 인적 자원이나 제도적, 물질적 역량을 갖추지 못하였다. 그리하여 다양한 자원과 역량을 결집시키기 위해 지면 제작에 독자가 참여할 수 있도록 유도했는데, 시간이 흐르면서 영화에 대한 전문적 지식을 갖춘 인적 자원과 이를 지면으로 수용할 수 있는 제도적, 물질적 역량을 내부적으로 확충하였다. 이에 따라 아마추어 관객에게 정향되어 있던 일간지가 차츰 관객의 참여를 일정 부분 배제하는 한편, 광고주인 영화업계와의 관계를 강화하거나 감독이나 비평가 등 영화 전문가를 지면 제작에 적극적으로 활용하기에 이르게 되었다. 이로 인해 독자나 관객의 비판적 반응을 전면적으로 수용하기보다는 상업주의적 계산에 해롭지 않은 범위에서 부분적으로만 수용하게 된 것이다.

전쟁영화 붐, 〈빅 퍼레이드〉〈제7천국〉〈날개〉

1920년대 식민지 조선의 관객은 주로 더글러스가 출연한 영화와 같은 활극을 선호했다. 이들 영화는 스튜디오에 마련한 거대한 세트를 배경으로 많은 엑스트라들을 동원하고 흔히 '트릭(trick)'이라고 부르는 특수 촬영을 가미한 일종의 스펙터클 영화(spectacular movie)였다. 식민지 조선의 관객은 이 모든 요소들에 열광하면서 1910년대에 프랑스의 파테사가 공급하던 영화들은 조금씩 잊어가기 시작했다. 이와 더불어 할리우드영화의 팬들이 빠른 속도로 늘어갔다.

1920년대 중반부터 할리우드에는 전쟁영화 붐이 일어났다. 제1차 세계대전 말기에 미국이 개입함으로써 미국인들은 제1차 세계대전을 현실로서 경험하게 되었고, 이는 재빨리 할리우드영화의 소재가 되었다. 전쟁은 할리우드 제작 시스템이 요구하는 스펙터클한 요소와 극적인 요소를 적절히 배합할 수 있는 훌륭한 소재였다.

이러한 종류의 영화로서 최초로 주목받은 작품은 1925년에 메트로골드윈사에서 제작된 킹 비더의 〈빅 퍼레이드(The Big Parade)〉였다. 이 영화의 흥행에 힘입어 할리우드에서는 1930년대 초반까지 〈영광의 대가〉(1926), 〈제7천국〉(1927), 〈날개〉(1927), 〈라일락의 시간(Lilac Time)〉(1928), 〈네 아들(Four Son)〉(1928), 〈새벽의 출격(The Dawn Patrol)〉(1930), 〈지옥의 천사

〈빅 퍼레이드〉 포스터

들〉(1930), 〈여로의 끝(Journey's End)〉(1930), 〈서부전선 이상 없다〉(1930) 등 전쟁영화가 연이어 제작되었다.[8]

〈빅 퍼레이드〉는 부유한 사업가의 아들이 제1차 세계대전에 참전하여 프랑스에서 노동계급 병사들과 친구가 되고 프랑스의 소녀를 사랑하게 되는 내용이다.[9] 이 영화는 전체 러닝 타임 중 90분 정도를 주인공이 실제 전투에 참여하기 전까지의 자잘한 일상, 즉 술 마시면서 흥청대는 모습이나 연애를 하는 장면에 할애하고, 나머지 부분에서는 준비도 없이 전투에 참전하는 주인공의 모습을 묘사하고 있다. 이 영화는 전쟁의 의미도 모른 채 애국적 선동에 이끌려 참전한 주인공이 벌이는 전투 이야기에 이국 여성과의 사랑 이야기가 가미된 영화라고 할 수 있다.[10]

이 영화는 1925년 11월 5일에 미국에서 개봉되어 브로드웨이에서 1년 이상 상영된 첫 작품으로,[11] 식민지 조선에는 1927년 12월에 개봉되었다. 이 영화는 제1차 세계대전을 경험하지 못한 식민지 조선의 관객에게 새로운 경험이었을 것이다.

살벌 무참하고 잔인한 전쟁, 그 속에서 따스한 사랑이 꽃 피고 눈물 흘림, 소극(笑劇), 우정, 의리, 또한 포복(抱腹)할 희극을 섞어 극히 그 교묘하게

힘 있게 열렬히 묶어낸 것이 이 〈빅 퍼레이드〉다.[12]

위 글의 필자 정현웅은 〈빅 퍼레이드〉가 보여주는 여러 면모를 이처럼 압축적으로 잘 묘사하고 있다. 주인공 제임스가 속한 부대가 치르는 전투 장면을 통해 현대전의 참혹성을, 제임스와 프랑스 농촌 처녀 멜리장드의 만남에서 전쟁의 참혹성과 대비되는 사랑의 달콤함을 식민지 조선의 관객은 맛보았을 것이다.

전쟁과 사랑이라는 대조적인 요소를 적절히 결합함으로써 이 영화는 활극과 멜로드라마의 요소를 골고루 갖추어 식민지 조선뿐만 아니라 전 세계적으로 인기를 끌었고, 이후 몇 년간 할리우드에 전쟁영화 붐을 일으켰다. 1925년에 메트로골드윈사 영화인 〈빅 퍼레이드〉가 흥행에 성공하자, 메트로골드윈사와 경쟁 관계에 있는 폭스사와 파라마운트사에서도 전쟁영화를 기획하게 되었다. 1927년에 폭스사에서는 프랭크 보제이지의 〈제7천국〉을, 파라마운트사에서는 윌리엄 웰먼의 〈날개〉를 제작하였다.

1927년 5월에 미국에서 개봉된 〈제7천국〉은 1928년 1월 28일에 조선극장에서 개봉되었고, 1927년 8월에 미국에서 개봉된 〈날개〉는 1928년 11월 7일에 역시 조선극장에서 개봉되었다. 〈제7천국〉의 내용은 대략 다음과 같다. 파리의 하수도 청소부인 치코가 어느 날 매춘부이나 순수한 여자 디안느를 만나 동거하면서 서서히 사랑을 키운다. 그러나 제1차 세계대전으로 인해 둘은 헤어진다. 그 뒤 전쟁으로 인해 부상당한 치코를 디안느가 사랑으로 받아들이면서 둘은 아파트 7층을 천국으로 꾸미며 살아간다.[13] 즉 영화 제목 '제7천국'은 이들이 거주하는 아파트 7

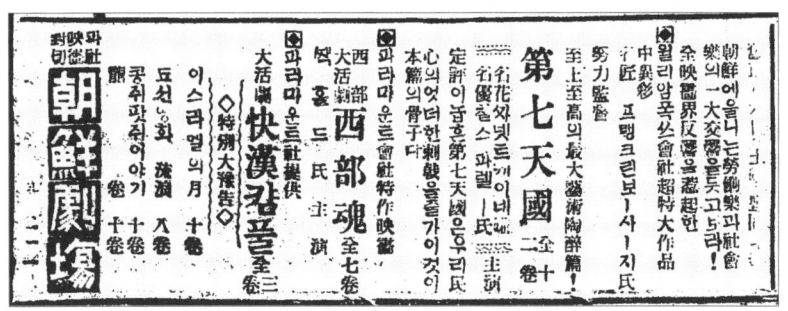

〈제7천국〉 상영 광고(《조선일보》 1928년 2월 3일자)

층의 비유적 표현이다.

1920년대 후반 식민지 조선의 관객은 〈제7천국〉에서 하층민 젊은이들이 일궈가는 사랑을 지켜보면서 크게 공감한 듯하다. 전쟁영화의 일종이면서도 멜로영화의 요소가 상당히 강한 이 영화에서 특히 여주인공 디안느를 연기한 재닛 게이너는 식민지 조선의 관객에게 깊은 인상을 심어주었다.

〈제7천국〉과 달리 〈날개〉는 멜로성보다 스펙터클과 유희성이 강조된 영화였다. 주인공 잭은 자신을 사랑하는 메리를 외면하고 실비아라는 여자를 사랑한다. 그리하여 마찬가지로 실비아를 사랑하는 데이비드와 연적 관계가 되지만, 제1차 세계대전에 함께 참전하여 공군 조종사로 복무하며 우정을 쌓는다. 그러나 전투 와중에 데이비드의 전투기가 피격되어 추락하는 일이 발생한다. 데이비드는 기지를 발휘해서 적기를 몰고 탈출하지만, 그가 죽은 줄 알고 복수심에 불탄 잭은 그가 탄 적기를 격추시킨다. 전우를 잃고 귀국한 잭은 자신을 사랑하는 메리와 재회한다.[14] 이 영화는 국내에 개봉되기 1년 전부터 언론에 소개기사가 게재될 정도로 당대에 보기 드물게 관심을 모은 영화였다.

미국의 금년 영화계는 완전히 전쟁영화가 차지하고 말았다. 그러므로 이제는 예사로운 전쟁영화로는 '팬'을 즐겁게 할 여지도 없거니와 따라서 만족을 줄 수가 없으리라고 생각되는데, 오직 한 가지 전쟁영화가 있으니, 그는 능히 어디를 가든지 팬에게 즐거움을 주리라고 한다. 그는 '파라마운트사' 특작 영화로, 공중에서 전쟁을 하는 영화 〈날개〉라고 한다. 이 영화가 얼마나 열광적 환영을 받았는가 하는 것은 숫자가 정직하게 설명하고 있으니……. 불원간 일본에 수입될 터이므로 벌써부터 큰 '센세이션'이 일어날 것은 예측하는 바이라고 한다.[15]

위의 기사는 미국에서 전쟁영화가 큰 인기를 모았다는 사실과 그중에서도 〈날개〉가 개봉되었을 때 얼마나 큰 인기를 모았는가를 일련의 수치를 통해서 보여준다. 그리고 이 작품이 일본에도 수입되어 곧 식민지 조선에도 수입될 것임을 암시하고 있다. 이런 기사는 일본 언론을 참고로 해서 쓴 일종의 영화 소개글로, 영화가 수입되기 전부터 관객의 호기심을 자극하는 선전 기능을 한다.

이 영화가 식민지 조선의 영화관에서 개봉되었을 때, 신문들이 일제히 영화평을 게재할 만큼 관심이 대단했다. 영화에 대한 평은 의견이 갈렸다. 꽃이슬, 안석주, 남궁옥 등이 영화평을 남겼는데, 꽃이슬이 대체로 긍정적 평가를 내린 반면, 남궁옥은 부정적 평가를 내렸고, 안석주는 절충적 평가를 내렸다. 각각의 의견에 대해 좀 더 자세히 살펴보자.

선전에 과히 손색이 없을 만치 내용이 충실한 사진이다. 전쟁의 포악, 전쟁의 잔인, 전쟁의 참화 등 전쟁으로 일어나는 모든 죄악을 표현함에 필

꽃이슬의 〈날개〉 영화평(《동아일보》 1928년 11월 9일자)

요한 재료가 완전히 출품된 사진이다. 대규모의 진군, 용감한 돌격, 살육, 비행기의 난전(亂戰), 추락과 추락, '탱크'의 유린, 유혈, 고통, 아비규환 그리고 사망과 생의 파괴! 이렇게 전쟁의 비참과 죄악을 완전히 묘사하였다. 감독 잘하였다. 촬영도 잘하였다. 모든 것이 잘되었다. 미국으로서만 만들 수 있는 만치 크게 잘하였다.[16]

《동아일보》에 시사평을 발표한 꽃이슬은 위에서 보는 것처럼 이 영화가 전쟁의 어두운 면을 여러 면에서 잘 표현하고 있다고 평가하고, 할리우드 영화로서 최고 수준을 보여준다고 말하고 있다. 그는 이 영화의 선전이 결코 과장된 것이 아니며 훌륭한 영화라고 평가한다.

그러나 꽃이슬과 달리 안석주의 비평은 찬양 일색은 아니었다. 그는 영화평의 서두에서 "〈날개〉, 즉 〈윙스〉라는 영화는 그 자체가 설명하는바 영리를 목적한 영화인 만큼 몇몇 나라의 이(利)에 밝은 영화업자의 손으로 너무도 과장적으로 선전된 느낌이 있다"라고 전제함으로써 이 영화가 실제보다 과장된 영화라고 말하고 있다. 이어서 그는 주요 선전 내용이던 '비행기 유희'를 중심으로 영화를 평한다. 왜냐하면 그는 이 영화의 스토리가 다른 영화들의 그것들과 차별화되지 않는다고 생각하기 때문이다. 그래서 그는 이 영화를 평가하는 포인트를 주로 형식적 측면에 두었다.

그런데 이 영화의 스펙터클에 대해서도 그는 그리 긍정적으로 평가하지 않고 있다. 공중전 장면이 자주 반복됨으로써 성인들이 보기에 지루하게 느껴지는 부분이 많은데, 그 이유는 '트릭' 촬영에 의존한 부분이 많아 실감을 느끼기 힘들기 때문이라는 것이다. 이러한 결점들이 있음에도 그는 이 영화의 감독과 촬영에 대해서는 다소 긍정적으로 평가했다. 안석주가 이처럼 영화의 형식 측면에만 주목한 것은 할리우드영화들이 스토리상으로 천편일률적이었기 때문이다.

《중외일보》에 영화평을 게재한 남궁옥 역시 "'콘티뉴티'로 말하더라도 비행기 추락의 광경 같은 것이 중복되기도 하고 적지 않은 권태를 일으키게 한다. 끊어버렸으면 좋을 곳이 두어 권이나 되어 보였다. 촬영술은 훌륭했다"라고 말하고 있어 안석주와 비슷한 평가를 내리고 있음을 알 수 있다. 그러나 그의 비평은 〈날개〉를 비롯한 할리우드 전쟁영화 일반이 가진 이데올로기적 성격으로 평가의 지평을 확장했다는 점에 주목할 필요가 있다.

남궁옥은 위의 〈영화평—'날개'는 어떤 사진인가〉(《중외일보》 1928년 11월

9일자)에서 이 영화를 자본가들이 자신의 이익을 위해 일으킨 전쟁을 민중들로 하여금 찬미하게 만들려는 이데올로기적 의도를 가지고 있다고 분석했다. 또한 그는 자본가들이 이러한 이데올로기적 의도를 산업 이익과 결부시킴으로써 할리우드에 전쟁영화가 붐을 일으키고 있다고 보았다.

남궁옥은 전쟁이 할리우드영화의 소재로 인기를 얻는 이유를 크게 두 가지로 분석하고 있다. 그 하나는 "전쟁이 수백만 명의 인간을 한 군데로 출동시킨 까닭으로 거기서 많은 이야기가 생긴 것", 즉 전쟁이라는 소재의 풍부한 이야깃거리이고, 다른 하나는 전승국 미국이 전쟁 승리의 기쁨을 영화적으로 재현함으로서 자신들의 우월감을 재확인한다는 제국주의적 욕망이라는 것이다.

이런 시각에서 남궁옥은 앞서 우리가 살펴본 〈빅 퍼레이드〉도 그러한 부류의 영화로 규정한다. 그는 거대한 자본을 투여한 전쟁영화가 국내에 고가로 수입되어 궁극적으로 식민지 조선의 관객이 비싼 입장료를 내고 영화를 볼 수밖에 없다는 점에 대해서도 비판하면서, 이것이 궁극적으로는 미국 자본가들의 '향락'과 이익에 봉사하는 구조로 귀착된다는 사실까지 지적하고 있다.

할리우드영화에 대한 가장 가혹한 시선이라고 할 만한 남궁옥의 비평은, 할리우드 영화산업의 문화제국주의에 대해 현재 우리가 가진 일반적인 시각과 일치한다고 할 것이다. 이는 그가 1920년대 후반 식민지 조선의 지식계급에 보편화된 계급주의 이데올로기를 견지하고 있었기 때문에 가능한 논리라고 생각된다.

이런 논리를 바탕으로 영화를 살펴볼 때, 일제 강점기에 대중오락으로 인기를 구가하던 할리우드영화는 부정의 대상일 수밖에 없다. 왜냐하면 그들에게 영화는 단순한 오락이기보다 민중 계몽의 도구나 생활 향상의 매개가 되어야 하기 때문이다. 그러나 할리우드영화는 오락적 성격이 강한 영화들이어서 긍정적으로 평가할 여지가 거의 없었다고 할 수 있다. 그리하여 1920년대 후반에 카프(KAPF, 조선프롤레타리아예술동맹)의 영화 비평가들은 대체로 '반(反)할리우드 정서'를 종종 표방했다.

> 외국영화를 논의한댔자 로서아(露西亞, 러시아)영화 같은 것은 일본에서도 상영을 못하고 축출을 당하는 터이니까 로서아 것은 염두에도 두지 못한다. 다만 대부분이 결혼으로 끝을 맺는 미국영화가 논제에 오를 것이니, 이것이 우리 생활과 얼마만 한 밀접한 관계가 있겠는가? 우리가 생각하고 있는 바의 얼마만 한 도움이 될 것인가? 오히려 반동이요, 해가 될 것이다.[17]

위에서도 알 수 있듯이 카프의 비평가들이 영화적 모델로 삼은 것은 에이젠슈타인이나 푸도프킨 같은 감독들이었다. 카프 비평가들은, 할리우드영화를 우리 실제 생활과 아무런 관련도 없고 도움도 되지 않는 영화일 뿐 아니라 오히려 민중에게 '해(害)'가 되는 '반동영화(反動映畵)'라고까지 규정했다. 이러한 견지에서 본다면, 할리우드영화 중에서도 전쟁영화는 그 이데올로기적 성격이 문제적일 수밖에 없었을 것이다.

반전영화
〈서부전선 이상 없다〉

일제 강점기 지식인들이 할리우드 전쟁영화라고 해서 모두 부정적으로 평가한 것은 아니었다. 루이스 마일스톤의 〈서부전선 이상 없다〉(1930)가 바로 그러한 예이다.

이 영화는 독일 소설가 에리히 레마르크의 소설을 원작으로 한 것으로, 1929년에 발간된 동명 소설이 독일뿐만 아니라 전 세계적으로 호평받은 바 있다. 군국주의에 세뇌된 독일의 청년들이 전장에서 무참하게 죽어가는 모습을 통해 독일의 군국주의뿐만 아니라 전쟁의 비참함을 고발한 이 소설은, 겉으로 제1차 세계대전을 일으킨 독일을 비판하고 있지만 궁극적으로는 전쟁 일반을 비판함으로써 전쟁의 승자와 패자 모두를 되돌아보게 하는 작품이었다.

단시간에 세계 각국어로 번역되어 읽힌 원작의 인기에 착안하여 그동안 전쟁영화 쪽에 발을 들여놓지 않았던 유니버설사에서 영화화하였다. 특별히 주목할 만한 배우도 등장하지 않는 이 영화는 1930년 8월 24일에 미국에서 개봉되었고, 그해 10월 24일에는 일본에서도 개봉되었다. 그러나 정작 이 영화의 원작자인 레마르크의 조국 독일에서는 오히려 정반대 반응이 일어났다. 독일 국방성이 이 영화를 독일군의 명예에 대한 위협으로 간주했고, 독일 언론 역시 140분에서 85분으로 축약된 독일판에 흐르는 평화주의 경향을 비판하였다. 게다가 영화 시사회가 열린 극장에 악취탄을 던지거나 쥐를 풀어놓는 일 등이 벌어졌다. 결국 이 영화는 1930년 12월 11일에 독일 내 극장에서 상영이 금지되었다. 이렇게 되자 영화의 제작자 칼 램믈은 독일의 명성과 위신을 해치지 않기 위해 베를린 검열 당국이 전 세계 배급을 허락한, 85분보다 짧은 버전을 제공한다는 조건 하에 1931년 9월 2일에 상영 허가를 받을 수 있었다.[18]

영화 〈서부전선 이상 없다〉 포스터

식민지 조선에서는 1931년 4월 1일에 개봉되었다. 미국에서 개봉된 지 2개월 만에 일본에, 그리고 그 뒤 반년 만에 식민지 조선의 영화관에서 개봉되었으니, 당시 일반적인 외국영화 유통 속도보다 빨랐던 셈이다. 지면에 게재된 〈서부전선 이상 없다〉 영화평 중에서 연극평론가 서항석(필명 인돌)의 글은 이 영화를 둘러싼 분위기의 일단을 잘 보여준다.

> 독일의 인기 작가 에리히 마리아 레마르크의 〈서부전선 이상 없다〉는 세계대전 이후의 수많은 전쟁소설 중에서 한층 빼어난 작품으로, 이미 전 세계 이십여 개 국어로 번역되어 수천만 독자를 얻었고 조선말로도 번역되었으니 아마 읽은 이가 꽤 많을 것이다. 혹 읽지 못한 이에게라도 '서부전선 이상 없다'라는 이름만은 벌써 귀에 익었을 것이다. '이상이 없다'라

는 말이 유행어로 충분히 행세하는 것만 보아도 넉넉히 알 것이다. 이 소설이 이렇게 세계적 인기를 끄는 것은 전장에서 일어난 일을 아무 과장함 없이 실상대로만 그려놓아 독자의 마음을 힘 있게 붙잡아 흔드는 까닭이다. 그리고 작자의 의도가 전쟁 반대에 있는 까닭이다.[19]

서항석은 원작 소설이 전 세계적으로 인기를 모았으며, 국내에서 번역되어 많은 독자들이 읽었다는 사실을 알려주고 있다. 또한 이 작품의 인기는 "'이상이 없다'라는 말이 유행어로 충분이 행세하는 것"으로도 알 수 있다고 덧붙인다. 요즘은 텔레비전이나 인터넷이 유행어의 산실 구실을 하지만, 식민지 사회에서는 영화가 그러한 기능을 하고 있었던 것이다. 실제로 당대에 이 영화의 제목을 패러디한 기사들이 종종 등장한 것을 보면, 그의 말이 과장이 아님을 알 수 있다. 여하튼 그는 이 소설의 가치를 높이 평가하면서 인기를 끌게 된 원인을 작품의 반전사상에서 찾고 있다.

반전사상을 가감 없이 드러낸 이 영화는 할리우드영화로서 드문 경우라고 할 것인데, 따라서 영국에서는 개봉되지 않았고, 일본에서 상영될 때도 검열로 인해 삭제당한 부분이 많았다. 어느 부분이 잘려나간 것인지는 확인할 수 없지만, 그럼에도 관객들이 이 영화를 감상하면서 내용을 이해하는 데 큰 무리가 없었던 듯하다.

원작 소설과 영화의 인기는 이후에도 지속된 것으로 보인다. 그 단적인 예로 신건설사의 공연을 들 수 있다. 신건설사는 1934년에 창립된 카프 소속 연극 단체로, 이 단체의 창립 초회 작품이 바로 〈서부전선 이상 없다〉였다. 신건설사의 창립 초회 작품으로 선정된 경위에 대해서 구체적으로 알려진 바가 없지만, 이 작품이 1930년대 초반 국내에 가장 많이 알려진 작품이면서 이데올로기적으로도 카프가 수긍할 수 있는 성질의 것이었다는 점이 선정 이유였음을 충분히 짐작할 수 있다. 만주사변 도발과 연이어 만주국 수립, 국제연맹 탈퇴 등으로 표면화된 일본의 군국주의적 움

참호에서 처절한 생사의 혈투를 벌이며 고뇌하는 〈서부전선 이상 없다〉의 주인공 폴

직임을 비판하는 데 이 작품만큼 적절한 작품은 없었을 것이다. 결국 신건설사의 〈서부전선 이상 없다〉 공연은 불온전단 살포사건으로 인해 카프 맹원 일제 검거로 이어지는 수난의 씨앗이 되었고, 이후 식민지 조선은 군국주의 비판의 무풍지대가 되었다.

민족주의 영화인가 반동영화인가, 〈벤허〉

〈벤허〉(1925)는 최근까지 리메이크 작품이 나올 정도로 영화팬들에게 매우 친숙한 작품인데, 이구영은 이 영화가 개봉될 때의 검열 상황을 구술하면서 "그런 것이 참 기질로 우리 한국 사람에게 흥행 가치가 만점이었다"라고 말한 바 있다.[20] 이런 발언은 당대 관객에게 이 영화가 어떻게 비춰졌던가를 상상하기에 충분한 근거가 된다.

〈벤허〉는 미국 작가 루 윌리스가 1880년에 발표한 소설을 원작으로 한 작품이다. 작품 줄거리는 대강 이러하다. 예수 그리스도 시대에 팔레스타인 귀족 가문 출신의 벤허는 유대 총독을 암살하려 했다는 오해를 받아 로마의 노예가 되어 전함에서 노를 젓는다. 그러나 바이킹족과의 전투에서 함대 사령관을 구해준 인연으로 로마의 관리가 된다. 복수를 꿈꾸던 벤허는 예수 그리스도와의 만남을 통해 복수 대신 사랑을 선택한다.

이 대작은 1925년에 메트로골드윈사에서 영화화되었는데, 감독은 프레드 니블로가, 주인공 벤허 역은 루돌프 발렌티노와 더불어 인기를 끌던 미남 배우 라몬 노바로가 맡았다. 이 작품은 그리스도 시대의 팔레스타인과 로마를 재현한 거대한 세트, 다양한 의상과 무기를 갖춘 엑스트라, 또한 스펙터클한 원형경기장 전차 경주 신 등 화려한 볼거리를 갖춘 영화였다. 그 뒤 1959년에 메트로골드윈메이어사에서 감독 윌리엄 와일러에 의해 리메이크되기도 했다.

이 영화는 1929년 1월에 경성의 상설관에서 개봉되었다. 영화가 검열에 의해 얼마나 삭제된 상태로 개봉되었는가는 확인하기 어렵지만, 일제강점기 대표적인 기독교계 인사인 윤치호는 그의 일기에 이 영화가 총독부의 검열을 통과해서 일반인에게 상영되었다는 사실에 대해 놀라운 마음을 적고 있다.[21] 윤치호가 이런 반응을 보인 것은, 작품의 내용으로 보아 당연한 것이었다. 피억압 민족인 유대 민족과 통치자인 로마제국 사이의 갈등이라는 소재는, 2천여 년 전의 '옛날이야기'가 아니라 식민지 조선의 현실과 겹쳐서 볼 수 있는 이야기이기 때문이다. 그럼에도 이 영화가 총독부 검열을 큰 무리 없이 통과할 수 있었던 것은 영화가 표방한 '화해의 이데올로기'를 검열 당국이 긍정적으로 평가했기 때문일 것이다.

이 문제에 대해 영화를 본 관객의 시선을 따라가며 확인해보자. 〈벤허〉에 대해 앞서 등장한 바 있는 꽃이슬, 카프계 비평가인 윤기정이 비평을 발표한 바 있는데, 우선 꽃이슬의 영화평을 보기로 하자.

> 제 오륙 권까지는 피압박자의 고민과 비애를 묘사하여 보는 사람의 심서(心緒)를 격앙케 하지만, 팔 권부터는 육 권까지 본 사람을 실망케 하나니, 우마(牛馬)보다도 못한 대우를 받던 의협아(義俠兒)가 어찌 그 일문(一門)을 멸망케 한, 아니 동족을 유린한 로마의 강자와 타협하여 오직 한 주구(走狗, 앞잡이)를 배척함에 그칠 수가 있을까? 이것이 예수 인도주의의 사연(使然, 그렇게 하도록 시킴)이라 하면 그만이려니와, 사람의 감정으로써는 아무리 유대인이기로서니 참지 못할 바를 참게 하였다. 이것이 관중을 필연 실망케 하고 말 것이다.[22]

꽃이슬은 이 인용문 바로 앞부분에서, 거대 자본을 투자하여 장면을 화려하게 구성하고 예수의 등장 장면에서는 일종의 '엄숙한 기분'까지 느끼게 하며 감독, 촬영, 연기 등 여러 면에서 훌륭한 작품이라고 평했다.

그러나 정작 이 작품의 내용적 측면에 대해서는 적지 않은 불만을 토로한다. 위의 글에서 보는 바와 같이 영화 전반부에서 '피압박자의 고민과 비애'를 잘 묘사한 것에 대해서는 긍정적으로 평가하지만, 주인공 벤허가 자기 가문과 유대 민족 전체의 복수에 대한 의지를 버리고 '동족을 유린한 로마의 강자와 타협'하는 장면에 대해서는 부정적으로 평가한다. 그는 벤허의 '전향' 이유를 '예수의 인도주의'에서 찾았다. 예수가 가르친 사랑이 '참지 못할 바를 참게 하였다'고, 즉 결코 용서해서는 안 될 억압자들을 용서하게 했다고 분석한다. 꽃이슬은 이로 인해 이 영화가 식민지 조선의 관객을 실망케 할 것이라고 단정하고 있다.

꽃이슬의 비평은 1920년대 조선 관객에게 영화라는 장르가 어떤 의미였는지 좀 더 깊이 생각해보게 한다. 앞에서 살펴본 것처럼 1920년대 중후반에 관객의 인기를 끈 작품들, 즉 나운규의 〈아리랑〉이나 〈풍운아〉, 그리고 더글러스 영화들이나 채플린 영화들 모두가 한결같이 가난하고 억압받는 존재들의 인간미를 보여주거나 억압자들에게 복수하는 영화들이었다. 즉 다시 말하면 피억압 계층인 식민지 민중에게 상상으로 복수 경험을 제공한 것이다. 이러한 영화 경험들에 비추어봤을 때, 억압자에게 복수하기를 포기하고 사랑의 가치를 내세우는 〈벤허〉의 이야기가 부정적으로 비춰졌을 것임이 분명하다.

물론 그렇다고 해서 이 영화를 조선 관객이 부정적으로 본 것 같지는 않다. 전체 구도 면에서는 분명 부정적으로 평가될 여지가 있지만, 관객들

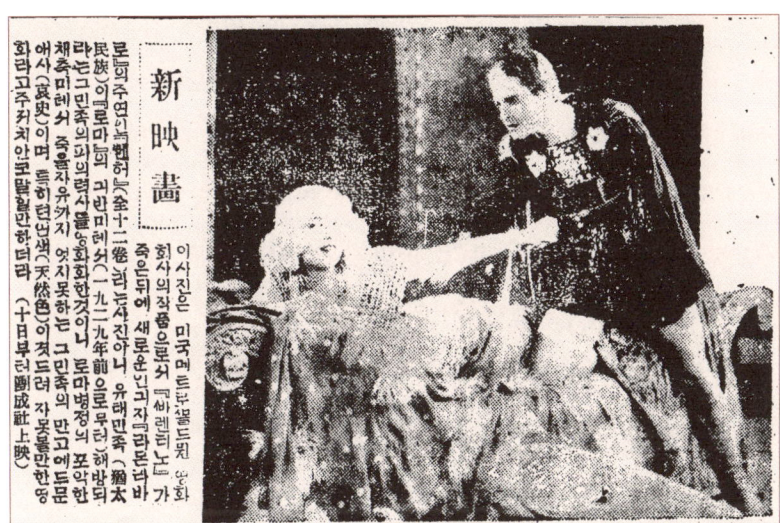

〈벤허〉 개봉 소식을 알리는 기사(《조선일보》 1929년 1월 10일자)

이 전체 내용을 생각하면서 영화를 보는 것이 아니었기 때문이다. 영화 곳곳에 등장하는 요소들 중 관객의 구미에 맞았을 법한 부분도 상당하다. 특히 전반부에 벤허 가문의 몰락을 다룬 부분은, 민족의 몰락을 경험한 조선 관객들이 자신의 처지와 동일시하기에 충분했을 것이다. 그리고 벤허가 한때 친구였다가 우정을 배신한 로마 장교 메살라와 벌인 전차 경주 장면은 억눌린 관객의 갈증을 해소해주었을 것이다.

피억압자를 대표하는 벤허와 억압자를 대표하는 메살라가 벌이는 원형경기장 전차 경주는, 마치 현대 사회에서 월드컵 축구대회가 보여주는 스포츠 민족주의와 유사한 성향을 띠고 펼쳐졌다. 벤허가 메살라를 누르고 승자가 되는 순간, 이를 지켜보던 원형경기장의 유대인 관중은 격렬한 흥분에 빠지고, 이 장면을 지켜보는 관객은 그 장면에 식민지 현실을 겹쳐 보았을 것이다.

영화 개봉 때 〈벤허〉의 해설을 담당한 이구영이 영화를 검열에서 통과시키기 위해서 벌인 각고의 노력에 얽힌 일화는, 이 영화가 식민지 관객에게 민족주의적 텍스트로 받아들여졌음을 잘 보여준다.[23] 식민지 관객에게 〈벤허〉는 분명 자신들과 동일시될 수 있는 사건을 담고 있는, "민족적 환상을 우회적으로 자극"하고 "조선 민족의 디아스포라적 삶의 맥락들을 재환기시키"[24]는 텍스트였기 때문이다.

이처럼 식민지 관객의 호응을 얻을 수 있는 요소들이 영화 곳곳에 배치되어 있기는 했지만, 전체 이야기 구성의 얼개가 타협주의에 기반을 두고 있음은 분명한 사실이다. 카프계 비평가들은 주로 이와 같은 측면에서 이 영화를 혹평하고 있다.

> 우리는 오늘날까지 제작된 영화 중에 가장 돈을 많이 들였다는 〈벤허〉를 볼 때 한 사람도 그 영화에 공명한 사람은 없었을 것이다. 다만 그 영화가 상영되어 관중의 얻은 바 이익이라는 것은 고대 유대 민족의 생활상을 볼 수 있는 것과 종교의 해독과 마취성을 깨달은 것뿐이다. 한 걸음 더 나아가 생각한다면, 자본주의 사회제도 하에 제작되는 영화가 얼마나 반동성을 띠고 돌아다니는가를 알 수 있다.[25]

카프 비평가 윤기정은 이 영화의 부정적인 측면을 주로 이데올로기적 측면에서 비판하고 있다. 그는 이 영화를 통해 관객이 '고대 유대 민족의 생활상'과 영화가 의도한 측면을 거꾸로 뒤집어 벤허를 '전향'하게 한 기독교라는 '종교의 해독성'을 알 수 있다고 설명했다. 그러면서 이 영화가 관객들에게 공감을 줄 수 없을 것이라고 이야기하는데, 이는 억압자와 타협하라고 선동하는 듯한 이야기 구성 때문일 것이다.

윤기정은 또 다른 글을 통해 이 영화를 '반동영화의 전형적 표본'이라고 규정하고, 이 영화가 예상치 못하게 재상영까지 이어지는 상황에 대해 다음과 같이 비판한다.

> 한 개의 영화가 재상영은 말고 삼사 회 거듭 상영을 한다고 하더라도 기적이 될 것이 없겠지마는, 이 영화가 신흥 중국 광동(廣東)에 가서 하루의 공개도 못하고 도로 쫓겨온 것인데, 조선에 와서는 재상영까지 된다는 것이 기적이 아니고 무엇일까?
> 이와 같은 기현상이 절대로 기적은 아니다. 다만 민중운동이 그러한 불순한 영화를 추방, 항거, 상영 금지 등에까지 미치지 못한 것이다.[26]

위 글에서 윤기정은 이 영화가 조선과 달리 중국에서는 하루도 개봉하지 못하고 배척받은 사실을 거론하면서, 국내의 민중운동이 중국에서처럼 제국주의에 대해 저항하지 못한 사실을 지적하고 있다. 인용한 글 다음 부분에서는, 이 영화가 가진 이데올로기적 반동성을 강조하면서 별다른 저항 없이 개봉에 이어 재상영까지 되는 상황을 "일반 영화인의 부끄러움인 동시에 모든 민중의 수치"라고까지 말하고 있다.

이처럼 〈벤허〉는 성경 서사극이면서도 활극의 요소가 강한 영화였다. 성경에 근거한 픽션의 틀로 민족주의를 고무하고 망국한을 위무한 이 영화는, 개봉되기 10년 전인 3·1운동 때 기독교가 그러했던 것처럼[27] 식민지 민중에게 민족의 현실을 상기시키는 매개체였다.

자본주의 사회의 미래
〈메트로폴리스〉

1920년대 독일영화는 식민지 조선의 지식인 관객에게 커다란 흥미를 불러일으켰다. 관객에게 준 감동은 영화의 기술적 차원에서 인생론적 차원, 그리고 정치적 차원에 이르기까지 폭 넓은 것이었다. 그 최초의 영화는 프리드리히 무르나우의 〈최후의 인〉(1924)이었다.

이 영화는 에밀 야닝스의 초기 대표작이기도 한데, 이 영화를 가장 유심히 본 사람은 심훈이었다. 그는 이 영화에 대해 글을 남긴 유일한 비평가로서, 그 글이 통상적 비평문보다 훨씬 길었다. 그가 영화에서 가장 인상 깊었던 점은 중간 자막이 없이 거의 영상의 흐름만으로 사건을 전개시키는 기법이었다. 그는 이에 대해 다음과 같이 서술하고 있다.

> 우리는 다만 개념적으로 채플린 같은 사람의 작품을 가리켜서 '영화적'인 영화라고 일컬어왔습니다. 그러나 〈최후의 인〉을 감상한 우리는 이 착오를 정정해야 할 것입니다. 고쳐서 말씀하자면, 말의 힘을 빌리지 않고 사건을 발전시키는 가능성만을 들어서 영화적이라고 일컫는 것은 오늘날 〈최후의 인〉을 본 이상 정당하다고 인정할 수가 없는 것입니다.
> '영화적'이라는 것은 '〈최후의 인〉적'이라는 말과 같은 의의를 갖게 된 것이니, 즉 문학이나 연극, 기타의 어떠한 예술적 표현 형식을 가지고도 나

타낼 수 없는 영화의 독특한 점을 지적하는 것이요, '영화 그것'이 아니고는 절대로 영화 이외의 요소를 포함치 않는 그 특점을 발견할 수 있는 것입니다.[28]

채플린 영화는 슬랩스틱 코미디(slapstick comedy)이기 때문에 굳이 중간 자막이 필요치 않았다. 일반적으로 무성영화는 찰리 채플린 영화를 제외하면 대부분 중간 자막에 의존하는 경우가 많았다. 심훈도 그런 영화들을 봐오다가 〈최후의 인〉을 보고 나서 이 영화야말로 진정 '영화적인 것'을 제대로 표현했다고 감탄하고 있다.

심훈은 이 영화의 기술적 성과를 긍정적으로 평가할 뿐만 아니라, 주인공이 호텔 도어맨에서 화장실 보이로 전락하는 이야기를 무산자의 현실을 비추는 것으로 이해하고 이 영화를 식민지 조선의 지식인들이 반드시 보아야 할 영화라고 힘주어 말한다. 심훈은 그때 이미 카프에서 탈퇴한 상태이긴 했지만, 그의 의식은 계급주의에 기반하고 있었다. 그는 〈최후의 인〉의 연장선상에서 프리츠 랑의 〈메트로폴리스〉(1927)에 대해서도 영화평을 남겼다.

〈메트로폴리스〉는 미래 사회에 자본가가 지배하는 노동자의 삶을 그려낸 공상과학 영화로, 광인 과학자가 만들어낸 인조인간 안나에 의해 노동자가 거주하는 지하 사회가 아수라장으로 변하는 상황을 인조인간 안나의 분신이라고 할 수 있는 성녀 안나가 막는 이야기다. 이 영화는 감독 프리츠 랑이 뉴욕을 방문하려고 했을 때 적성국 국민이라는 이유로 도항이 거부되어 배에서 머물던 어느 날 밤에 뉴욕의 시가지와 마천루를 보면서 힌트를 얻어 만든 작품이다.[29]

〈메트로폴리스〉의 한 장면

　이 영화는 가까운 미래의 인공적이고 기하학적 세트를 배경으로 자본주의 사회의 모순에 대해 기독교 관점에서 접근하고 있는데, 이는 식민지 조선의 지식인들이 이 영화를 평가하는 중요한 관점으로 작용했다.

　독일 시사회 때 이 영화의 상영 시간은 210분에 달했지만, 일반 개봉에 부적절하다는 이유로 미국 개봉판은 114분으로 축소되었다.[30] 영화 전체의 반 정도가 삭제된 상태였기 때문에 일반 관객이 이 영화의 서사 구조를 제대로 파악하기가 어려웠을 것이다. 일본에는 1929년 4월 3일에 개봉되었고, 식민지 조선에서는 같은 해 5월 1일에 조선극장에서 상영되었다. 《조선일보》의 영화 광고에서 이 영화의 분량을 '10권'으로 표시해놓은 것으로 보아 미국 개봉판이 수입된 것으로 보인다.

　영화에 대한 평은 〈최후의 인〉 영화평의 4분의 1 정도밖에 되지 않는다. 그렇다고 적은 분량이 이 영화에 대한 불만에서 비롯된 것으로 보이지는 않는다. 심훈은 이 영화가 '노자협조주의'로 끝을 맺은 것에 대해 불만을 표현하기는 하지만, "〈메트로폴리스〉만 한 영화는 새빨간 '로서아'에서도 제작할 사람이 없고, 그네들의 손으로는 그만큼 엄청난 표현은 하지 못하였을 것이다"라고 이 영화의 이데올로기적 함의를 긍정적으로 평가하고 있다.[31]

　이 영화에 대해서는 남궁옥도 평을 쓴 바 있다. 그 역시 심훈처럼 이 영

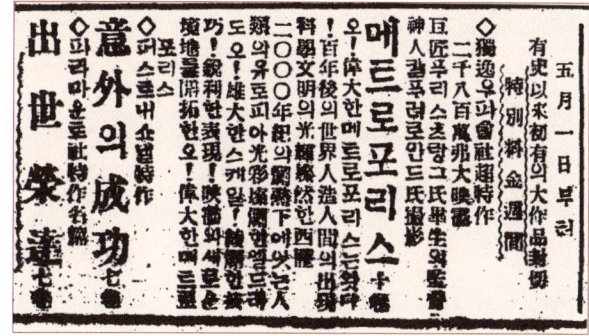

《조선일보》(1929년 5월 2일자)에 게재된 〈메트로폴리스〉 상영 광고

화의 서사를 자본주의 사회의 노동자와 자본가의 갈등 차원에서 분석한 후, 노동자의 반란이 자본가의 오만에서 비롯되었다고 보고 있다. 이 글은 서사 분석에 치중하고 있어 특별히 비평적 성격이 두드러지지는 않는데, 그 역시 말미에서 심훈처럼 이 영화의 '타협적' 성격을 지적하고 있다. 이것이 이 영화가 "자본주의국가 더구나 조선 같은 식민지에서도 상영을 허락하는 까닭"이라고 덧붙이고 있다.[32]

이처럼 이 영화에 대해 비평을 쓴 심훈과 남궁옥 그리고 여기서 다루지는 않았으나 이 영화에 대해 평을 쓴 바 있는 임화 등은 모두 비슷한 관점을 견지하고 있는데, 이와 같은 관점 상의 유사성은 우선 이 영화가 개봉된 시점인 1929년이 카프의 영향력이 가장 왕성하던 때였다는 사실에서 찾을 수 있다.

그리고 또 한 가지 생각할 수 있는 것은, 외국영화에 대한 관점을 형성하는 데 해외에서 전해진 관점과 담론이 상당한 영향을 끼쳤다는 점이다. 외국영화는 필름만 수입된 것이 아니라, 이런저런 경로로 그 영화들에 대한 담론도 동시에 수입되기 마련이었다. 가장 가깝게는 일본 비평가들의 관점, 그리고 조금 멀게는 외국영화의 제작 국가를 포함한 서구 비평가들

의 관점이 식민지 조선 비평가들이 외국영화에 대해 관점을 형성하는 데 영향을 주었을 것이다. 그 단적인 예로 〈메트로폴리스〉를 꼽을 수 있다.

안드레아스 후이센에 의하면, 이 영화가 개봉될 때 독일 비평가 악셀 에게브레히트는 이 영화에 대해 "계급투쟁의 확고부동한 변증법에 대한 신비적 왜곡"이라는 비평을 내놓았는데, 이러한 관점은 이후 무수한 좌파 비평가들에 의해 반복 재생산되었다.[33] 식민지 조선을 포함해 일본의 비평가들도 이를 다양하게 참조하면서 비평문을 썼으리라 생각된다.

〈메트로폴리스〉는 지식인뿐만 아니라 일반 관객에게도 꽤 깊은 인상을 준 듯하다. 식민지 조선의 관객이 독일영화에서 무엇보다 경탄한 것은 영화 기술이었다. 가까운 미래 사회의 모습을 재현해놓은 세트도 놀라웠으나, 촬영 기법은 그보다 더한 놀라움의 대상이었다. 이 영화에서 촬영을 맡은 카를 프로인트는 여느 배우나 감독 못지않게 이름을 내세울 만한 사람이었다. 그의 명성은 이미 〈메트로폴리스〉가 개봉되기 1년 전인 1928년에 개봉된 〈베를린, 대도회교향악〉(1927)에서부터 시작되었다. 전위영화감독으로 알려진 발터 루트만의 이 영화는, 베를린의 일상을 다양한 계층의 사람들이 만들어내는 리듬과 기차나 각종 교통기관이 만들어내는 리듬을 조합하여 그려낸 다큐멘터리영화이다. 남궁옥은 칼 프로인트의 카메라워크가 만들어내는 '리듬'의 우수성을 칭찬하면서도, 이 영화가 다큐멘터리영화이기 때문에 "다만 이것은 조선같이 진보되지 못한 '팬'을 상대로 하기에는 흥행 가치가 없는 것이 유감이다. 그렇지만 적어도 영화예술에 대해서 입을 벌리는 '팬'일 것 같으면 〈베를린〉은 한번 보아야 할 줄 안다"라고 말했다.[34]

이제까지의 논의에 의하면, 〈메트로폴리스〉, 〈베를린, 대도회교향악〉

같은 영화들은 주로 카프 계열 비평가들의 전유물 같다는 인상을 준다. 사실상 그 무렵에 외국영화에 대해 카프 계열 이외의 비평가들은 거의 무관심했다고 봐도 무방하다. 카프 계열 비평가들은 계급주의적 관점에서 식민지 조선의 계급적 현실을 환기시키는 영화들에 주로 관심을 가졌다. 그런 측면에서 보자면 부르주아의 타락상을 묘사한 게오르게 파브스트의 〈판도라의 상자〉(1929)에 대해 장문의 감상평을 쓴 김유영도 이 연장선상에 있었다고 할 것이다.[35]

서민에겐 비싼 영화 관람료

일제 강점기 영화 관람료는 얼마였으며, 어느 정도 수준이었을까? 누구나 한번쯤 궁금하게 생각하는 부분이다. 그런데 얼마였다고 명확하게 말할 수 없는 게 사실이다. 왜냐하면 영화 관람료가 고정되어 있지 않았기 때문이다. 영화관마다 달랐고, 영화마다도 달랐다.

어떻게 보면 영화마다 달랐다고 말하는 게 더 정확할 것이다. 영화 관람료를 책정할 때 중요한 기준은 영화 수입가이다. 많은 돈을 주고 수입한 경우에는 관람료를 높게 책정할 수밖에 없다. 관객층이 고정되어 있고 영화와 다른 산업의 연계가 미약했던 당시로서는 수익을 창출하기 위해 어쩔 수 없었다. 또 공급에 비해 수요가 많다 보니 흥행 가능성이 있는 영화를 두고 수입 경쟁이 치열했고, 그러다 보니 수입가가 한없이 높아져갔다. 그러나 영화 관람료는 서민 경제 사정과는 무관할 수 없었다. 경기가 좋을 때는 관람료를 비싸게 책정할 수 있었지만, 경기가 나쁠 때는 울며 겨자 먹기 식으로 대폭 인하하는 경우도 있었다.

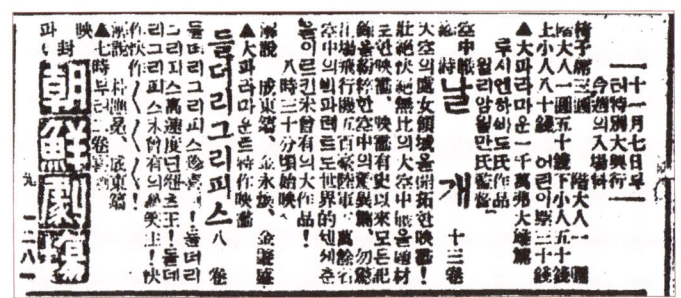

조선극장의 〈날개〉 상영 광고. 우측에 입장료가 소개되어 있다.

이런 이유들로 인해 영화 관람료에 대해서는 명확하게 말할 수 없다. 그렇다면 영화 관람료는 어느 정도 수준이었을까? 영화마다 관람료가 다르기 때문에 명확하게 말할 수는 없지만, 성인 기준으로 최저 10전에서 최고 3원까지 받았다. 평균 50전 정도는 가져야 영화관 구경을 갈 수 있다. 만약 연인이 데이트를 위해 영화관을 찾는다면 관람료만 1원 정도가 든다. 그런데 1925년에 《동아일보》 한 달 구독료가 1원이었고, 1930년에는 월간잡지 《삼천리》 한 부 가격이 15전이었다. 또한 설렁탕 한 그릇이 10전 정도였다. 그리고 공장 직공 월급이 20원, 공무원과 교사 월급이 30~40원 정도였다. 이러한 점들을 감안하면 평범한 식민지 조선 관객들의 오락이 되기에는 영화 관람료가 다소 높은 수준이었다고 할 수 있다.

5장

영화 홍보와 영화제

독자 우대권 제도

다소 낯설게 느껴질 수도 있지만, 일제 강점기에는 독자 우대권 제도라는 것이 일상화되어 있었다. 일간지 영화란에 영화 관련 기사나 스틸 컷 외에 종종 독자 우대권이 삽입되었다. 아직까지 일제 강점기 영화에 대한 이야기 중에 독자 우대권에 관한 언급이 없었으나, 이는 일제 강점기 영화문화를 이해하는 데 중요한 사항이다.

각 일간지들은 신작 영화를 소개하는 기사에 때때로 독자 우대권을 삽입했다. 일례로 《조선일보》 1930년 4월 12일자에는 독일 영화감독 게오르게 패브스트의 〈판도라의 상자〉 독자 우대권이 삽입되어 있다.

상하 좌우 몇 개의 사각형으로 도안된 우대권의 상단에 조선일보사 마크가 배치되어 있다. 세로 삼등분으로 구획된 중앙에 '本報 讀者 優待券(본보 독자 우대권)'이라는 보통보다 약간 큰 호수의 글씨가 보이고, 그 밑에는 보통 호수로 '一枚 三人(일매 삼인)'이라고 되어 있다. 이는 우대권 한 장으로 세 명까지 우대, 즉 할인받을 수 있음

《조선일보》 1930년 4월 12일자에 삽입된 독자 우대권

을 의미한다. 그러나 모든 독자 우대권이 3인까지 우대하지는 않았다. 독일영화 〈산송장〉(1929)의 경우 '일인 일매'였던 것을 보면, 흥행 성적이 좋으리라고 기대하는 영화일 경우에는 더 많은 관객을 끌어들이기 위해 우대자 숫자를 확대한 것이 아닌가 생각된다.

왼쪽 상단에 이 우대권을 사용할 수 있는 영화 제목이 표시되어 있는데, 이 우대권의 경우는 극영화 〈판도라의 상자〉와 다큐멘터리 영화일 것으로 추측되는 〈세계대전〉이었다.

그리고 왼쪽 하단에는 할인요금이 표시되어 있다. 할인요금은 '계상(階上)/ 계하(階下)', '대인/ 소인'으로 구분되어 있다. 그런데 할인 전 요금이 명시되어 있지 않아 독자 입장에서는 얼마나 할인받고 영화를 볼 수 있는 것인지 정확히 알 수 없었을 듯하다.

앞서 칼럼에서 살펴본 〈날개〉의 계상, 대인 요금이 1원 50전으로 책정된 것에 비하면 계상, 대인 40전은 상당히 저렴한 요금임에 틀림없다. 이는 〈날개〉가 1929년에 일어난 세계 대공황 이전, 즉 '명화 쟁탈전'으로 인한 수입 단가의 상승이 입장료에 전가되어 고액 입장료가 횡행할 때 상영된 것과 달리, 〈판도라의 상자〉는 공황 이후 '명화 쟁탈전'이 사라지고 영화업계에서 저조한 흥행 실적을 만회하고자 절치부심하던 때에 상영되었기 때문이다.[1] 또한 할리우드영화가 아닌 경우 수입 단가가 할리우드영화에 비해 상대적으로 낮았던 것도 비교적 입장료를 저렴하게 책정할 수 있는 요인이었던 것으로 생각된다.

오른쪽에는 우대권의 사용 기간과 장소가 명시되어 있다. 4월 10일부터 13일까지 4일간으로 되어 있고, 장소는 개봉관인 단성사다. 우대권 사용 기간이 요즘으로 치면 비교적 짧은 3~4일에 지나지 않지만, 영화

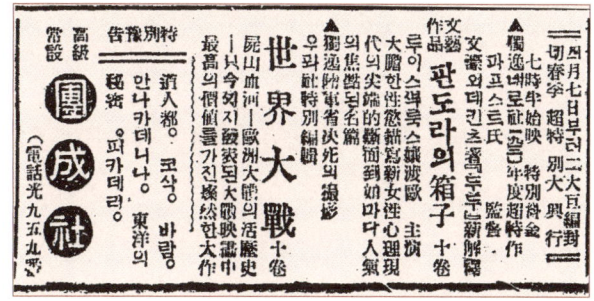

《조선일보》 1930년 4월 7일에 게재된 단성사 영화 광고

한 편의 상영 기간이 최대 일주일을 넘지 않았다는 점을 고려하면 독자 우대권 사용 기간이 그렇게 짧게 책정된 것이 아니라고 할 수 있다. 《조선일보》에 게재된 영화 광고에서 알 수 있듯이 4월 7일 월요일에 개봉되었다. 일주일 단위로 상영작 교체가 이루어진다고 가정하면, 예의 독자 우대권은 개봉 후반부라고 할 수 있는 10일 목요일부터 13일 일요일까지 사용이 가능한 것이다. 이는 개봉 후반부로 갈수록 떨어지는 객석 점유율을 높이려는 전략으로 보인다.

그런데 이 독자 우대권의 경우에 흥미로운 점은, 10일부터 사용할 수 있는 독자 우대권을 12일 지면에 삽입했다는 사실이다. 이는 무엇을 의미할까? 몇 가지 가능성을 생각할 수 있지만, 아무래도 가장 유력한 가능성은 애초에 독자 우대권을 발행할 계획이 없다가 흥행 성적이 부진하자 흥행업자 측의 요구로 급하게 우대권을 발행했으리라는 것이다. 그럼에도 이미 경과한 일자를 우대권에 삽입한 것은 의아한 점이지만, 이는 이러한 내막을 감추기 위한 고육지책이 아니었을까 생각된다.

이처럼 독자 우대권 제도는 일제 강점기의 가장 유력한 미디어산업인 신문업계와 영화업계 상호의 필요에 의해 고안된 제도라고 할 수 있다.

이 제도가 식민지 조선에서 처음 도입된 것인지 아니면 일본을 포함한 외국 사례를 모방한 것인지는 알려진 바가 없어 확인하기 어렵다. 그러나 신문업과 영화업이 다 같이 20세기에 폭발적으로 확장된 업종이라는 점을 고려할 때, 그리고 일제 강점기의 제도들이 외국의 제도를 모방하는 양상을 보였다는 점을 고려할 때, 아마도 이 제도가 순수 국내 발명품은 아닐 것이라고 생각된다.

마침 이와 유사한 사례가 미국에서 보이는데, 1908년 11월 7일에 《로스앤젤레스 헤럴드(*Los Angeles Herald*)》가 쿠폰 제도를 실시했다. 신문에 인쇄된 형태로 쿠폰이 제공되었으며, 이 쿠폰을 가진 사람은 무료로 쇼를 관람할 수 있었다.[2] 식민지 조선의 일간지가 실시한 우대권 제도가 요금 할인제인 것과 방식이 약간 다르지만, 이러한 사례가 미국을 넘어 전 세계 영화산업에 하나의 제도로 확산된 것이 식민지 조선의 우대권 제도라고 생각해볼 수 있다. 오늘날 신용카드 업계와 극장 업계가 제휴를 맺어 신용카드 이용자를 대상으로 업계가 정한 기준에 맞게 영화 할인 혜택을 주는 제도의 효시라고 할 수 있다. 그러나 이 제도를 도입하게 된 배경이나 운용 실태와 관련해서 근거가 될 만한 자료가 전무한 상황이다. 따라서 실제 운용 과정에서 신문사와 영화관이 어떤 관계를 맺고 있었는지는 정확히 확인하기 힘들다.

어쨌든 이 제도를 통해 일간지 독자 중에 영화관을 한 번 더 찾은 사람이나, 영화 관객 중에 할인 혜택에 현혹되어 별로 보고 싶지 않은 일간지를 구독한 사람이 전혀 없지는 않았을 것이다. 일제 강점기 신문사·레코드사·경성방송국이 그러했듯이[3] 신문사와 영화관의 사업 제휴는 명백한 사실이다.

신문영화광고

일제 강점기 광고는 언론매체의 폭발적 성장과 더불어 다양한 형태로 발전했다. 특히 일본의 문화통치기에 우리말 신문과 잡지가 다수 창간되고 제1차 세계대전 후 일본의 전후 호황이 식민지 조선에 파급되면서, 광고의 중요성이 사회적으로 각인되었다.[4] 그러나 영화에 한정해서 이야기하자면, 이미 1910년대부터 다양한 영화관이 들어서고 영화산업이 활성화되면서 영화(관) 광고가 중요한 활동 영역으로 인식되고 있었다.

영화 광고는 관객을 영화관으로 유인하려는 목적을 효과적으로 달성하기 위해 다양한 방법을 사용했고, 관객은 다양한 광고를 통해 영화 정보를 얻을 수 있었다. 여러 광고 형태 중에서 일간지 영화 광고는 관객이 정보를 가장 손쉽게 얻을 수 있는 통로였다. 물론 일간지 영화 광고 외에 영화관 자체의 선전 시스템이 별도로 있었다.[5] 영화관에 큰 걸개그림을 걸거나, 영화관 앞에 깃발을 세우고, 직원들이 호객 행위를 하는 식이었다.[6]

그러나 이러한 광고 방식은 시공간적으로 지극히 제한된 것이어서 발달한 근대 사회에서는 큰 영향력을 미칠 수 없다. 오히려 시공간적 제약을 받지 않고 불특정 다수를 상대로 하는 매스미디어 광고가 오히려 훨씬 큰 영향력을 가지고 있다. 일간지 광고란을 이용한 광고가 일반적이었지만, 시간이 흐르면서 이와 별도로 일간지 사이에 간지 형식의 광고지를

영화 〈거리의 등불〉 신문 광고

끼워 넣는 방식도 사용되기 시작했다. 1934년에 채플린의 〈거리의 등불〉 (1931) 광고를 위해 동아구락부(東亞俱樂部)에서 두 번에 걸쳐 8절지 크기의 광고지 4만 장을 배포했다는 기록이 있다.[7] 이는 일간지를 매개로 한 매스미디어 광고의 또 다른 예라고 할 것이다. 일제 강점기 초기에 경성의 영화관들은 조선인 관객을 모으기 위해 주로 《매일신보》에 광고를 실었다. 그중 가장 지속적으로 광고를 실은 영화관은 조선인 전용관 노릇을 했던 우미관과 단성사였다. 그 밖에 대정관, 황금관, 유락관 등이 단속적으로 광고를 실었다. 한 조사에 의하면, 1910년대 《매일신보》에 게재된 영화 광고는 주로 4면에 1단 크기로 실렸으며, 우미관 광고가 가장 많았다.[8]

1913년까지 영화 광고에서는 영화의 장르나 제목 중심의 간략한 소개가 주를 이루었다. 간혹 담당 변사가 소개되기도 했다. 그러나 이후 점차 영화 광고에는 이와 더불어 부가적인 설명들을 덧붙여서 관객들에게 개봉 영화에 대해 좀 더 자세한 정보를 제공했다.

개봉 영화의 장르명이 광고에 삽입되기 시작한 것은 1912년의 일이다.

그리고 영화의 길이가 언급된 것은 1914년의 일이다. 1914년 4월에 상영된 〈괴완(怪腕)〉이라는 영화의 광고에는 이 영화의 길이를 '상하 2권(上下 二卷)'으로 소개하고 있는데,9 이때부터 영화의 길이 표기가 관행화되었다.

그리고 영화 소개에 경개(梗槪, 전반적인 줄거리)를 덧붙이는 것도 이 무렵부터 관행화되었다. 1914년 3월에 상영된 〈유호국(乳虎國)〉이라는 영화 소개에는 아래와 같은 줄거리가 붙어 있다.

> 최근 구주(歐洲) 전토(全土)를 진해(震駭, 몸을 벌벌 떨며 놀람)케 한 유호국의 적한(賊漢, 모진 도둑놈)이 파리 감옥을 탈감(脫監, 탈옥)하여 도주 은신한바, 당시 셜록 홈스 이상의 수완(手腕)이 있는 유명한 아이언 핸드(iron hand, 철로 된 손)의 형사가 민활한 수단으로 3개월간 고심한 결과 적한을 포박하는 전무후무한 탐정극.10

이때부터 영화 줄거리가 좀 더 자세하게 소개되는 경향을 보인다. 1914년 9월에 상영된 이탈리아의 이탈라사 제작 영화 〈화염의 열차〉는 아래와 같이 줄거리를 소개하고 있다.

> 맹렬한 추적…… 기차비승(汽車飛昇)…… 자동차 추적…… 기차 자동차 대경쟁…… 기관차의 고장…… 과연(果然) 발화…… 염염(炎炎)한 대염(大焰)…… 화중(火中)의 대활동…… 초열지옥…… 맹대중(猛大中) 수천의 객(客) 여하(如何)할까……. 근래의 대사진.11

위의 설명은 전형적인 활극의 핵심 장면을 간추려놓은 성격이 짙다. 마지막에 긴장감을 조성하는 표현을 덧붙임으로써 관객의 호기심까지 유발하는 이러한 방식의 줄거리 소개는, 비교적 초기의 영화 광고로서 매우 자세한 편에 속한다. 이처럼 장편영화의 경우 작품 전체의 줄기를 간략하게 제시하는 방식이 주를 이뤘고, 여러 편의 에피소드가 모여서 하나의 큰 이야기를 이루는 연속영화의 경우도 이와 비슷했다.

1920년 전후 연속영화가 상영의 중심을 이루다시피 하던 시기에는 에피소드 별로 영화 내용을 소개하는 방식을 취했다. 각 에피소드에는 제목을 붙여 소개했다.

1920년 6월에 상영된 연속영화 〈적수대〉(1919)는 총 18편의 에피소드로 이루어진 영화인데, 상영할 때마다 각 에피소드의 제목을 따로 명기하였다. 그중 제7편은 '위기일발', 제8편은 '死하기로 하여'로 되어 있다. 그렇다면 이런 에피소드 제목은 어디에서 온 것일까? 이 제목들은 원래 제목을 번역한 것이다. 제7편 원제는 'a desperate chance', 제8편은 'facing death'이다. 이는 각 에피소드의 제목이면서, 동시에 전체 영화의 한 장면에 해당하는 내용을 설명하는 기능도 하고 있다.

시간이 흐를수록 영화 내용 설명이 좀 더 정교해지는 양상을 보이는데, 때로 1910년대 초반에나 있을 법한 황당한 사례도 없지 않았다. 등장인물을 소개하면서 우리 식으로 번안한 이름을 거론하기도 했던 것이다.

◇ **경개(원작 독일 실러 작)**

스위스 삼주(三州)에 폭정 악정이 있기 때문에 전토의 대중이 점차 눈을 부릅뜨고 있을 때에 자기의 처를 욕보이려고 한 그 대관(代官, 대리로 일하는 관리)을 죽인 까닭에 관리에게 쫓겨서 생명이 위급하게 된 양치기 사나이 삼돌이를 풍랑 치는 한바다에서 배를 내어 구조하여 준 사냥꾼 윌리엄 텔은 그 삼돌이를 자기 친구인 을남의 집에 데려다 숨겨주었다. 을남이로 말할지라도 대관 때문에 집 세간을 몰수당한 터라 처에 격려되어 이 용감한 두 사나이를 맞아들였다. 이때에 그 앞 광장에는 감옥 건축 때문에 노소 남녀 다수가 관리들의 가혹한 채찍에 울고 있었다.

텔의 가시아버지(장인) 되는 김영준의 집에 을남이와 삼돌이가 찾아와서, 거기에서 요사이 폭정의 여러 가지를 서로 이야기하고 여기서 스위스 전토의 정의와 자유 때문에 신명을 내놓고 일할 것을 맹서한다.[12]

1931년에 국내 개봉한 〈윌리엄 텔〉의 내용을 설명하고 있는 위의 글을 유심히 보면 주인공인 '윌리엄 텔'과 이에 어울리지 않는 '김영준(金永俊)', '삼돌(三乭)이', '을남(乙男)이'가 등장하고 있는 점이 눈에 띈다. 1910년대 변사들이 '무지한' 대중을 위해 서양 인물을 조선인으로 둔갑시키는 일은 흔히 있었지만, 1930년대 초반까지도 이런 류의 설명이 유수의 잡지에 버젓이 실리던 일은 과연 어떻게 이해해야 할까?

또한 1910년대 초반부터 일간지에 영화 광고가 거의 매일 실리는 양상을 보이는데, 특이한 점이 몇 가지 있다. 첫째, 영화 제목 문제다. 식민지 조선에서 상영되는 영화는 대체로 일본을 거쳐 들어오기 마련이었다. 일본 전역을 돌고 나서 마지막에 식민지 조선으로 건너오는 시스템인데, 이 과정에서 영화의 제목도 일본식으로 번역되어 들어왔다. 그러다 보니 제목이 자연스레 일본식 표기가 될 수밖에 없었다. 지금의 감각으로 보면 영화 제목 중에 잘 이해되지 않는 것들이 다수 있다.

〈어자(馭者)의 위난〉

〈마스구스 선생 추미(追尾)의 권(卷)〉

위는 1912년 6월에 상영된 영화의 제목들이다. 〈어자의 위난〉이라는 영화에서 '어자'는 '마부'를 뜻하는 일본어이다. 그리고 〈마스구스 선생 추미의 권〉에서 '추미'는 '추격'을 뜻하는 일본어다. 따라서 한자 소양이 없는 평범한 관객은 제목만으로는 영화의 내용을 짐작할 수 없다. 원 제목이라도 병기했더라면 영화가 어떤 내용인지 알 수 있겠지만, 현재까지 영화사에 기록되는 명작이 아니고서는 세부 정보를 확인하기 힘든 영화들이 태반이다.

둘째, 영화 정보를 일관성 없게 표기했다는 점이다. 당시 영화 제목은 일본식으로 변용되기 마련이었는데, 공식적인 명칭 같은 것은 확립되어 있지 않았다. 그런 탓에 상황에 따라 같은 영화의 제목이 때때로 바뀌었다. 1918년 9월 13일에 광고가 게재된 영화 〈가(家) 없는 아(兒)〉가 9월 20일 광고에서는 〈숙무아(宿無兒)〉로 되어 있다. 이는 상영관이 유락관에서 우미관으로 바뀌면서 일어난 현상으로 보이는데, 이러한 현상은 일제 강점 초기만이 아니라 말기까지도 종종 보인다.

영화 제목뿐만 아니라 영화사 표기에서도 비슷한 현상이 발견된다. 1910년대 영화관에 자주 걸린 영화 제작사 중 하나인 블루버드(Bluebird)사를 '불바트', '청조(靑鳥)' 등으로 표기하거나, 바이터그래프(Vitagraph)사를 '부이다구라후', '바이더구라푸' 등으로 표기한 것이 그 예이다.

셋째, 저명인사를 등장시켜 영화를 홍보하는 방식이다. 영화를 하나의 상품이라고 할 때 대중을 상품 구매로 유도하기 위해 저명인사를 활용하는 것은, 그 상품에 대한 대중의 신뢰를 확보하는 효과적인 방법이다. 이런 식의 발상이 일제 강점 초기의 영화 홍보에도 도입되었는데, 당시 저명인사는 대체로 황실 인사들이었다.

① 외외(畏畏)한 영국 황제 폐하 어천람지영(御天覽之營)을 사(賜)함.
태서 대비극 〈부(父)의 정(情)〉 전 삼 권 최장척.13

② 사금상양폐하(賜今上兩陛下) 천람(天覽).
대모험 대기담 〈명마(名馬)〉 최대 장척.14

③ 지금 단성사에서 공개하는 명화대회는 영사하는 사진이 모두 금상 폐하께서 천람하시고 각 황족 전하, 왕세자 전하께서 태람(台覽)하신 명 사진이므로, 첫날부터 만원의 성황인데……15

①은 〈부의 정〉이라는 영화를 홍보하면서 이 영화가 영국 황제가 본 영화라는 사실을, ②는 〈명마〉라는 영화를 홍보하면서 이 영화가 '금상 양폐하'가 본 영화라는 사실을 강조하고 있다. '금상 폐하'가 보통 현직에 있는 왕을 지칭하는 용어인 점을 감안하면 이 영화를 '고종' 내외가 관람했다는 사실을 짐작할 수 있다. 그리고 ③의 경우에도 '금상 폐하'라는 표현이 등장하지만 시점이 1919년 7월인 점을 감안하면, 이때의 '금상 폐하'는 '순종'이라고 추정할 수 있겠다. 황실 인사의 영화 관람은 '태람' 혹은 '천람'이라는 용어로 지칭되었다.

그런데 실제로 황실 인사들이 이 영화들을 보았는지 여부는 확인할 길이 없다. 다만 1900년대부터 고종을 비롯한 황실 인사들이 황실에 영사기사를 불러들여 주기적으로 영화를 관람한 사실이나 고종이 승하한 뒤에도 순종이 영화를 종종 관람했다는 사실들[16]로 미루어볼 때, 위의 광고들을 순전히 허구라고만 보기는 어려울 듯하다. 일제 강점기이기는 하지만 여전히 황족으로서의 위엄을 갖추고 있던 인사들에 대해 자칫 불경 논란을 일으킬 수도 있음에도, 영화관들이 이윤 추구를 목적으로 황실 인사들을 광고 소재로 삼은 점은 놀랍지 않을 수 없다.

영화 홍보에는 이처럼 저명인사뿐만 아니라 해외에서 흥행에 성공한 사례도 활용했다. 〈프로디아 후편〉(1913)을 홍보하면서 우미관은 이 영화가 영국 런던에서 50일간 만원사례를 기록했다는 사실을 강조했다.[17] 또 초기 장편영화의 대표작인 〈카비리아〉(1914)를 홍보하면서 유락관은 아래와 같은 문구를 내걸었다.

> 작년 4월에 횡빈(橫濱, 요코하마) 평미상회가 동양에서 영사한 권리 값 2만 5천 원을 내고 수입하여다가, 그달 29일부터 5월 19일까지 횡빈 오데온 좌에서 공연하여 좋은 평판을 얻었고, 그 뒤 5월 27, 28 양일 간 동경 제국극장에서 영사하였더라. 사진이 세계에 유명한 것 될 뿐 아니라 입장료도 또한 세계에서 기록이 될 만큼 비싸서 영국 런던에서는 20원을 받았고 동경의 제국극장에서 5원, 횡빈에서 3원을 받았더라. 그 후 동경으로부터 대판(大阪, 오사카) 기타 내지의 각 도시를 돌아 활동사진을 즐겨하는 사람에 환영을 받았는데, 경성에서는 그 사진 입장료의 최저한도 되는 1등급 2원, 2등 1원, 3등 50전의 저렴한 요금으로 3일간 유락관에 공연하기로 된 바……[18]

위 기사에서 강조하는 사실은 이 영화가 일본에서 비싼 값으로 수입되었고 일본 전역에서 상영되어 좋은 평가를 얻었다는 점인데, 이는 영화를 홍보할 때 일반적으로 작품의 예술적, 기술적 혁신 또는 장점을 거론하는 요즘의 홍보 방식과 사뭇 다르다.

이탈리아 영화의 힘을 보여준 〈카비리아〉의 한 장면.

〈카비리아〉의 경우 역사적인 서사, 장대한 세트 구성, 다수의 엑스트라 동원, 돌리(dolly) 촬영을 통한 인물 표정의 클로즈업 등이 흔히 거론되기 마련인데,[19] 이 글에는 그중 어느 하나도 언급되어 있지 않다. 이는 아직까지 영화의 예술적 가치를 충분히 이해할 수 없었던 영화 전래 초창기의 한계와 무관하지 않을 것이다.

또한 광고에서는 영화가 상영된 세계 각지의 영화관에 비해 식민지 조선의 영화관에서 비교적 저렴한 입장료로 공개된다는 사실도 강조하고 있다. 상대적으로 고가인 외국의 영화관 입장료가 이 영화의 가치를 입증하는 증거로 제시된 듯한 인상마저 준다. '최저한도'라는 문구가 붙어 있지만 1등급 기준 '2원'이라는 입장료가 식민지 조선의 보통 영화관 입장료의 4배 이상인 점을 감안하면, 이 광고의 문구는 비싼 입장료를 어떻게든지 관객에게 이해시켜보려는 영화관의 고심이 만들어낸 결과라고 할 것이다.

일제 강점기에 영화 홍행업자들이 자신의 상품을 홍보할 수 있는 기회는 현재와 비교하면 대단히 제한적이었다. 요즘은 언론이나 방송, 인터넷

을 중심으로 다양한 방식의 홍보나 선전이 이루어지지만, 당시에는 '악대를 선두로 해서 깃발을 다섯 개 내지 열 개 정도 들고 브라스 밴드에 맞추어서 서울 시내를 한 번 도는' 이른바 '마치마와리(まちまわり)' 혹은 '친돈야(ちんどんや)'라고 하는 가두선전, 영화 전단지의 제작 및 살포,[20] 그리고 일간지 광고 등이 주를 이루었다. 이러한 업무를 전담하기 위해 영화관에서는 선전 부서를 따로 두고 관장하게 하였다.

단성사의 경우, 이구영을 선전부 주임으로 임명하여 각종 선전 업무를 담당하게 하였다. 선전 업무의 내용을 구체적으로 확인하기는 어려우나, 그해에 영화관에서 입수한 영화의 상영 계획이 확정되면 이를 바탕으로 일간지 영화 광고 제작, 시사회 개최, 독자 관련 업무 등을 수행한 것으로 보인다.

'초특별대흥행' 〈날개〉의 광고

영화 〈날개〉의 포스터

영화를 광고하는 데 일간지를 활용하는 방식은 대단히 중요했다. 일간지는 일제 강점기에 가장 대중적인 매체였기 때문에 흥행업자의 입장에서는 이를 활용하는 것이 가장 유력하고 수월한 방법이었다. 따라서 당대 영화 광고는 전적으로 일간지 광고라고 할 수 있다.

상영작 광고는 보통 4면 체제의 일간지 지면 중에서 3면에 주로 실렸다. 3면은 일간지 학예부가 전담해서 꾸미는 지면으로, 각종 학술이나 예술 관련 기사들이 실렸다. 그중에는 영화 관련 지면이 '연예란'으로 특화되어 구분된 경우도 있으나, 그렇지 않더라도 영화 관련 기사는 꾸준히 실렸다. 영화 광고는 영화 관련 기사의 하단에 인접해서 실리는 경우가 많았다. 이는 영화에 관심이 많은 독자들의 눈길이 어떻게 움직이는지를 고려한 배치였다.

1928년 11월 7일에 조선극장에서 개봉한 윌리엄 웰먼의 〈날개〉를 예로 들어 살펴보기로 하자. 1928년 11월 9일자 《동아일보》 3면에 상영작 광고와 관객 꽃이슬의 영화 시사평(〈날개〉를 보고)이 동시에 실렸다. 꽃이슬의 시사평은 3면 오른쪽 5단에서 7단에 걸쳐 수록되어 있다. 시사평이 끝나는 7단 밑에 이 영화의 광고가 붙어 있다. 만약 영화에 관심 있는 독자라면 이 기사를 읽을 것이고, 그러고 나면 바로 밑에 수록되어 있는 조선극장의 상영작 광고를 발견할 것이다.

이 광고에는 두 편의 장편영화가 개봉된다는 소식이 담겨 있다. 한 편은 시사평이 게재된 영화 〈날개〉이고, 다른 한 편은 코미디 영화 〈들러리 그리피스〉다. 저녁 7시 15분에 〈들러리 그리피스〉를 상영한 후, 8시 30분부터 〈날개〉를 상영하는 계획이다.

둘 다 파라마운트사 작품이다. 그런데 흥미로운 점은, 일반적인 상식과 달리 나중에 상영할 작품이 광고에 먼저 제시되었다는 사실이다. 즉 두 번째 상영작 〈날개〉가 먼저 소개되고 있다. 이 점을 어떻게 생각해야 될까? 이는 일종의 홍보 전략에 따른 것으로 보인다. 즉 관객에 대한 광고 효과를 고려하여 화제가 될 만한 작품을 광고문에서는 앞쪽에, 그리고 실제 상영에서는 후반부에 배치한 것이다. 1920년대 후반에는 지금과 달리 대개의 영화관들이 장편과 단편을 섞은 일종의 '복합 상영(complex screening)' 방식을 취하고 있었다. 물론 관객도 이런 방식에 익숙해져 있었다.

첫 번째 작품은 여러 면에서 두 번째 작품보다 떨어지는 작품을 배치하거나, 단순히 관객의 흥미를 북돋기 좋은 희극을 배치하곤 했다. 〈들러리 그리피스〉는 레이몬드 그리피스라는 무성영화 시대의 희극 배우가 출연한 1시간 전후의 코미디영화로, 그러한 용도에 적합한 영화였다.

관객은 이 영화를 보고 나서 필름 교체를 위해 잠시 휴식 시간을 가진

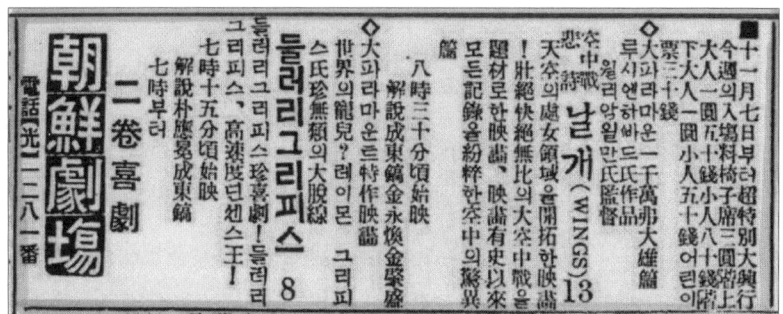

〈날개〉 상영 광고(《동아일보》 1928년 11월 9일자)

뒤에, 러닝 타임 2시간 남짓의 〈날개〉를 관람하게 될 것이다. 이렇게 되면 저녁 상영은 11시경에 끝나게 된다.

그렇다면 일제 강점기에 영화 광고의 양상이 어떠했는지 실제 광고 내용을 분석함으로써 좀 더 구체적으로 살펴보기로 하자.

1920년대 영화 광고는 시각적 자료를 충분히 활용할 수 없었기 때문에 주로 문구에 의존할 수밖에 없었다. 광고의 앞부분은 상영 일시와 요금에 관한 안내로 되어 있다. 이 광고에 소개된 두 편은 11월 7일에 개봉되었음을 알 수 있다. 그리고 요금에 관해서는 우리의 상식과 다른 사실을 발견할 수 있다. '금주의 입장료'라는 문구는 당시에 영화에 따라 입장료가 달리 책정되었다는 사실을 알려준다. 입장료를 요즘처럼 일률적으로 정하지 않았고, 같은 영화관이라 하더라도 상영작에 따라서 달랐다. 이는 영화의 영화관 입고가와 입장료 사이에 수지 타산을 맞추려는 영화관 측의 계산에 따른 것이라 하겠다.

광고 시작 부분의 '超特別大興行(초특별대흥행)'이라는 요란한 문구를 통해 〈날개〉의 입고가가 상상을 초월할 만큼 당시로서 거액이었음을 추측할 수 있다. 1920년대 후반 할리우드의 화제작을 놓고 국내 배급업자들이 종종 쟁탈전을 벌였다는 사실[21]이 이를 반증한다. 이는 흥행업자로서 부득이한 선택이라고 할 수 있는데, 이런 경쟁의 여파로 고비용을 투자한 영화나 정평이 난 감독의 작품은 매우 비싼 가격에 거래되었다. 〈날개〉는 그때 기준으로 따지면 고예산 영화로서 항공전 장면이 화제가 된 영화였다. 이 때문에 입장료도 매우 높게 책정되었던 듯하다.

배급 및 흥행 과정상의 과도한 쟁탈전과 이로 인한 수입 및 흥행 단가의 상승은 결코 바람직한 현상이 아니다. 왜냐하면 그 과정에서 피해를 보는 쪽은 관객이기 때문이다.

> 최근의 〈날개〉라는 사진만 하더라도 촬영 기교는 막론하나, 이 작품의 내용이란 우리 민중으로서는 아무러한 감명과 패익(稗益, 작은 이익)을 주지 못할 뿐 아니라, 해설자가 일부러 자막에도 없는 탈선적 부연(敷衍)을 달아놓는다 하더라도 아메리카 혼(魂) 군용주의(軍用主義, 군국주의)를 낭독한 한낱 반동영화에 불과한 것이다. '양키'의 돈지랄이요 천편일률인 헐가(歇價, 싼값)의 삼각연애로 양념을 쳐서 순전한 기계 장난을 해놓은 '영화'가 아닌 활동사진을 가지고서 선전이란 마술을 이용하여 한몫 돈벌이를 해보려고 한다.
> 미국 사람들이 무슨 짓을 하든지 배급자가 아무리 풍(風)을 떨어놓든지, 금후에 정말 좋은 작품이 나오면 어떻게 선전을 하려는지 모르거니와 우리는 상관할 바 아니다. 그러나 그네들의 돈 장난이나 영업 싸움하는 틈에 끼어서 속고 돈을 빼앗기는 것은 아무 죄 없는 관중이다. 그래서 ××가 삼아지는 것이요, 또 내가 여기 붓을 든 까닭이 여기에 있는 것이

다.('××'는 판독 불가)[22]

1920년대에 영화감독, 시나리오 작가, 배우, 비평가를 겸하고 있던 심훈은, 과도한 쟁탈전과 이를 보상하려는 영화 선전의 기만성에 대해서 그 무렵 누구보다도 날카로운 시선을 보여주었다.

앞서 살펴보았듯이 입장료는 계상과 계하, 대인과 소인에 따라 차등을 두었다. 요즘 보편화된 멀티플렉스 영화관의 경우 단층으로 되어 있지만, 일제 강점기 영화관의 경우 2층 구조로 되어 있었다. 특히 조선인 관객이 많이 찾던 영화관의 경우 2층 구조였는데, 보통 1층보다 2층이 관람에 유리했기 때문에 당시에는 2층 입장료가 상대적으로 높게 책정되었던 듯하다.

그런데 '의자석' 요금 '3원'은 급료 수준이나 물가를 고려할 때, 엄청나게 비싼 요금이었다. 가장 열악한 관람 환경, 즉 1층 입장권을 사서 들어간다 할지라도 대인 기준 '1원' 정도였다. 따라서 영화 관람은 요즘과 달리 결코 서민의 일상적인 오락이라고 할 수 있는 수준이 아니었다. 앞에서도 언급한 것처럼, 〈날개〉와 비슷한 시점인 1929년 춘천군청 고원(현재 춘천시청 공무원) 월급이 23원이었다는 점을 상기하면 〈날개〉 입장료의 수준을 충분히 짐작할 수 있을 것이다.

여하튼 이렇게 개봉일과 요금을 안내한 후에는 상영작에 대한 정보를 제시한다. 여기에 포함되는 내용은 제작사, 제작자, 감독, 장르, 제목(원제 포함), 러닝 타임, 간략한 내용 소개, 상영 시간, 해설자 등이다.

다음으로 영화의 제작사가 '파라마운트'라는 사실을 소개하면서 '대(大)'자를 붙여서 '대파라마운트'라고 한 점이 돋보인다. 당시 영화 광고는 '초

(超)', '대(大)', '특(特)' 등 최고급 수사를 상투적으로 덧붙이기를 즐겨했는데, 조금 과장해서 말하면 모든 영화에 최고급 수사가 붙었다.

그리고 제작사를 소개한 후 '一千萬弗 大雄篇(일천만 불 대웅편)'이라고 해서 이 영화의 제작비가 1천만 달러임을 알리고 있다. 이처럼 제작비를 내세워 영화를 홍보하는 것은 외국영화 흥행업자들이 종종 사용하던 방식이었다. 식민지 조선에서 무성영화의 편당 제작비가 5천 원 정도였다는 점을 고려하면 천만 달러라는 금액은 관객의 상상을 뛰어넘는 수치임에 분명했으므로, 이 문구를 광고에 삽입함으로써 독자의 관심을 불러일으키려 했던 것이다. 지금까지도 제작비를 홍보의 한 수단으로 활용하는 우리 영화업계의 관행을 생각하면, 이런 관행이 고예산 할리우드영화가 시작된 1920년대에 이미 국내에 정착되었다는 점은 다소 흥미로운 사실이다.

이후 제작자와 감독 이름이 소개되지만, 이는 홍보 효과가 거의 없다고 해도 무방할 것이다. 특히 영화 선택의 한 요소로 인식되는 감독 이름은 당시만 해도 큰 호소력을 가지지 못했다고 할 수 있다. 데이비드 그리피스나 세실 데 밀 같은 할리우드 감독에 대한 지명도는 어느 정도 있었지만, 일부 식자층을 제외하고는 감독 이름보다 배우 이름이 영화를 선택할 때 훨씬 중요한 고려 사항이었다.

그리고 나서 영화 제목이 소개되는데, 제목은 다른 문구와 달리 호수가 크고 진한 서체였다. 그런데 특이한 점은 제목 앞에 이 영화의 특징을 단적으로 표현한 문구가 붙어 있다는 점이다. 〈날개〉의 경우에 '공중전(空中戰) 비시(悲詩)'라는 말이 붙어 있다. 이는 이 영화가 공중전 장면을 스펙터클하게 묘사하고 있는 전쟁영화이며 동시에 전장의 우정과 남녀 간의 사랑을 그린 멜로영화임을 고려한 문구라고 할 수 있다.

그리고 제목 뒤에는 제목과 비슷한 크기로 '13'이라는 숫자가 삽입되어 있다. 이는 영화의 필름 길이를 표시하는 '권수'이다. 이어서 이 영화의 내용 전반을 소개하는 압축된 문구들이 보이는데, 여기에도 공중전투에서 비롯되는 스펙터클에 초점이 맞춰져 있다.

영화관 주최
비공개 시사회

일간지 영화 광고는 영화관 선전부 업무의 일부분에 지나지 않았다. 이 밖에도 몇 가지 방법으로 영화 선전이 이루어졌다. 앞서 잠시 언급하고 지나친 바 있지만, 무시할 수 없는 것이 영화 시사회 개최이다.

영화 시사회란 보통 영화 제작사나 수입사가 영화를 개봉하기 전에 일반 관객을 상대로 영화에 대한 반응을 알아보기 위해 개최하는 상영회를 말한다. 이런 기회를 통해 영화의 개봉 시기를 조정하거나 영화 홍보 전략을 수정하기도 한다.

그런데 일제 강점기의 시사회는 요즘과 다른 면이 있었다. 일단 상영 주체가 달랐다. 일제 강점기에는 이를 영화 제작사나 영화 수입사가 아니라 흥행업자, 즉 영화관에서 주최했다. 그리고 또 한 가지 차이점은 시사회의 목적이다. 일제 강점기에는 개봉 시기를 조정하거나 홍보 전략을 수정하는 등의 목적보다 일단 개봉 일자를 확정해놓은 영화를 홍보하는 데 주목적이 있었다. 또 일반 관객을 상대로 한 이벤트성 시사회는 없었고 관계자들을 초청하는 비공개 시사회가 대부분이었다. 시사회의 초청 대상자는 아마도 다방면의 사회 저명인사, 각 일간지 학예부 기자 등이었을 것으로 생각된다.

이러한 차이점 외에는 요즘과 별다른 차이가 없었다. 여기서 우리가 주목할 점은 시사회가 영화 선전에 활용되는 방식이다. 시사회의 초청 대상자 중 영화를 선전하는 데 가장 큰 파급력을 가진 사람은 아무래도 영화기사를 담당하는 일간지 학예부 기자였을 것이다. 물론 사회 저명인사의 파급력도 없지는 않겠지만, 영화의 사회적 위상이 그다지 높지 않았기 때문에 그 인사가 지면을 통해서 해당 영화를 상찬하지 않는 이상 영화 선전에 별로 도움이 되지 않았다. 이례적으로 이광수가 〈트레이더 혼〉이라는 영화를 보고 신문지상에 감상평을 게재한 적이 있다.[23] 그러나 이는 극히 드문 예이고, 대부분이 단순한 관람에 그친 경우가 많았던 듯하다.

영화는 일제 강점기에 처음부터 주목의 대상이 되지는 않았다. 1920년대 이후부터 할리우드영화가 급속히 국내에 유입되면서 대중의 주목을 받게 되었고, 신문업계도 이때부터 지면 확장과 독자 확보를 통해 사세 확장에 나서게 되었다.

이처럼 영화업계와 신문업계 양자의 필요에 따라 일간지 지면에서 영화에 적극적으로 관심을 보이게 된 것이다. 처음에는 고정적인 섹션도 없이 단편적인 기사를 수록하다가, 이후 고정된 섹션을 배치하게 되었다. 그리고 그 지면들을 메우는 기사들은 외국 통신사로부터 입수한 것과 직접 취재한 내용, 그리고 배급업자나 흥행업자로부터 제공받은 자료에 기반을 둔 내용 등이었다. 특히 외국영화의 경우 직접 취재가 불가능하다는 특성상 갈수록 커지는 독자들의 기대에 부응하기 힘든 측면이 있었다. 그리하여 흥행업자에 대한 의존도가 커졌고, 이러한 필요에 의해 학예부 기자들이 흥행업자들과 긴밀한 관계를 가졌을 가능성이 높아 보인다. 개봉 영화에 대한 정보가 필요한 시점에 개최되는 시사회는 해당 영화에 관한 정보를 입수할 수 있는 유력한 경로였다. 흥행업자가 제공하는 시사회를

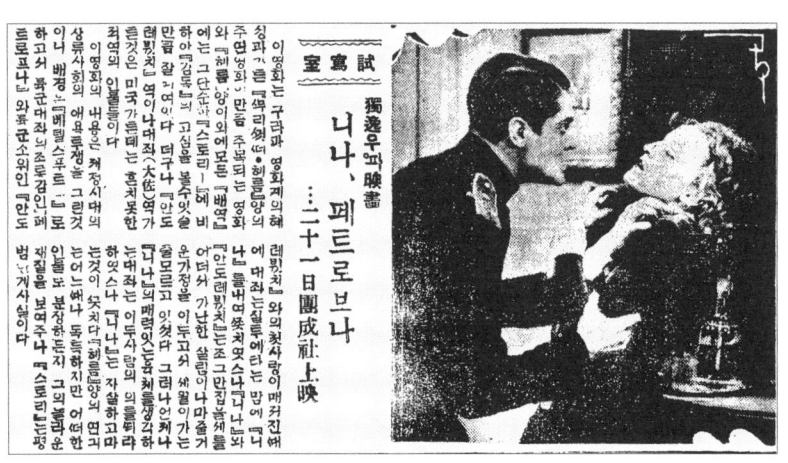

독일영화 〈나나 페트로브나〉 시사회 개최를 알리는 기사(《조선일보》 1931년 2월 22일자)

통해 실물을 체험할 수 있었고, 그 밖에 영화 설명 대본이나 스틸 등 각종 관계 자료까지 확보할 수 있었다. 이렇게 확보된 유무형의 자료는 영화란을 구성하는 데 큰 힘이 되었을 것이다.

영화 기사 중에서도 가장 주목할 부분은 신작 영화 소개란이다. 신작 영화의 소개는 주로 해당 영화가 개봉되는 날에 이루어지는 경우가 많았다. 소개기사의 경우 대체로 인상적인 스틸과 기사로 이루어졌다. 사정에 따라서는 자세한 소개기사 없이, 간략한 캡션(스틸 컷 설명)이 덧붙은 스틸 한 컷으로 영화 소개를 대신하는 경우도 있다. 스틸 컷의 크기는 일정치 않은데, 이는 해당 지면 편집과 관련된 사정에 기인한 것일 수도 있고, 아니면 흥행업자의 로비와 관련된 것일 수도 있다.

그런데 소개기사가 첨부된 경우라 할지라도 그 기사는 흥행업자의 선전 자료와 크게 차이가 나지 않았다. 기사들은 대체로 소개하고자 하는 영화의 줄거리, 관람 포인트, 상영 극장 안내 순으로 구성되었다.

물론 신문기사의 특성상 일반 영화 광고처럼 요란한 문구를 사용하는 경우는 거의 없지만, 본질적으로 흥행업자의 선전문과 크게 다를 바가 없었다. 이런 점은 특히 소개기사들의 말미를 살펴보면 알 수 있다.

> ① 이 영화는 구라파에서 제일 미인이라는 평이 있는 '나탈리 코반코' 양과 미남아로 유명한 '자크 카틀랭'과 '니콜라스 콜린'이 출연한 것인데, 그 내용은 미녀를 중심으로 여러 가지의 쟁투와 갈등이 왕궁 안에 일어난 것을 우리 눈앞에 여실히 보이는 것이다. 서양 귀족계나 궁중의 비밀을 이 영화에서 볼 수 있다. 그러나 장면마다 활동의 긴장한 맛이 여름에 보기에 가장 적당한 심심치 않은 작품이다.[24]

> ② 여하간 이 영화의 예술적 가치는 어떠한지 알 수 없다마는 세상 사람의 많은 환영을 받은 것도 당연한 일이오, 더구나 '아메리카'나 일본 사람들이 더욱이 기뻐할 것이 아닐까 생각한다.[25]

> ③ 그러나 전쟁영화로서는 그 제작 상으로 보아 다른 전쟁영화의 그 수준 위에 설 수 있다는 것만은 말해둔다. 여러 가지로 보아 주머니의 여유만 있으면 한 번쯤은 보아야 할 영화다.[26]

위의 글들은 당시 일간지에 게재된 영화 소개기사들의 후반부다. ①은 빅토르 투르얀스키의 〈미왕자〉(1925),[27] ②는 킹 비더의 〈빅 퍼레이드〉(1925), ③은 앞에서 살펴본 바 있는 〈날개〉를 언급하고 있다.

①은 영화 소개기사의 전형적인 예에 해당하는 것인데, 이보다 더 유심

히 살펴보아야 할 것은 ②와 ③이다. ②의 필자는 훗날 화가이자 일간지와 잡지의 삽화가로 유명해진 정현웅이다. 그는 자신이 본 영화가 어떤 예술적 가치를 가진 것인지 정확하게 알지 못하고 있는 듯하다. 그럼에도 이와 모순되게 그는 이 영화가 사람들의 환영을 받은 것이 당연하다고 말하면서, 그 근거를 뚜렷하게 제시하지 못하고 있다. 이 글은 영화평이라고 하기에 주장을 분명히 제시하지 못하는 한계를 가지고 있는데, 이는 그가 현재의 경복고등학교에 해당하는 경성제2고등보통학교 학생이었다는 점을 생각하면 매우 당연해 보인다. 영화 소개기사에 이러한 한계가 있었지만, 독자들은 이 글을 통해 이 영화가 미국이나 일본에서 인기를 끈 작품이라는 사실을 알게 되었을 것이다. 비록 적임자는 아니었지만, 일개 학생의 혼란스런 감상을 지면에 게재한 것은 그 나름으로 이 글이 소개기사로서 기능할 수 있다고 신문사 측에서 판단했기 때문일 것이다. ③은 안석주의 글로서 이 글을 쓸 때 그는 조선일보사의 학예부장으로 있었는데, 그는 〈날개〉가 가진 전쟁영화로서의 우수한 점을 지적하고 이 영화를 '한 번쯤은 보아야 할 영화'로 추켜세우고 있다.

    이처럼 영화 소개기사는 사내외를 막론하고 다양한 사람들이 썼다. 누가 썼는가와 무관하게 모든 기사는 대체로 독자로 하여금 소개된 영화를 보도록 하는 목적으로 쓰였다. 이는 기사를 게재하는 시기가 개봉 시기와 맞춰져 있다는 사실에서 충분히 짐작된다. 특히 흥행업자가 주최하는 시사회를 통해 미리 영화를 본 관객의 시사평이 이러한 역할을 주로 했다. 필명으로 발표된 경우가 많아서 그 글들의 필자가 누구라고 단정하기는 힘들다. 평범한 일반 관객의 평도 아예 없지는 않았지만, 다수가 학예부 기자 그리고 그와 친분이 있는 문화·예술계 인사일 것이라고 추측할 수 있다. 일제 강점기에 영화 시사회가 비공개로 진행된 전문가 시사회였다는 점을 고려할 때, 일반 관객이 미리 영화를 보고 시사평을 쓸 가능성은 거의 없기 때문이다. 결국 영화 소개기사의 경우 일부 부정적인 의견이 들어가 있기는 하지만, 기사 말미는 해당 영화의 장점을 부각하고 안석주의 경우처럼 '한 번쯤은' 그 영화를 볼 것을 권하는 내용으로 끝났다.

국내 최초
영화제

    조선일보사는 본사 내부 활동사진반이 제작한 각종 뉴스영화를 자사 독자 대상으로 무료 순회 상영하는 한편, 영화 관련 상영회를 통상 전국에 있는 조선일보사 지국이 주최하는 형식으로 1930년대에 지속적으로 개최하였다.[28]

    일제 강점기에 영화 상영회를 개최한 곳 중에서 현재 지면상으로 확인이 되는 곳은 황해도 해주,[29] 전라북도 전주,[30] 경기도 양평[31] 등인데, 이 밖에도 전국적으로 개최되었을 것으로 생각된다. 당대 지방 상영회의 모습을 구체적으로 알아보기 위해 여기서는 해주 지국의 경우를 살펴보기로 하자.

> 본보 해주 지국 주최로 해주 시민 위안 영화대회는 예정한 바와 같이 십이삼 양일 간 해주극장(海州劇場)에서 열렸는데, 이틀 동안 연하여 정각 전에 만원의 성황을 이루어 장내는 문자 그대로 입추의 여지가 없었는데, 실로 해주에서 영화의 밤으로는 본보 해주 지국장 송남섭(宋南燮) 씨 개회사가 있은 다음 〈쌍옥루〉, 〈류랑(流浪)〉 전편을 상영하여 관중에게 만족을 준 후 십일 시경에 무사 폐회하였다 한다.[32]

위에서 확인할 수 있는 것처럼 해주 지국은 이틀간의 일정으로 해주극장을 임대하여 상영회를 개최하였다. 양평 지국의 경우에 추석 때 3일간 개최한 사실[33]을 고려하면, 상영회는 최대 3일을 넘지 않았으리라 생각된다. 해주 지국 상영회는 지국장의 개회사, 영화 상영 순으로 진행되었다. 이때 상영된 영화는 이구영의 〈쌍옥루〉(1925)와 김유영의 〈유랑〉(1928)이었는데, 상영작 선정은 대체로 관객의 취향을 적절히 고려한 것으로 보인다. 〈쌍옥루〉는 신파극으로 관객에게 친숙한 이야기를 영화화하여, 특히 여성이 주 관객이었을 영화대회에 안성맞춤이었을 것이다. 또 〈유랑〉은 하층 관객 자신의 상황을 비춰주는 영화였던 만큼 이 역시 적절했다고 할 것이다.

유료 상영과 달리 지국 주최 영화대회에서는 외국영화를 상영하지 않았던 듯하다. 이는 '상연할 영화는 〈아리랑〉을 비롯하여 조선의 명화만 골라서'[34]라고 보도한 양평 지국 상영회 기사를 통해서 짐작할 수 있다.

앞에서 살펴본 것처럼 조선일보사는 1930년대에 사세를 확장해가는 과정에서 영화를 적극적으로 활용하는 양상을 보여주었다. 당대 동아일보사의 움직임과 비교해볼 때, 조선일보사 쪽이 영화 지면을 구성하는 노력이라든가 부대 활동 면에서 활발했던 것이 사실이다.

그중에서도 한국영화사에 크게 기록될 만한 일이 조선일보사에 의해 계획되었는데, 바로 1938년 11월에 개최된 영화제였다. 이는 식민지 조선에서 이뤄진 최초이자 최후의 영화 축제였다. 조선일보사 주최 영화제의 준비 과정, 개최 상황, 그리고 영화제의 의미에 대해서 구체적으로 살펴보자.

최초의 영화감독 윤백남(1888~1954)

윤백남이 감독한 최초의 극영화 〈월하의 맹서〉(1923)를 기점으로 보면, 1938년은 조선영화가 불과 15년의 이력밖에 갖지 못한 시점이었다. 그러나 영화를 보는 관객의 눈은 그 이상으로 높아져 있었다. 외신에 근거한 신문이나 잡지를 통해 외국의 영화계 소식을 자주 접해온 관객에게 식민지 조선의 영화계는 초라하게만 느껴졌다. 자본, 기술, 인력 등 모든 면에서 낙후한 조선의 영화계를 향한 관객의 무관심은, 1930년대에 조선영화의 질적 수준이 향상되면서 조금씩 그 방향을 틀어 일정한 관심으로 표출되었다. 그리고 조선의 영화계 역시 외국의 영화계에 대한 콤플렉스에서 조금씩 탈피하면서 한 단계 도약을 시도하고 있었다.

이러한 측면에서 1930년대 후반은 식민지 조선의 영화계가 그동안 걸어온 발자취를 더듬어보고 향후의 도약을 다짐하는 계기를 내적으로 갈망하던 시점이었고, 그러한 상황에서 영화제를 개최하는 시도는 매우 시의적절한 것이었다.

그러나 이처럼 내외적으로 무르익은 분위기와 별도로, 영화제 개최는 관객들에게 대단히 뜻밖의 사건이었다. 영화제 일정이 독자에게 공지된 시점이 영화제가 개최되기 불과 12일 전인 1938년 11월 14일이었기 때문이다. 이는 영화제가 충분히 홍보되기에 너무나 촉박한 시점이었다. 개최 시기의 문제와 더불어 또 하나의 의외로운 점은 영화제 주최가 조선일보사라는 일개 민간 신문사였다는 점이다.

그러나 이는 식민지 조선의 영화계가 하나의 통일된 단체를 이루지 못한 당시 상황에서 부득이한 선택이었다고 할 수 있다. 조선영화인협회(朝鮮映畵人協會)가 결성된 것은 영화제가 개최된 그 이듬해인 1939년 8월 16일이었고, 조선일보사는 그 무렵에 일개 민간 신문사라기보다 조용만이 언급했듯이 "신문화 운동의 총본영(總本營)", "민족운동의 본부" 같은 위상을 가지고 있었기 때문이다.[35]

영화제가 최초로 공지된 1938년 11월 14일자 지면에는 광고 2개, 기사 1개 등 영화제와 관련된 기사가 총 3개 게재되었다. 이날의 메인 기사는 〈팬에게 구하는 영화제〉로, 이 기사는 영화제의 개요를 소개하고 영화제에서 세부 행사 중 하나로 예정된 '조선명화감상회'에 상영할 작품 목록을 제시하고 있다.

기사에 제시된 영화는 총 45편으로, 무성영화 33편, 발성영화 12편이다. 발성영화의 수가 상대적으로 적은 것은, 1938년 즈음은 발성영화가 제작되기 시작한 지 얼마 되지 않은 시점이기 때문이다. 총 45편의 영화 중 각각 세 편씩을 독자 투표에 의해 선정하여 감상회에서 상영하겠다는 것이 계획의 요지였다. 이러한 계획에 따라 조선일보사 측은 독자들에게 상영 작품을 선정하는 데 참여해달라고 호소했다.[36]

그리고 이 기사의 하단 박스에는 투표 규정이 첨부되어 있었다. 이 투표에 참여하고자 하는 독자는 관제엽서를 이용하여 11월 20일까지 조선일보사 학예부 연예계 앞으로 세 편씩을 선정해서 보내야 했다. 이 규정에는 '당선', 즉 최종적으로 선정된 세 편을 써낸 독자 백 명 한정으로 배우가 친필 사인한 브로마이드를 증정한다는 내용도 포함되어 있다.

이러한 방식의 '독자 선정 베스트 쓰리' 투표 행사는 영화제에 관객의 참여를 유도하기 위한 방법으로 고안한 것이다. 즉 관객이 직접 참여하여 만들어내는 영화제를 만들기 위한 방법이었다. 이 아이디어는 영화제의 또 다른 중요 행사였던 조선영화전람회에도 마찬가지로 적용되었다. 조선명화감상회를 위한 투표 참여에서처럼 조선영화전람회를 위해 영화제 준비위원회 측에서는 관객의 영화 관련 출품을 호소했다. 그러나 작품 선정 투표와 달리 출품 호소에는 그 배경에 남다른 사정이 있었다.

> 이번 영화제 가운데 한 부문인 영화전람회는 조선영화가 걸어온 길을 엿볼 수 있는 동시에, 영화라는 것이 어떻게 제작되어서 어떠한 길을 밟아 우리가 볼 수 있게 되는지 그 과정을 자세히 입체적으로 보여드리겠거니와, 십육 년 동안이나 갖은 풍상을 겪어온 만큼 귀중한 참고 자료가 산재하여 도저히 찾을 길이 없는 것도 있고, 또 세상이 모르는 조선의 영화문화에 관심한 분도 적지 아니 있을 줄을 믿는 바이다. 이런 기회를 타서 '브로마이드' 한 장이든 프로그램 한 장이라도 모두가 귀중한 것이니, 이런 것을 가지신 분은 이번 사업의 진의를 충분히 이해해서 솔선하여 출품해주시기를 희망하는 바이다.[37]

조선영화전람회는 한마디로 말해 조선영화의 역사를 일정한 공간에 시각적으로 전시함으로써 독자의 이해를 높이려는 행사였다. 이러한 형식의 행사는, 요즘이라면 한국영상자료원에서 만든 한국영화박물관을 이용하여 상시 혹은 비상시로 개최할 것이다.

그러나 당시는 영화 관련 단체가 전무하던 시절이라 조선영화와 관련

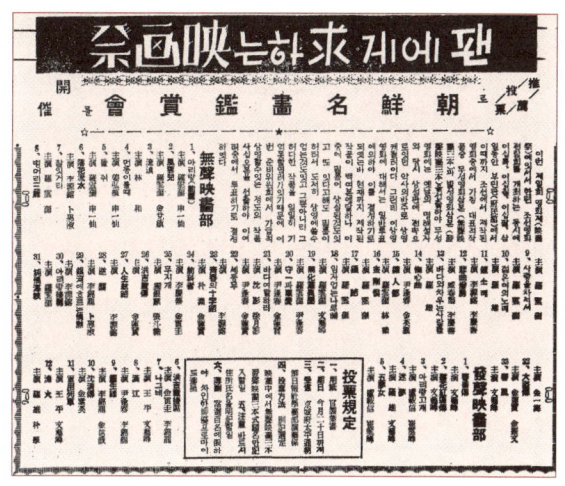

조선명화감상회의 개최를
알리는 기사(《조선일보》
1938년 11월 14일자)

된 물품을 체계적으로 수집하거나 전시하는 일이 거의 불가능했다. 따라서 조선영화의 역사를 전시하고자 기획하면서 주최 측에서 가장 고심한 부분은, 각종 자료를 충분히 수집할 수 있는가 하는 문제였을 것이다.

위 기사에서도 확인할 수 있듯이, 예상대로 주최 측은 자료가 부족하여 고심했고, 그 결과 관객이 개인적으로 소장하고 있는 영화 관련 물품을 출품받아서 문제를 해결하고자 하였다. 영화 관련 자료를 출품하고자 하는 독자는 작품 선정 투표와 마찬가지로 1938년 11월 20일까지 조선일보사로 출품하면 되었다.

그런데 자료 출품의 경우는 작품 선정 투표와 달리 접수처가 '조선일보사 사업부 내 영화제준비위원회'로 되어 있다. 이는 작품 선정 업무와 전람회 업무가 분화되어 있었음을 의미한다. 작품 선정 투표는 학예부 기자들이, 전람회 업무는 각 영화사에서 차출된 영화사 관계자들이 한 것으로 보인다.

영화제준비위원회 측에서 관객에게 출품을 호소한 것들은 포스터, 프로그램, 삐라, 브로마이드 등이었다. 프로그램은 영화관에 들어갈 때 나눠주는 영화 안내지이며, 삐라는 영화를 홍보하기 위해 거리를 돌아다니는 선전대가 사람들에게 뿌린 전단지다. 포스터와 브로마이드는 요즘 관객에게도 익숙한 것이다. 이를 통해 당시 영화 홍보에 다양한 매체가 동원되었음을 알 수 있다. 그리고 출품을 호소하는 기사 말미에는 출품된 물품에 대해 본사가 책임지고 반환하겠다는 문구를 덧붙여서 독자들에게 분실이나 파손을 걱정하지 않아도 됨을 알렸다.[38]

관객이 선정하는 영화제 출품작

영화제 기사는 영화제가 끝나는 1938년 11월 말까지 지속적으로 게재되어, 이를 통해 영화제가 개최되기 전까지 어떠한 과정을 거쳐 진행되었는지를 확인할 수 있다. 11월 15일자 지면에는 영화제준비위원회의 활동 상황이 보고되었다.

이 기사에 의하면 영화제준비위원회는 11월 12일에 회의를 개최한 것으로 되어 있다. 그러나 이 정보만 가지고서는 알 수 없는 사항이 많다. 영화제준비위원회가 어떤 경과를 거쳐 어떤 사람들로 구성되었으며, 언제부터 준비에 착수했는지 등이 불명확하다.

다만 최초로 영화제 개최를 공지하기 이틀 전인 11월 12일에 회의가 열렸고, 그 결과가 영화제 공지 내용에 반영되었다는 사실은 명확해 보인다. 이날 회의에서 주로 토의된 내용은 다음과 같다.

① 전람회 기간 중 접대에 관한 것
② 실연(實演) 준비에 관한 것
③ 지방 출품 접수에 관한 것
④ 세계 영화 현세(現勢) 조사와 도안 작성에 관한 것
⑤ 리플릿 발행에 관한 것[39]

①은 전람회장에서 입장객을 안내할 인원 선정과 안내 방법에 관한 것, ②는 조선명화감상회에서 예정된 영화배우들의 무대 실연극에 관한 것이다. 그리고 ③은 위에서 살펴본 영화 관련 자료 출품에 관한 것, ④는 전람회장에 설치하기로 한 식민지 조선 영화계의 과거와 현재 상황을 담은 도안 제작에 관한 것이었다. 마지막으로 ⑤는 영화제를 홍보할 리플릿 제작에 관한 것이다. 이렇게 볼 때, 영화제의 각종 행사와 관련해서 조선일보사 학예부보다 영화제준비위원회가 더 많은 역할을 한 것으로 생각된다.

영화제준비위원회의 준비 상황에 대한 기사가 나간 3일 후, 11월 18일자 신문에는 그동안 독자들의 투표 결과가 잠정 집계되어 발표되었다. 그 결과는 아래와 같다.

무성영화

① 아리랑 전편　② 임자 없는 나룻배　③ 사랑을 찾아서
④ 춘풍　⑤ 청춘의 십자로　⑥ 낙화유수
⑦ 풍운아　⑧ 벙어리 삼룡이　⑨ 인생항로
⑩ 아리랑 후편

발성영화

① 나그네　② 춘향전　③ 군용열차
④ 어화(漁火)　⑤ 장화홍련전　⑥ 심청전
⑦ 한강　⑧ 오몽녀(五夢女)　⑨ 도생록(圖生錄)
⑩ 홍길동전 후편[40]

이태준의 단편소설을 원작으로 한, 나운규의 유작 〈오몽녀〉

위에서 보는 것처럼 무성영화 부문은 나운규의 작품 중 〈아리랑 전편〉(1926), 〈풍운아〉(1926), 〈사랑을 찾아서〉(1928), 〈벙어리 삼룡이〉(1929), 〈아리랑 후편〉(1930)까지 무려 다섯 편이 베스트 텐에 올랐다. 반면 발성영화 부문은 열두 편 중에서 열 편을 고른 결과이기 때문에 베스트 텐에 진입했다고 큰 의미를 가지기는 힘들다.

다만 일본에서도 개봉되어 호평을 받은 이규환의 〈나그네〉(1937)가 1위를 차지했다는 점, 그리고 흔히 최초의 친일영화라고 평가받는 서광제의 〈군용열차〉(1938)가 3위에, 독일 유학파 출신 안철영의 〈어화〉(1938)가 4위에 올라 있는 점이 눈에 띈다. 그런데 발성영화 부문의 이 세 편 모두가 일본 영화사들과 합작한 영화라는 점이 특징적이다. 이 세 편은 각각 신코, 도호, 쇼치쿠와의 합작 영화였다. 이들 영화가 상위에 랭크된 것은 아무래도 합작 영화가 기술적으로 진보된 면모를 가지고 있었기 때문일 것이다.

그러나 최종 투표 결과는 18일까지의 투표 결과와 다소 다른 면모를 보여 이채롭다. 무성영화 부문 최종 베스트 쓰리는 〈아리랑 전편〉, 〈임자 없

홍개명 감독이 1936년에 제작한 〈장화홍련전〉

는 나룻배〉(1932), 〈인생항로〉(1937)로, 중간 투표 결과 9위였던 〈인생항로〉가 3위를 차지한 점이 눈에 띤다. 그리고 발성영화 부문의 최종 베스트 쓰리는 〈심청전〉(1937), 〈오몽녀〉(1937), 〈나그네〉(1937)로서, 이는 중간 투표 결과와 상당히 달랐다. 중간 투표 결과 1위였던 〈나그네〉가 최종 순위에서 3위로 두 계단 떨어졌고, 각각 2위, 3위였던 〈군용열차〉와 〈어화〉는 순위 밖으로 밀려났고, 그 대신 각각 6위, 8위였던 〈심청전〉과 〈오몽녀〉가 각각 1, 2위를 차지했다.[41] 이 결과에서 알 수 있는 표면적인 양상은 일본 영화사들과 합작한 영화들이 중간 결과 발표 이후 밀려나고, 민족적 색채가 강한 영화들이 선두로 나왔다는 사실이다.

11월 18일자 지면에는 작품 선정 투표 경과와 더불어서 출품 경과에 대한 기사도 게재되었는데, 이 기사 역시 앞서 본 중간 투표 경과 기사처럼 독자의 적극적 참여를 유도하고 있다. 기사에서 특이한 점은 그때까지 자료를 전혀 수집할 수 없던 영화의 목록을 제시하고, 이들 영화에 대해 적극적으로 출품해달라고 요구한 것이다. 기사에서 제시한 영화는 총 열여덟 편인데, 이 중에는 한국영화 제작 목록에 제목이 언급된 작품들 외에

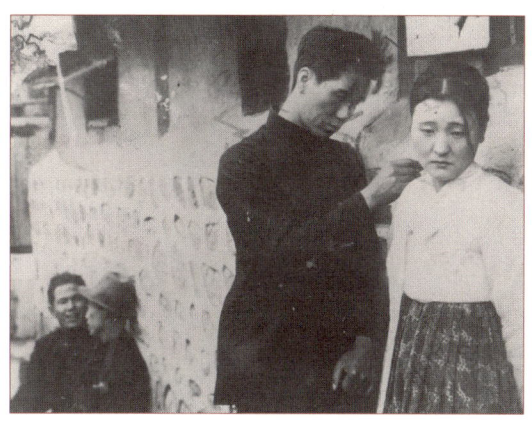

2007년에 복원된, 조선인 순수 기술의 대표적 무성영화 〈청춘의 십자로〉

제목조차 생소한 작품들도 포함되어 있다.[42]

독자 참여를 유도하는 이러한 기사들과 더불어 《조선일보》지면에는 11월 20일부터 27일까지 6회에 걸쳐 조선영화의 과거와 현재를 회고하는 기사가 게재되기도 했다.[43] 이 글은 안종화에 의해 씌어졌는데, 이때는 그가 아직 조선영화인협회의 회장을 맡기 전이라는 점을 감안할 때 그 전부터 그가 영화계의 대표 격으로 인식되었음을 알 수 있다.

11월 18일 이후에는 기획기사인 안종화의 글 외에 영화제 준비 상황을 소개한 기사는 게재되지 않았고, 다만 영화제 전날인 25일에 영화제의 시작을 알리는 기사만 실렸다.[44] 이 기사에서는 영화감상회 기간에 선정작 상영과 더불어 영화배우들에 의한 무대 실연극 〈막다른 골목〉이 공연될 것임을 알리고 있다.

처음이자 마지막
영화제

영화제 당일인 1938년 11월 26일에는 다음과 같은 기사가 게재되었다.

기다리던 영화 조선의 카니발! 본사 주최의 제1회 영화제는 드디어 오늘날! 11월 26일부터 호화로운 첫날의 뚜껑이 열린다. "움직이는 사진으로부터 현대의 말하는 사진에 이르기까지의 반세기 동안! 인간의 지혜가 만들어낸 예술의 양식에 대하여 조선도 빈약하나마 세계의 한 고리로서 여기에 참여하였고, 이것을 받아왔으니 오늘 열리는 이 영화제야말로 조선영화를 생장시키느라고 그동안 가시밭을 걸어오면서 노력하다가 사라진 수많은 불우의 선구자들에 바치는 최대의 감상일 것이며, 찬란한 앞날을 뚫어보는 영화 조선의 낭만이니 문화사의 한 연대는 이날로써 토막을 짓지 않으면 안 될 것이다."[45]

자못 감격 어린 어투로 영화제의 의의를 강조하고 있는 이 글은 이 날 개최되는 영화제를 '영화 조선의 카니발!', '영화 조선의 낭만'이라는 문구로 수식하고 있다. 이런 문구들에서 눈에 띄는 것은 자사의 이름인 '조선'을 국호인 '조선'과 교묘히 병치시켜 조선일보사가 조선영화를 전적으로 책임지고 있다는 자부심을 드러낸 점이다. 그리고 영화제가 말 그대로 영

조선일보사 영화제의 장소로 사용된 부민관(현재 서울시의회)

화를 사랑하는 식민지 조선의 관객이 참여하는 축제의 장이자 낭만의 장이 될 수 있다는 믿음과, 또 그렇게 만들어야 한다는 결의가 엿보인다. 다른 한편으로 영화제가 있기까지 '조선영화를 생장시키느라고 그동안 가시밭을 걸어오면서 노력하다가 사라진 수많은 불우의 선구자들에게 바치는 최대의 감상'이어야 한다는 일말의 슬픔도 이 글에 들어 있다.

영화제는 11월 26일부터 28일까지 3일간의 일정으로 막이 올랐다. 주요 행사는 부민관 강당에서 주야로 열린 조선명화감상회[46]와 조선일보사 강당에서 열린 조선영화전람회였다.

영화제의 시작을 알린 것은 첫째 날인 1938년 11월 26일 오전 10시 조선일보사 강당에서 열린 개회식이었다. 이날 개회식은 오전 11시까지 1시간 동안 개최되었는데, 영화제 주최 측인 조선일보사 사장 방응모가 개회사[47]를 하고, 조선일보사 사업부장 홍기문이 경과보고를 했다. 그리고 영화제를 주최한 조선일보사의 수고에 대한 위로와 영화제 개최에 대한 영화인으로서의 감격을 담아 안종화가 축사[48]를 했다. 그리고 조선영화의 발전을 위해 애쓰다가 죽은 영화인 나운규(1937년 8월 9일 사망), 심훈(1936년 9월 16일 사망)에 대한 애도의 뜻으로 1분간 묵념이 진행되었다. 이후 안종화, 이필우 등이 개회식 참석자들을 전람회장으로 안내함으로써 영화제가 공식적으로 막이 올랐다.[49]

전람회장에는 나운규의 〈아리랑 전편〉에서부터 최근의 영화들에 이르기까지 각종 영화 스틸이나 포스터, 그리고 영화 제작에 사용된 각종 도구와 영화 대본 등이 전시되었다. 그리고 전람회장에는 40여 명의 영화인이 배치되어 전람회에 참석한 사람들을 안내했다.[50]

이날 전람회를 찾은 인원은 1천여 명 정도였다고 한다. 마침 영화제가 열린 첫날은 토요일이어서 사람들이 나들이하기에 적당한 날이었던 듯하다. 당대의 인기 여배우 문예봉, 한은진 등이 나와 자신의 브로마이드에 친필 사인을 해주어서 입장객들로부터 열렬한 호응을 받았으며, 한 시골 소학교에서 단체 견학으로 전람회장을 찾기도 했다. 영화제에 지방 학생의 단체 견학이 이루어졌다는 사실은, 대중들에게 영화제가 마치 일제 강점기 내내 조선의 대중에게 전국적 차원으로 유희의 기회를 종종 마련해주었던 박람회와 비슷하게 인식된 듯한 느낌을 준다. 단체 견학이 어떻게 이루어졌는지는 확실치 않지만, 영화제에 대한 짧은 공지 기간을 생각할 때, 조선일보사의 적극적인 후원에 의한 것이 아닐까 생각된다.[51]

첫날 저녁에 열린 조선명화감상회에서는 식민지 조선의 영화계에 끼친 공로로 나운규의 첫 작품 〈아리랑 전편〉과 마지막 작품 〈오몽녀〉가 상영되었고, 영화배우들의 무대 실연 작품 〈막다른 골목〉이 공연되었다.[52] 이날 상영된 작품들은 무성영화 상영회 방식으로 변사가 해설을 곁들였는데, 각각 성동호와 윤화가 변사로 출연했다. 이는 나운규의 전성기가 무성영화 시절이었던 점에 착안한 이벤트성 행사였다고 생각된다. 여하튼 첫날의 상영회는 무대 실연극인 〈막다른 골목〉을 끝으로 밤 10시경에 폐회하였다.[53]

이후 영화제는 큰 무리 없이 진행되었다. 둘째 날인 11월 27일도 순조롭게 진행되었다. 전람회장에서는 조선영화전람회가 계속 진행되었고, 조선명화감상회가 열린 부민관에서는 첫날과 달리 둘째 날에 저녁 6시 30분 외에 낮 12시 30분에도 상영회를 개최하여 주야 2회 상영을 실시하였다. 둘째 날인 11월 27일에는 〈심청전〉과 〈임자 없는 나룻배〉가,[54] 셋째 날인 11월 28일에는 〈인생항로〉와 〈나그네〉가 상영되었다. 이날 역시 〈막다른 골목〉을 끝으로 상영회가 폐회되었다.[55]

애초 영화제는 11월 28일까지로 계획되어 있었다. 그러나 영화제 기간 중 계획이 변경되어 조선영화만 이틀을 연장하여 11월 30일까지 개최하게 되었다.[56] 이는 아마도 세간의 호평과 전람회 준비의 수고를 고려했기 때문이 아닌가 생각된다.

영화제 기간에는 영화제 현장의 이모저모를 알려주는 기사들이 소개되기도 하고,[57] 조선영화전람회나 조선명화감상회 광경을 촬영한 사진들이 게재되기도 했다. 그중에서도 가장 흥미로운 기사는 전람회장을 찾은 입장객의 분위기를 전하는 기사였다.[58] 이 기사는 전람회장을 찾은 입장객들이 흥미로워한 것들에 대해 '불가사의의 필름', '조선영화 계보', '노래하는 기계'라는 세 항목으로 나누어 자세히 보도했다.

'불가사의의 필름'은 국내에 선을 보인 지 얼마 되지 않은 토키(talkie, 발성영화) 시스템에 대한 것이었다. 기껏해야 몇 분 정도 돌아가는 유성기(축음기)만을 체험한 식민지 조선 관객의 입장에서 2시간 넘게 소리를 내는

실연극 〈막다른 골목〉의 공연 장면
(《조선일보》 1938년 11월 27일자)

필름은 신기할 수밖에 없었다. 관객은 안내자의 설명을 들으면서 어느 정도 토키 시스템에 대해 이해를 할 수 있었다. 개중에는 필름을 만져보는 이도 있었는데, 광학적으로 처리된 사운드가 손으로 만져본다고 감각되지는 않았을 것이다.

'조선영화 계보'는 조선영화의 역사에 대한 것이었다. 영화사가 체계적으로 기술되기 전의 상황이었음을 감안하면, 조선영화의 역사를 일별하는 경험은 낯설었을 것이다. 관객의 입장에서는 조선영화 제작 편수나 장르 같은 지식을 얻기는 어려웠다. 그래서 연도별로 진열된 영화 스틸 사진을 보거나 도표화해놓은 설명을 따라가면서 조선 영화계의 역사를 어느 정도 이해할 수 있었다. 개중에는 작품명이나 수치화된 내용을 공책에

옮겨 적는 '학구파들'도 있었다고 한다.

마지막으로 '노래하는 기계'에 대한 것인데, 이는 앞에서 살펴본 두 가지만큼이나 관객의 주목을 받았다. 토키 필름의 실사, 즉 토키를 영사하는 장면을 관객 앞에서 직접 시연해보인 것이다.[59] 이는 마치 1990년대 후반에 디지털로 처리된 영화 파일을 처음 접했을 때의 느낌과 흡사한 인상을 관객들에게 주었을 것으로 생각된다.

조선일보사 주최 영화제는 앞서 살펴본 것처럼 큰 차질 없이 닷새에 걸쳐 진행되었다. 그러나 이처럼 화려한 성과에도 불구하고, 이 영화제는 첫 회를 마지막으로 더 이상 개최되지 않았다. 이는 중일전쟁(1937)의 장기화 조짐이 완연해지면서 사회 전반의 분위기가 경색되어갔다는 점에 그 일차적 원인이 있었다.

영화제가 열린 1938년에는 이미 일본에서 초유의 영화통제법인 영화법 시행이 확실시되었고, 이와 더불어 식민지 조선에서의 영화 통제도 기정사실화되고 있었다. 특히 1939년에는 이런 폐색이 더욱 노골적으로 드러났는데, 이해에 총독부의 공작에 의해 최초의 공식 영화인 단체인 조선영화인협회가 결성되었고, 식민지 조선 내 영화 제작사들과 배급사들에 대한 일원화 움직임도 거세졌다. 덩달아 물자 통제에 따른 생필름 공급 제한 조치에 따라 영화 제작도 부진한 상태였다. 이런 상황은 지속적으로 영화제를 개최하기 어렵게 하는 중요한 요인이었다.

또 한 가지 원인은 영화제를 운영하는 방식 상의 난점이었다. 첫 회는 그동안의 성과를 수렴하는 방식으로 이루어질 수 있었지만, 다음해에도 이와 같은 방식을 취하기는 어려웠다. 매년 수백 편의 영화가 제작되는 미국이나 그보다 덜하지만 꽤 많은 영화가 제작되는 일본이라면 모를까,

불과 손에 꼽을 정도의 작품만 제작되는 식민지 조선에서 영화제를 지속하기 어려울 것이라는 점은 사실상 영화제 첫 회에서부터 모두들 인정하는 바였다. 1938년에 처음이자 마지막으로 열린 조선일보사 주최 영화제는 사반세기가 지난 후인 1963년에 청룡영화상(靑龍映畵賞, The Blue Dragon Awards)으로 공식적으로 부활하게 된다.

비록 일회성 행사이기는 했지만, 조선일보사 주최 영화제는 여러 가지 면에서 높이 평가할 만한 것이었다. 우선 식민지 조선의 영화계가 미약하기는 하지만 과거를 돌아볼 만큼 성장해 있었던 상황에서 이루어져 조선 영화의 성과를 확인하고 새로운 도약을 다짐하는 계기가 되었다. 또 조선일보사 측에서 보자면 일제의 군국주의 정책으로 인해 폐색되어가던 식민지 조선의 대중이 가지고 있던 점증하는 문화 향유 욕구를 어느 정도 해소해줌과 더불어, 자사가 전부터 표방해온 '문화일보(文化日報)'[60]로서의 자부심을 과시할 수 있는 중요한 계기가 되었다. 물론 조선일보사가 사세를 확장하는 한 계기로 영화제를 이용한 측면도 없지 않지만, 이 영화제가 식민지 조선에서 영화계 차원에서 동참하고 협조하여 이루어졌다는 점에서 일개 신문사에만 국한된 사업이라고 하기는 어렵다.

일제 강점 말기에 개최된 조선일보사 주최 영화제는 흔히 세계 3대 영화제 중 하나로 평가받는 베니스영화제(Venezia Film Festival, 1932)보다 늦지만, 칸영화제(Festival de Cannes, 1946)나 베를린영화제(Internationale Filmfest-spiele Berlin, 1951)보다는 일찍 시도된 것이다. 물론 이들 3대 영화제는 국제 영화제이고, 조선일보사 주최 영화제는 국내 영화제라는 점에서 차이가 있기는 하지만 말이다. 여하튼 식민지 조선의 관객 입장에서 보자면 조선일보사에서 주최한 영화제는 그동안 외국영화에 대한 콤플렉스에 시달려온 그들에게, 조선영화도 혹은 자신들도 세계적인 영화문화의 대열에 선 작품이자 코즈모폴리턴임을 자부하는 계기가 되어주었음이 분명하다.

칼럼

치약과 담배 그리고 영화

라이온 치마분(치약) 광고에 붙은 영화 무료 입장권

일제 강점기 초기 영화관들은 각종 상업회사나 언론 매체와 제휴하여 입장료 할인 행사를 벌이곤 했다. 상업회사와의 제휴 행사는 제품의 홍보를 겸한 것이었다. 1913년 4월에는 '라이온 치마분(齒摩粉)' 큰 포장 제품을 구매한 사람을 대상으로 영화를 무료로 상영하는 행사가 실시되었다. 라이온 치마분은 일제 강점기 가장 유명한 치약 상표 중 하나였다. 이 상영회에서는 각종 영화들 사이에 치마분 제조 공장과 판매점의 모습을 담은 영화를 끼워서 상영하였다.[61]

치마분 외에 제휴 행사 제품으로 종종 등장한 것이 담배였는데, 동서연초상회(東西煙草商會)[62]와 광강상회(廣江商會)의 경우가 대표적이다. 이는 성인 남성을 관객으로 유인하려는 노력의 일환으로 볼 수 있다. 1918년 5월에는 유락관에서 블루버드사 영화를 상영하는 제1회 '청조대회(靑鳥大會)'를 삿포로 맥주 후원으로 치르면서 우대권 지참자에게 입장료를 반액으로 할인해주었다. 이 상영회의 경우 제품에 대한 직접적 광고는 하지 않고, 다만 반액 할인 후원을 삿포로 맥주가 제공했다는 점을 홍보하고 있다는 점이 특징적이다.[63] 또한 황금관의 경우 1917년에 신축 2주년 기념으로 입장객을 대상으로 전차 삯을 할인해주기도 했다.[64]

각종 상업회사뿐만 아니라, 《경성일보》나 《매일신보》 같은 일간지와 제휴하여 입장료를 할인해주는 행사를 벌이기도 했다. 1912년에 《매일신보》 대구지국은 《매일신보》 독자를 위해 대구구락부(大邱俱樂部)라는 영화관과 제휴하여 입장료 반액권을 기증한다고 발표했다.⁶⁶ 이처럼 지방 신문지국을 중심으로 신문 독자를 대상으로 펼치는 우대 행사는 이후 일제 강점기 내내 지속되었다.

에필로그

| 채플린, 스턴버그,
| 조선에 오다?!

　일제 강점기에 영화는 그에 열광하는 아동이나 청소년, 즉 영화 마니아들에 의해 하나의 유력한 담론으로 부상하였다. 그들은 영화를 향유함으로써 근대 역시 향유할 수 있으리라는 환상을 가지고 있었다. 즉 그들에게 근대와 영화는 동격으로 이해되었던 것이다. 이와 같은 환상은 식민지적 상황과 무관하게 지속되었다. 1934년대 중반에 외국영화의 상영 쿼터가 4분의 3으로 제한된 상황에서도, 국내 극장에 걸리는 영화의 50퍼센트를 상회하는 숫자가 할리우드영화로 채워지고 있었다.[1] 이런 현상은 일차적으로 영화의 주요 공급지가 할리우드였다는 사실에서 기인하는 바가 크지만, 식민지 대중의 감각 구조나 기대 지평이 미국식 자본주의에 지속적으로 정향되었다는 사실도 무시하지 못할 것이다.

　이러한 사정을 염두에 둘 때, 식민지 조선에서 영화 담론의 중심부를 할리우드가 점령한 것은 매우 당연한 일이었다. 1920년대 이후 할리우드영화가 국내에 본격적으로 유입되어 수입 외국영화 점유율이 높아진 현상을 대중의 취향 차원에서 분석할 수도 있지만, 무엇보다 궁극적인 요인은 대중의 취향을 이윤 창출과 교묘하게 결합시키려 한 할리우드 영화산업의 합리화 정책에 있다고 할 것이다. 할리우드는 1920년대 이후 자국 시장만으로는 수지 타산을 맞출 수 없게 되자 수출에서 활로를 찾고자 하였는데, 그러한 목표에 따라 수출 지역의 대중 취향을 고려한다거나 국제적으로 인정받는 스타들을 주연으로 발탁하는 등의 조치를 취했다. 특히 이와 같은 정책이 미 행정부로부터 지원을 받아 이루어졌다는 점에서 1920년대 할리우드영화의 세계 점령 현상은 매우 조직적인 노력의 결과라 할 수 있다.[2]

세계 영화의 심장부 할리우드를 아는 것은 곧 영화를 아는 것이었다. 그리하여 식민지 조선의 청년들은 할리우드와 관련된 가십을 챙기거나 배우의 생활을 탐문하는 것을 자랑으로 여겼다. 그들은 자신의 정보와 지식을 자랑하는 데서 나아가, 영화에서 본 것을 일상생활에서 실천하는 문화 주체로서의 지위를 확보해나갔다. 영화 속의 사랑이나 로맨스를 현실의 연애나 결혼의 모델로 삼아 실천하기도 하였다. 그리고 상품을 구매할 때 흥행 영화에서 보여준 배우들의 스타일을 따르기도 하였다.[3]

또 사람을 평가할 때 영화배우의 이미지를 기준으로 하기도 했다. 앞서 살펴본 고바야시 다키지의 소설 중에 〈1928. 3. 15〉라는 작품이 있다. 이 작품은 1928년 3월 15일에 일어난 공산당 검거 사건을 소재로 한 작품으로 홋카이도(北海道) 공산주의자들이 검거되어 감옥에서 생활하는 내용이 주를 이루는데, 검거, 투옥, 고문이라는 극한 상황에 처한 공산주의자들의 다양한 모습을 조명하고 있는 이 작품에 특이한 장면이 하나 있다.

이시다(石田)는, 사이토 와타리(齋藤渡)와 변소에서 만났다. 말을 교환하는 것은 불가능했지만, 다부지고 안정되고, 언제나 강철처럼 단단한, 견고한 그의 표정을 보았다.

"이봐, 뱅크로프트라고 아나?" 이시다가 사이토에게 물었다.

"뱅크로프트? 몰라. 공산주의잔가?"

"활동사진 배우야."

"그런, 사치스러운 걸 기억하고 있나."

이시다가 와타리와 만났을 때, 문득 〈암흑가〉라는 활동사진에서 본, 대도둑으로 분한 뱅크로프트가 생각났다. '와타리와 뱅크로프트', 그것이 이상할 정도로, 꼭 하나로 이시다의 머리에 늘어붙었다.[4]

이시다는 굳건한 정신과 육체를 가진 사이토 와타리와 변소에서 마주치는 상황에서 그를 처음 만났을 때 느낀 인상을 이처럼 표현했다. 그런데 재미있는 것은 사이토의 인상을 영화배우의 이미지로 표현하고 있다는 점이다. 이시다는 사이토의 이미지를 표현하기 위해서 조셉 폰 스턴버그의 1927년작 〈암흑가〉의 주연 배우 조지 뱅크로프트를 언급하고 있다. 이 장면이 등장하기 전까지 사이토라는 인물의 이미지가 뚜렷하게 부각되지 않다가 이 장면에 와서야 독자는 사이토의 이미지를 좀 더 입체적으로 이해할 수 있게 된다. 물론 이는 일본의 경우이지만, 일제 강점기 대중들도 친구나 주변 사람을 볼 때 영화 속의 등장인물이나 영화배우의 이미지에 기대어 판단하거나 묘사했을 것이다. 영화배우 누군가와 닮았다는 말을 듣게 되면 요즘은 호불호가 어느 정도 나눠지지만, 일제 강점기에는 대체로 좋아하지 않았을까.

이처럼 영화가 대중의 일상생활을 구조화하는 하나의 모델로 자리 잡음으로써, 영화는 서구의 모더니티(modernity)를 식민지 조선에서 체험할 수 있게 하는 중요한 매개체 구실을 하였다. 일간지나 잡지에서 영화배우의 연애나 생활상을 소개하는 기사를 풍부하게 실은 것도 기실은 이와 같은 풍조에서 기인한 바 크다 할 것이다.

식민지 언론매체 일반의 현상이기는 하지만 일제 강점기에 할리우드 스타의 출세 성공담이나 연애담은 가장 큰 관심거리였다. 특히 할리우드 스타가 어려운 환경에서 성공하기까지의 과정은 대중의 비상한 관심거리였다. 〈비참한 생애가 스타를 출산〉(《매일신보》 1927년 5월 6일자)이나 〈기이한 운명, 스타의 출세담〉(《매일신보》 1927년 5월 7일자) 같은 기사들이 그러한 사실을 잘 보여준다. 스타는 항상 불행한 성장 과정을 겪으면서 자신의 출신 성분을 박차고 나섰을 때 대중들에게 의미가 있다.

이러한 스타의 성공담이 대중이 꿈꾸는 행복의 대리 만족적 표상으로 작용하면서, 대중은 그들을 하나의 거울로 삼게 된다. 식민지라는 상황적 조건을 안고 있는 식민지 조선의 대중에게 할리우드 스타의 출세담, 성공담은 더욱 각별한 의미를 가진다. 식민지 조건 하에서 살아가는 대중에게 할리우드영화가 주는 웃음과 눈물, 그리고 따뜻한 인정의 세계는 자신의 불행을 상쇄해주는 위안물 구실을 했기 때문이다.

마찬가지로 일제 강점기에 가장 큰 인기를 구가한 배우들이 대부분 희극배우였다는 사실은 시사하는 바가 크다. 헤럴드 로이드, 버스터 키튼, 찰리 채플린 등 무성영화 시절의 희극배우들에게서 대중은 자기 삶을 위안할 수 있는 큰 힘을 얻었다. 특히 이 중에서도 찰리 채플린에 대한 대중의 관심은 지대한 것이었다. 1920년대 일간지를 훑어보면 채플린이 식민

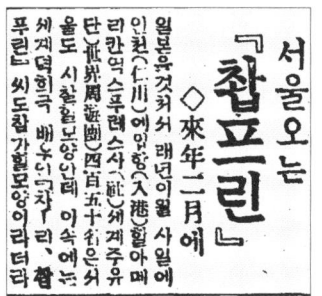

채플린의 방문 소식을 전하는 기사(《조선일보》 1928년 12월 13일자)

지 대중에게 가장 큰 관심을 받은 영화배우였음을 알 수 있다. 1920년대 초반에 나온 기사는 채플린의 애정 편력과 관련된 기사가 주를 이루지만, 1920년대 후반에 들어서면 채플린이 식민지 조선을 방문할 것이라는 소문의 진상을 캐는 식의 기사가 다수를 차지한다. 유명한 영화감독이나 배우가 어떤 나라를 방문한다는 것은 그 나름의 상업적 전략과 관계된 것이다. 그러나 다른 한편으로 보면, 그것은 방문한 나라의 문화적 위상을 가늠하는 기준이 될 수도 있다. 특히 이제 갓 서구의 문물을 자기 것으로 소화하기 시작한 1920년대 중반에 세계적인 배우가 식민지 조선을 방문한다는 사실은 대단한 일이 아닐 수 없다. 그것은 세계적이고 동시대적인 것을 바로 눈앞에서 직접적으로 체험할 수 있는 미증유의 일이기 때문이다.

세계적이고 동시대적인 것을 일상적으로 접하는 현대적 감각으로는, 1920년대 채플린의 내조(來朝) 소식을 둘러싼 기대의 열도를 온전히 체감하기 힘들 것이다. 그 열도는 역설적으로 말하자면 식민지 조선의 후진성을 말해주는 것일지도 모른다. 채플린의 내조야말로 식민지 조선의 후진성을 단숨에 극복할 수 있는 절호의 기회라고 여겨졌기 때문이다.

수년간 소문만 무성하던 채플린의 내조는 결국 무산된 것으로 보인다. 정작 세계적인 명감독의 내조는 1936년에 〈푸른 천사〉, 〈모로코〉를 감독한 조셉 폰 스턴버그에 의해 이루어졌다.

당시로서 어마어마한 규모인 100여 명의 취재진이 그의 내조 현장을

스턴버그가 문예봉 등 환영 나온 조선의 영화계 인사들과 찍은 사진. 한글 서명도 보인다. (《조선일보》 1936년 9월 4일자)

취재하고 각종 언론매체에서 그 소식을 대서특필한 것을 보면, 스턴버그의 내조는 식민지 조선 사회에서 엄청난 사건이었음이 분명하다. 스턴버그는 조선극장에서 홍개명이 감독하고 당대 최고 여배우 문예봉이 출연한 영화 〈장화홍련전〉(1936)을 관람한 후, 국내 만찬 석상에서 영화에 대해 호평하여 참석한 영화 관계자들뿐만 아니라 그 소식을 접한 조선인들로 하여금 문화적 자긍심을 느끼게 하였다. 그러나 귀국한 후 조선영화를 혹평함으로써 문화적 후진성에 대한 콤플렉스에 치명적인 상처를 주기도 하였다.[5]

채플린이나 스턴버그를 둘러싼 이러한 소동은 식민지적 조건 하에서 문화적 열도를 자기 증명하는 사건으로서, 식민지 사회에서 문화적 정체성을 형성하는 데 중요한 의미를 가진 것이다.

그러나 모더니티 수용의 중요한 매개체 역할을 한 외국영화를 조선인들은 그들의 욕망만큼 빠르고 정확하게 볼 수 없었다. 식민지 조선인이 본 영화들은 서구에서 개봉된 후 일본을 거쳐 중개된 것이었고, 그것마저

도 상태가 좋지 않아서 배우들의 얼굴이 희미하고 필름이 삭아 군데군데 조각난 것이기 일쑤였다.[6] 이는 문화 체험에서마저 식민지적 취약성을 재확인하게 하는 경험이었다.

| **서구에 대한
식민지 대중의 콤플렉스**   식민지 문화는 자기 완결성을 갖춘 폐쇄형 문화로 자족할 수 없으며, 끊임없이 선진적 타자의 문화를 수용하면서 자기 갱신을 모색할 수밖에 없다. 그러한 과정을 거치면서 식민지적 조건이 부과하는 후진성의 테두리를 벗어날 수 있는 것이다. 식민지 언론매체는 이와 같은 작업이 필요함을 은연중에 지속적으로 유포하여 대중의 기대 수준을 높여나갔다.

> 교실에서 영화를 관람케 하여 아동으로 하여금 기뻐하는 동안에 교도법(敎導法)이 단순화를 계획하여 좋은 성적을 얻게 되었다. 그런데 이 교육영화는 대개 소학교와 중학교의 교사가 각색한 것이 많고 혹은 교과서와 그 내용이 같아 동일한 영화가 되었으므로, 그 유효한 점으로 보아서 미국에서는 불원간에 소학교와 중학교 교수법으로 실행하게 되리라 한다. 그뿐만이 아니라 가장 보수적이라는 영국에서도 영화에 의한 교육이 매우 진보되었고……[7]

위 기사는 교실에 영사기를 설치하여 학교 교육에 활용할 계획이라는 서구의 소식을 전하고 있다. 영화관에 가야만 영화를 관람할 수 있었던 식민지 대중에게 이러한 소식이 얼마나 놀라운 소식일지는 가히 짐작하고 남음이 있다. 물론 학교에서 상영할 영화는 아동의 교육을 목적으로 한 교육영화여야 한다는 제한 사항이 있지만, 식민지 대중에게 영화는 영화일 뿐, 현재 우리가 보듯 장르로 정착된 것이 아니었다. 따라서 교육영화도 영화일 뿐, 아동의 교육을 목적으로 한 영화라는 세부 제한은 중요한 것이 아니었다.

이러한 기사를 접한 식민지 대중은 조선과 조선보다 앞서 있다고 믿었던 일본의 물적 빈약성을 새삼 절감했을 것이다. 적어도 영화라는 '하이칼라' 문화와 관련해서 볼 때, 일본은 식민 본국으로서의 문화적 우위를 자신할 수 없는 상황이었고, 식민지 조선과 일본은 모두 할리우드 앞에서는 초라할 수밖에 없는 후진국일 수밖에 없었기 때문이다. 특히 미국과 정치적 관계가 변함에 따라 할리우드영화의 수입이나 상영을 금지하는 일본의 태도는 일본이 가진 후진국으로서의 콤플렉스를 드러낸다.

> 일본이 미국의 배척하는 형세는 날로 고조되어 최근에 이르러서는 전국에서 각종 물품을 배척하는 동시에 일반 화객(華客, 일본 손님)의 환심을 사고자 부심하는 민첩한 상인들은 벌써부터 간판의 '미국'이라는 글발을 삭제하며 혹은 미국품을 팔지 않는다는 광고를 널리 하여 자연히 배미(排美) 기분이 농후하여 가는 터인바, 경성 활동사진 상설관에서는 내지 각 지방에서 미국 필름을 배척하는 영향을 받아 관객들도 미국사진을 좋아하지 않는 경향이 있으므로, 대정관에서는 솔선하여 불일간 미국영화를 중지하고 시대물(時代物)로써 보충하고자 계획한다 하며, 또한 동업자 중앙관에서 이에 공명하여 미국사진 대신에 목야(牧野, 일본 시대극 영화의 원조인 마키노 쇼조)의 독특한 시대극으로써 보충하고자 계획 중이라는데, 대

정관에서는 벌써부터 문 앞을 장식하고 있는 만국기에서 미국기를 떼어 버렸더라.[8]

1940년대 초반 일본에서 할리우드영화의 상영을 금지시킨 것처럼, 1920년대 중반에도 미국과 관계가 악화되자 일본 내에서 할리우드영화를 배척하는 분위기가 일어났었다. 이 기사는 이러한 분위기가 식민지 조선에까지 침투하여 대정관, 중앙관 등지에서 할리우드영화를 상영하지 않고 일본의 시대극을 대신 상영할 계획이라는 소식을 전하고 있다. 물론 대정관이나 중앙관은 경성 거주 내지인(內地人, 일본인)들을 상대로 한 영화관이므로 일본 본토의 분위기를 반영하는 것은 당연하며, 이러한 소식을 유독 조선총독부 기관지인 《매일신보》에서 보도한 것도 자연스러운 일이다. 정작 이 소식을 접한 식민지 조선의 대중은 영화가 단순한 오락물이 아니라 국제 관계와도 무관하지 않음을 짐작했을 것이다. 영화는 일본에게는 최첨단 국가인 미국의 모더니티를 수용할 수 있는 유력한 매개체이면서, 동시에 국제 역학 관계에 따라 가장 먼저 고리를 끊어야 할 위험한 물건이었다.

각종 제도나 담론처럼 영화 역시 일본은 모더니티의 임시 중개소에 지나지 않음을 위의 기사는 은연 중 보여주고 있다. 앞에서 살펴본 것처럼 영화를 지망하는 '견지동 청년'이 영화의 세계를 지망하고 나섰을 때, 그를 매혹시킨 것은 조선영화나 일본영화가 아니라 거대한 규모를 자랑하는 할리우드영화, 좀 더 폭 넓게 지칭한다면 외국영화였다. 외국영화의 규모는 곧 식민지 대중이 모더니티에 대해 갖는 환상의 규모에 다름 아니었다.

영화의 전성시대를 현출(顯出, 드러냄)하고 있는 할리우드영화제작배급업자협회(MPPDA) 총재인 윌 헤이스 씨는 미국 영화계에 대하여 아래와 같은 놀랄 만한 조사를 발표하였다. 즉 현재 미국에 있어서 영화에 종사하여 그것으로 사는 사람의 수효는 무려 32만 5천 인의 다수에 달하여, 1개년에 제작이 되는 영화 수는 평균 1천 본에 달하여, 그것이 다시 전 미국에 있는 2만 1천6백의 영화극장에 배급된 후 거기서 다시 1억만 인의 관객을 흡수한다고 말하고, 또 헤이스 씨는 이와 같은 놀랄 만한 숫자는 영화라는 것이 얼마나 사업으로서 가치가 있고 또 관중에게 있어 좋은 오락이 되며 그리고 종합예술로서 얼마나 위대한 것인가를 증명하는 것이라고 부언을 하였다 한다.9

위의 기사는 미국 발 기사를 도쿄에서 받아서 재수록한 것으로 보인다. 이미 도쿄 발 기사에서 본 것처럼 위의 기사 역시 통계 조사 수치를 내보이고 있다. 〈영화로 사는 사람 물경(勿驚) 삼십이만 인, 일주간의 관객 무려 일억〉이라는 이 기사의 제목은 '견지동 청년' 같은 식민지 대중을 놀라게 하기에 충분했을 것이다. 또 한 해 제작 편수와 극장 수 역시 초라한 식민지 조선의 규모로 봐서는 충격적이기 그지없다. 이런 수치를 내놓은 할리우드영화제작배급업자협회 총재는 이러한 수치를 영화의 사업적 가능성, 종합예술로서의 위대성을 증명하는 근거로 내세우고 있을 뿐이다. 그의 말에는 자만심이나 과시의 흔적을 그다지 찾아볼 수 없다. 그럼에도 식민지 조선의 관객에게 할리우드의 규모는 스스로의 문화적 후진성을 절감케 하고, 식민지적 자의식을 느끼게 하기에 충분한 것이었다. 영화에 대한 식민지적 자의식은 일제 강점기 이후 1990년대 중반까지 지속되었다. 1990년대 중반 이후 한국영화는 할리우드영화와 차별화를 통해 경쟁력을 확보하는 '한국형 블록버스터' 전략을 추구하여, 기술적 측면에서 할리우드영화에 근접하면서도 스토리 측면에서 우리의 정서와 현실에 맞는 영화 제작에 전력투구하였다. 이에 힘입어 한국영화에 대한 국내 관객의 기대 수준과 자부심은 비약적으로 상승하였다. 물론 '한국형 블록버스터' 전략은 얼마 가지 못해 그 한계를 드러냈지만, 그동안 우리가 가지고 있던 식민지적 자의식을 적지 않게 불식시켰다는 점에서 그 의의를 높이 평가할 수 있다.

이처럼 식민지 대중에게 할리우드영화는 남다른 의미를 갖는 문화적 구성물로서 자리매김되었다. 할리우드영화는 서구적 근대화와 관련된 이상과 환상, 욕망의 구심체로서 식민지 대중을 자극하였다. 그러나 식민지적 일상은 서구적 근대화의 욕망을 좌절시키는 갖가지 한계를 노정함으로써 식민지 대중으로 하여금 서구적 환상에 더욱 깊이 빠져들도록 하였다. 이처럼 할리우드영화는 식민지 대중으로 하여금 식민지적 한계 상황과 서구적 근대화라는 욕망 사이에서 끊임없이 자기 분열을 일으키게 하는 기제로 작용하였다.[10]

식민지 영화검열정책

무성영화에서 발성영화로 변화하면서 관객의 영화관 체험에 변화를 준 사건은, 1930년대 이후 식민지 말기까지 지속적으로 추진된 영화통제정책이다. 1934년 8월에 개정된 취체규칙에는 외국영화 상영 제한 조치가 포함되어 있었다. 이 조치는 시차를 두고 결국 영화관의 전체 상영 시간 중 2분의 1까지만으로 외국영화의 상영 시간을 축소하는 것이었다.[11] 그리고 1940년에는 '조선영화령(朝鮮映畵令)'이 공포되어 영화의 전시동원체제 틀이 완성되었다.

만주사변 이후 전시동원체제로 식민지 질서를 재편하는 일환으로 추진된 영화 통제는 영화의 생산, 유통, 소비 등 전면적인 변화를 유도하였다. 이로 인해 관객의 영화관 체험에도 특정한 방향성을 가진 변화가 일어나게 되었다. 발성영화의 도입으로 인해 근대적 변화가 사회 저변에 확산되면서 관객의 욕망도 자연스럽게 질적으로 상승했지만, 식민지적 상황으로 인한 영화문화의 인위적인 재편은 그러한 욕망을 제한하는 특수한 상황으로 전개되었다. 영화의 생산이 조선영화에만 한정되는 것이어서 애초 외국영화에 편중되어 있던 식민지 관객에게 큰 의미가 없었다면, 영화의 소비에서 큰 비중을 차지하는 외국영화의 수입에 대한 통제와 이와 더불어 영화관에 가해진 일련의 통제조치는 영화 관람 환경에 큰 영향을 미쳤다.

1930년대 영화통제정책 중 하나로 취해진 외국영화의 수입 제한 조치는, 전시체제로 재편되는 과정에서 물자절약정책의 일환으로 기획된 것이다. 만주사변 이후 일본은 미국과의 협조주의 노선을 탈피하여 서구 열강에 대한 도전 의지를 뚜렷이 내보였는데, 열강의 이권이 집중되어 있는 중국과의 전쟁은 서구 열강과의 전면적 대결을 예비하는 것으로, 이후 일본은 미국을 포함한 서구 열강과 대결하기 위해 반서구 이데올로기를 전파하는 데 집중하였다.[12]

이런 정책을 추진하게 된 배경에는 외국영화의 수입을 제한함으로써 국산영화 제작산업을 보호하겠다는 의지도 개입되어 있었다. 여하튼 내핍생활을 강조하여 식민지 대중에게 군국주의 정신을 고취시키는 것을 주목적으로 한 이러한 통제정책은, 사상과 문화를 통제하여 정신적 단련을 의도한 측면이 오히려 컸던 것으로 보인다.

초기에는 수입을 제한하는 조치가 국적을 불문하고 이뤄지다가 이후에는 할리우드영화 중심으로 이루어졌다. 영화관을 찾던 관객 상당수가 할리우드영화 팬이었다는 사정을 감안하면, 할리우드영화의 수입을 통제한 것은 대중의 감상 폭을 의도적으로 제한한다는 측면에서 욕망의 파시즘적 통제라고 할 수 있다.

이러한 조치는 비단 관객뿐만 아니라 영리를 추구하는 영화관 측에서도 중대한 문제였다. 영화관 흥행과 관련해서 상영 아이템의 제한과 1회 3시간 상영제,[13] 중일전쟁 기념일의 휴관, 일일 상영 횟수 제한[14] 등과 같은 통제정책을 실시하였기 때문이다.

> 오늘—즉 7월 7일의 사변기념일에 있어서는 지금까지의 다른 기념일과 방침을 달리하여 시내의 각 극장은 개관하기로 결정하였다. 지금까지의 다른 기념일에 있어서는 자숙의 의미에서 시내 각 상설관이나 극장은 전부 문을 닫고 휴업해오던 것이었으나, 그러나 의연히 내지의 상설관만은 기민하게도 특별 '프로'를 편성해서 뜻 있는 흥행을 역시 계속적으로 해 내려오던 것이었다. 그런데 특히 이번 7일은 일요일이고 게다가 회사에서도 노는 데가 많은 관계상, 더욱더 뜻 깊이 일반 부민의 머릿속에도 성전의 의의를 철저히 인식시켜주기 위하여 사변과 인연 있는 문화영화를 '프로'의 첫머리로 정하는 동시에, 영화를 일절 상영하지 않을 것과 관내의 모든 행사를 초하루의 애국일과 같이 실행할 것을 조건으로 시내의 각 관은 흥행하기로 하였으므로…….[15]

이와 같은 통제정책들은 그 전까지는 비교적 자율적인 방식으로 운영해오던 영화관 경영에 타격을 주었다. 상영 아이템의 제한은 상품의 다양화를 통해서 이윤을 추구해야 하는 영화관 입장에서는 큰 고통이 아닐 수 없었다. 그리하여 한 번 개봉한 영화를 겉포장만 바꿔서 다시 상영하는 일도 적지 않았다. 이처럼 외국영화 수입 제한으로 유행하던 제목 바꾸기에 관한 기사가 신문에 종종 실렸다.

> [동경동맹(당시 일본의 통신사)] 양화계(洋畵界)에서는 최근 제목 고치기가 대유행이다. 동화상사 제공 〈트럼프 이야기〉는 최초의 제명 〈여섯 얼굴을 가진 남자〉로부터 〈협잡꾼 이야기〉, 〈즐겁도다 인생〉에서 삼전하여 〈트럼프 이야기〉로 되었으니 이처럼 굉장한 개제 기록도 없겠지만, 워너 영화 〈전형신사 독본〉이 〈뛰어드는 색시〉로, 〈영도만화곡〉이 〈성림호텔〉로, 컬럼비아 영화 〈그이와 그 여자의 포물점〉이 〈마님은 거짓말쟁이〉로, 〈연애모드 합전〉이 〈부부 원만 철학〉으로, 유니버설 영화 〈살아 있는 인형〉이 〈기념품〉으로 이루 헤아릴 수가 없다. 아마도 양화가 이전보다 덜 들어오는 까닭에 이름만이라도 갈아서 보충하려는 것인가 보다.[16]

그러나 이와 같은 통제정책이 일관되고 전면적으로 시행된 것으로 보이지는 않는다. 외국영화 수입통제정책만 하더라도, 단속적이고 제한적이긴 하지만 할리우드영화들이 1940년대 초반까지 상영된 것으로 보이기 때문이다.

외국영화 수입통제정책에 대한 당대의 반응은 대체로 식민지 영화 당국의 정책에 동조적이었다고 할 수 있다. 할리우드영화의 유독성이라는 관점에서 제기된 당대 담론들에 할리우드영화에 내포된 개인주의와 향락주의에 대한 불편한 심기가 드러나지만, 다른 한편에는 할리우드영화의 수준에 미치지 못하는 일본영화나 조선영화의 수준에 대한 불만 심리도 엿보인다.

> 어쨌든 간에 미국이 저희 나라에서 벌고 이 땅에까지 손을 뻗어 잔돈을 긁어가니, 영화 수입 금지도 할 만하다. 그러나 생각하고 보면 수입 금지를 한 것은 관청임에 틀림없으나, 그 원인은 국산영화 제작자들이 도무지 틀린 까닭으로 웬만큼만 하다면야 '메이드인 재팬'의 마크를 달고 당당히 출범을 하여서 영화 친선의 사절을 교환할 것인데, 보면 하품이 나는 사진을 박아내니까 외국영화를 사들이게 되고 외국영화를 사들이니까 잔돈이 큰돈이 되어 수출되고 그러니까 금지령이 내린 것이다.
> 요전에 영화광이라 할 만한 친구를 만났더니, 그가 말하기를 "어어, 좀 주머니에 잔돈이 남게 되었군" 한다. 무슨 말인가 하였더니, 외국영화 금지령 때문에 사진 구경을 덜 가게 되었으니까 잔돈이 남는다는 뜻이다.[17]

위의 글에서 할리우드영화에 대해 수입통제정책이 시행된 원인을 할리우드영화의 내용적 측면에서 찾기보다 자국의 허약한 영화 제작 시스템이라는 측면에서 찾고 있는 점이 특징적이다. 할리우드영화와의 경쟁력을 갖추지 못한 영화만을 양산하다 보니 자연히 대중이 국산영화(조선영화와 일본영화)를 외면하고, 할리우드영화의 수입이 증가하게 되었다는 것이다. 수입통제정책을 실시해도 대중이 조선영화를 상대적으로 많이 찾게 되지 않았음을 이 글의 필자는 냉소하고 있다.

위의 글이 할리우드영화가 내
포한 이데올로기에 대한 비판을
보여준다면, 아래의 글에서는 할
리우드영화 수입 통제의 영화산
업적 맥락을 드러내고 있다.

그러면 본질적으로 그들의 성향
에 적합한 영화란 것이 미국에만
있는 것이 아니라 다른 나라에도
있지마는, 해독이란 논제가 하필
미국영화에만 관여하느냐 하는

1934년 8월에 실시된 영화통제령의 내용을 소개하는 기사《조선일보》1934년 8월 16일자)

것이 나의 먼저 말하고자 하는 바이다.
여기에는 두 가지 이유가 있다고 생각한다. 하나는 미국의 대량적 영화
생산이 배급 방향으로 보아 아국(我國)의 흥행계에 절대 큰 세력을 가졌더
라는 형식적 방면이 있고, 또 하나는 미국영화의 대다수가 그 의도 방면
으로 보아서 향락적 유흥 심리를 조성한다는 내용 방면이라고 하겠다.[18]

위의 글은 할리우드영화 수입통제정책이 의도한 두 가지 방향성을 잘
보여주고 있다. 첫째는 식민지 조선 내 영화시장에서 할리우드영화가 차
지하는 비중을 줄임으로써 일본의 영화산업을 보호하고자 함이며, 둘째
는 할리우드영화가 조장하는 향락적 생활 풍토를 일소하여 대중에게 전
시동원체제에 맞는 정신적 기풍을 함양하고자 함이다. 특히 두 번째 방향
성은 '대동아전쟁(大東亞戰爭)'을 준비하고 있던 일본으로서 식민지 대중이

할리우드영화를 통해 체험한 서구식 자유주의와 개인주의 문화를 차단하고 '성전수행(聖戰遂行)'에 필요한 '멸사봉공(滅私奉公)'과 '황도사상(皇道思想)'의 정신을 앙양하는 데 그 중요성이 있었다고 할 수 있다.

이러한 사정을 미루어보아 전시체제 하에서 관객이 좋아하던 할리우드 영화를 접할 기회가 줄어들고 상대적으로 전에 비해 영화관을 덜 가게 된 사람도 없지 않겠지만, 전시체제가 지속될수록 관객의 숫자는 오히려 증가한 사실에 주목할 필요가 있다.

당대의 관객이 영화관에서 볼 수 있는 영화는 그들의 구미에 맞는 영화이기보다 전시체제 이데올로기에 부응하는 영화였을 가능성이 많음에도, 관객 숫자가 증가한 것은 암울한 전시체제로부터 도피하려는 욕구에 기인한 것이라고 추측할 수 있다.

그러나 영화관이 더 이상 전적으로 오락이나 향락을 즐기기 위한 공간이 아니라 당국의 이데올로기와 관객의 향락 심리가 기묘하게 착종된 모순적 공간으로 변화되어갔다는 측면에서, 영화 통제 시대는 한 축에서는 서구적인 근대와 개인주의에 좀 더 다가가려는 대중과 다른 한 축에서는 동양적인 반근대와 전체주의가 길항하는 위기의 정점에 놓여 있는 시기였다.

수용자의 시선으로 본 일제 강점기 영화

대중문화에 대한 논의는 1990년대 이래로 지속되고 있다. 그럼에도 일제 강점기의 대중문화에 대한 논의는 여전히 불충분하다. 고급문화의 대표자 역할을 해온 문학계에서 그동안 폄하해온 대중문학의 위상을 재평가하려는 움직임이 일어났고, 라디오나 유성기 음반에 대한 연구도 진지하게 시도되고 있다.

이와 같은 흐름은 그동안 정치, 이데올로기, 엘리트라는 거대 영역에 가려져 부당하게 배제된 일상, 경험, 대중의 의미에 대한 진지한 관심의 결과물이라고 할 수 있다. 물론 일상생활에 대한 지나치게 미시적인 접근은, 그동안 우리가 견지해온 거시적 접근 이상의 편향을 노출할 수도 있다. 일제 강점기 일상생활에 대한 미시적 접근은 식민지체제라는 전체적인 틀의 규정력에서 결코 자유로울 수 없기 때문이다. 다만 우리에게 필요한 것은 과거처럼 정권에 의해 일방적으로 강요된 민족주의의 색안경만큼은 과감하게 내던져야 한다는 것이다.

기존의 영화 연구는 영화학자의 전유물로만 여겨져 오다가, 최근 들어서 인문학자들이 영화 연구에 참여하고 있다. 이는 영화가 그만큼 다채로운 담론을 생산해낼 만한 영역이라는 점을 반증하는 것이다. 최근 들어서는 주로 일제 강점 말기의 영화계에 연구가 집중되는 양상을 보이고 있다. 주로 전시체제로 재편되면서 영화 통제가 가해지던 시점에서 생산된 일련의 영화들, 그리고 일제 강점기 영화계에 풍미한 담론들, 그리고 그것들을 추동한 영화에 대한 통제정책들 사이의 관계가 활발히 논의되고 있다. 그러나 이러한 연구들은 일제 강점기 영화 연구의 중요한 영역이기는 하지만, 전부라고 하기는 어려울 것이다. 영화는 제작 못지않게 유통과 수용 역시 중요한 탐구 대상이기 때문이다. 물론 기존 연구자들도 이와 같은 문제의식이 없었던 것은 아닐 것이다. 다만 그러한 연구를 수행할 방법이나 절차상의 난점으로 인해 쉽게 추진할 수 없었다고 할 수 있다.

이 책에서 20세기 초반 대중문화의 총화로 군림한 영화가 식민지의 조선 대중을 어떤 방식으로 대중문화의 수용자이자 주체로 형성시켰는지를 중점적으로 탐색했다. 여러 모로 볼 때 식민지 조선의 대중문화는 문화적 연령대로 따져볼 때 아동기나 청년기의 단계를 보여주고 있다. 이는 그때 이미 성숙기에 도달한 미국의 대중문화와 견주어볼 때 엄청난 격차를 가진 것이었다.

미국을 비롯한 서구에서 영화는 1900년대부터 노동자 계급을 중심으로 대중적인 오락거리로 부상하여 제작과 유통, 상영이 활발해지는 추세를 보였다. 미국의 경우 1910년대 초반에 이르면 대도시를 비롯한 중소 도시에서 영화가 20세기의 오락으로서 확고한 자리를 얻게 된다. 비록 1천 피트 정도의 단편영화들이 주류를 이루기는 했지만, 한 해에도 수많은 영화들이 제작되었다. 그리고 전국 곳곳에는 규모나 설비 면에서 차이가 있지만, 수만 개의 영화관들이 매일 밤 관객을 불러모으고 있었다. 그리고 영화 제작업자와 상영업자 사이에서 영화의 매개를 책임진 유통업자들이 활발하게 움직이고 있었다. 또한 스타라고 불리는 배우들이 대중의 인기를 한 몸에 받기도 하고, 영화 관객들 사이에서 팬 문화라고 할 만한 양상들이 드러나기도 했다.

식민지 조선에서 이 모든 것들과 '간신히' 비등한 모습을 보이게 되는 것은 1930년대 중반경이다. 식민지적 후진성의 이점이 선진국이 그 위치에 도달하느라 걸린 시간보다 훨씬 앞당길 수 있는 데 있는 것처럼, 식민지 조선의 대중문화는 가속도를 내며 미국의 대중문화를 따라잡아 나갔다. 그러나 일제 강점기 영화 수용자를 둘러싼 구체적인 양상은 쉽게 눈에 띠지 않는다.

영화는 식민지 대중에게 무엇보다 매력 있는 오락으로 자리하고 있었다. 그러나 일제 강점기에 영화가 어떤 방식으로 수용되었는지에 대해서 지금껏 별 다른 주목을 받지 못한 것이 사실이다. 이 책에서는 이러한 문제의식에서 일제 강점기 영화 수용자의 모습을 입체적으로 조명하기 위해 대중이 영화에 대해 보인 각종 반응들, 이들이 일상적으로 체험한 새로운 공간인 영화관의 모습과 운영 방식, 그리고 각광받는 신흥 오락산업으로서 영화업에 종사한 영화관업자, 영화 배급업자의 각종 활동, 또 이들과 제휴하면서 때로는 독자적인 사업을 펼쳐나간 신문업계의 활동 등을 살펴보았다.

어떤 분야도 비슷하겠지만, 예술을 대중이 어떻게 수용하는가를 따지는 연구에서 수용자를 둘러싼 다양한 사람들이나 제도에 대한 검토는 필수적이다. 따라서 일제 강점기 영화 수용자 연구라는 명확한 주제가 있기는 하지만, 이 책에서 취급하고 있는 것이 전적으로 수용자의 모습만은 아니라는 점은 다시 한 번 강조할 필요가 있다.

또 수용자 연구라고 할 때 수용자의 성격이 단일하지 않다는 점도 고려해야 한다. 수용자는 나이, 성별, 학력 등에 따라 다양한 편차를 가질 수 있다. 그러므로 이러한 기준에 따라 수용자를 더욱 세분할 수 있고, 또 마땅히 그러해야 한다. 그럼으로써 수용의 편차와 특징도 포착될 수 있을 것이다. 그러나 일제 강점기의 경우에 수용자 연구라는 그물망에 걸리는 수용자 대부분이 상당한 학력을 가진 남성이라는 사실은 이 책이 추구한 방향에서 결정적 한계로 작용한다. 요즘은 나이, 성별, 학력과 무관하게 사람들이 자신의 느낌이나 의견을 자유롭게 표출할 수 있는 시대적 환경 하에서, 그리고 그것을 가능케 할 각종 수단을 향유하고 있다. 그러나 일제 강점기에 자신의 느낌이나 의견을 공개적으로 표출할 수 있는 사람은 극히 제한된 일부에 지나지 않았다.

일간지나 잡지 같은 종이 미디어와 관련된 몇몇 인사들이 남겨놓은 글을 통해 수용자 연구를 할 수밖에 없는 점은 아쉬운 부분이다. 그래서 이러한 약점 혹은 한계를 극복하기 위해 가급적 평범한 사람들의 '날 목소리'를 듣기 위해 묵은 신문의 구석구석을 뒤져야 했다. 이 과정이 상당히 지난했지만, 그럼에도 필수적인 과정이었다고 할 수 있다.

일제 강점기 영화 연구에서 가장 큰 난점은 자료를 확보하기 어렵다는 점이다. 당대에 이미 어느 정도 영화 기록이 체계적으로 정리되어 있던 미국과 달리, 일제 강점기에 기록의 중요성에 대해 인식하고 정리하려고 노력한 사람은 거의 없었다. 만약 누군가가 선구적으로 이러한 작업을 해 두었더라면, 현대 연구자들은 한결 편하게 그 정보를 활용해서 새로운 성과를 낼 수 있었을 것이다. 그러나 아쉽게도 당대에는 이러한 작업이 거의 이루어지지 않았다.

이 책에서 다루고 있는 일제 강점기 영화를 둘러싼 풍경은, 당대의 현실에 정확히 부합한다고 할 수 없을 것이다. 보는 관점이나 관심에 따라 세상이 달라 보이기 때문이다. 따라서 이 책 속의 풍경에 대해 전부가 진실이라고 주장할 수는 없다. 또한 적지 않은 오류도 포함되어 있을 것이다. 다만 이러한 시도가 계기가 되어 앞으로 더 많은 풍성한 논의가 이루어질 수 있다면 좋겠다.

지은이의 말

한국영화사에 관심을 가지고 본격적으로 자료를 섭렵하면서 글을 쓰기 시작한 것은 5~6년 전의 일이다. 그 뒤로 관심이 확장되면서 주로 일제강점기 영화에 관한 이런저런 글을 쓰게 되었고, 이렇게 한 권의 책으로 묶이게 되었다.

영화와 관련된 글을 발표할 때마다 종종 국문학자인데 어떻게 영화에 관한 글을 쓰게 되었는지 궁금해 하는 분들이 계셨다. 그럴 때마다 요즘은 문학 전공자가 텔레비전 드라마나 영화 같은 대중매체 쪽도 같이 연구하는 게 일반적인 흐름이라고 말하곤 했다. 그러나 문학 전공자가 모두 그런 건 아니므로 나만의 이야기를 할 필요가 있었지만, 이야기를 시작하면 너무 길어지는 게 번잡스러워서 그렇게만 말해두곤 했다. 지은이에게 허락된 다소 여유 있는 공간을 빌려 개인적인 이야기를 몇 마디 해두고 싶다.

영화를 집중적으로 보기 시작한 것은 대학원 석사과정을 다니던 1990년대 중반 무렵이었다. 문학 전공 대학원생이기는 하지만, 영화 쪽에도 관심이 많아서 하던 공부를 적당히 접고 영화 평론가가 되어볼까 심각하게 고민하기도 했다. 그런 고민과 더불어 영화사 관련 책에서 접한 영화들은 가급적 모두 봐야겠다는 욕심으로 이름난 비디오 가게를 찾아다니며 명작 순례를 하기 시작했다.

그리고 당시 시작한 피시 통신의 영화동호회란 동호회에는 모두 가입해서 남들이 써놓은 글을 읽고 영화에 대한 감상이나 비평을 올리기도 했다. 그리고 급기야는 동호회 오프라인 모임에 참석해서 개봉영화를 보기도 하고, 분과 모임인 '숨결모(숨은걸작영화보기모임)'의 주최자 역할을 하기도 했다. 매주 한 번씩 비디오방에서 쉽게 보기 어려운 영화를 해적판 테이프를 구해서라도 함께 보았다. 1년 가까이 이 모임을 하면서 참 재미있는 시간을 보낸 듯하다.

피시 통신 영화동호회는 영화에 대한 내 관심을 한층 깊게 했지만, 이와 반대로 영화평론가가 되겠다는 생각은 조금씩 사그라졌다. 영화 보기로 따지면 그 누구보다도 많이 봤고 볼 자신도 있었지만, 영화 평론이 단순히 영화 섭렵과 비례하는 것이 아니었고 자신에게 비평적 감각이 있다고 생각되지도 않았기 때문이다.

그 뒤에 다시 문학 전공자의 길을 착실히 밟기 시작했고, 박사학위 논문을 완성한 다음 뭔가 새로운 분야에 본격적으로 도전할 만한 정신적 여유가 생겼을 때 영화는 하나의 짙은 그림자가 되어서 내 앞에 음영을 드리우고 있었다. 비슷한 환경에 있던 선배, 동료 들과 함께 영화와 관련된 프로젝트를 시작하면서 영화 연구는 문학 연구와 더불어 내 길이 되었다. 또한 한국문학 전공자이기 때문에 자연스레 한국영화사에 관심을 갖게 되었다.

그러나 필름이 거의 남아 있지 않은 상황에서 식민지 시대 한국영화에 대해 논한다는 것 자체에 큰 의미를 느낄 수 없었다. 그래서 영화 자체보다 그를 둘러싼 다른 것들에 관심을 가지게 되었다. 그중에서도 특히 영화 텍스트를 수용하는 사람들의 모습에 주목했다. 식민지 시대에 사람들이 영화관에서 무슨 영화를 보면서 무얼 느꼈는지에 관한 글을 읽고 싶었지만, 그런 책은 없었다. 목마른 자가 우물을 판다는 심정으로 그런 글을 직접 쓰기 시작했다.

이 책이 애초에 품었던 계획에 얼마나 다가갔을지 모르겠으나, 다만 독자들이 이 책을 통해 식민지 조선의 영화 마니아들의 시네마 천국을 향한 열정을 함께 느껴볼 수 있기를 바란다. 그리고 한국영화사를 전문적으로 연구하는 분들에게 이 책이 수용자 중심의 영화사 연구로서 기여할 수 있기를 바라며, 미래의 인문학 독자들에게는 더 새롭고 풍부한 앎의 세계를 열어줄 밑거름이 되기를 바란다.

이 책이 2009년에 기획되었으니 출간까지 3년 여의 시간이 소요된 셈이다. 독자가 그렇게 많지 않을 인문학 서적을 출간해주신 책과함께 류종필 대표님과 출판사 여러분께 감사드린다. 그리고 원고 교정 작업에 참여해준 대학원의 최인애, 조경진에게도 고마움을 전한다.

아주 어린 시절 어머니 손에 이끌려 본, 지금은 제목도 알 길 없지만 영화의 존재를 내게 최초로 각인시켜준 어떤 무협영화에 출연했던 문오장 님께 감사드린다. 그리고 대학원 공부를 하면서도 영화 독학의 길을 가는 데 노자를 대주느라 고생하신 부모님께도 감사의 말씀을 드리지 않을 수 없다.

마지막으로 지난 세기 말, 함께 영화를 보고 이야기하며 술잔을 기울인 천리안 영화동호회 회원님들, 그중에서도 노니, 누리누빔, 마르셀, 발효

간장, 까락스, 끌레, 무진, 러셀, 바쟁, 백설기, 심바, 엘가, 영원한 제국, 위니, 이오, 퍼플, 혁상스, 그리고 그곳이 인연이 되어 만난 떠돌이별님께 감사드린다.

2012년 11월

김승구

주

프롤로그

1 | 〈상영 중 제일극장 대화(大火)〉, 《동아일보》 1935년 3월 23일자 호외.
2 | 바네사 R. 슈와르츠(Vanessa R. Schwartz), 노명우·박성일 공역, 《구경꾼의 탄생》, 마티, 2006, 301쪽.

1장 영화 마니아의 꿈

1 | 해리 하루투니언(Harry Harootunian), 윤영실·서정은 공역, 《역사의 요동》, 휴머니스트, 2006, 241쪽.
2 | 〈상의: 활동사진 배우 되기를 원합니다〉, 《조선일보》 1925년 12월 7일자.
3 | 〈조선키네마 연구생 모집〉, 《조선일보》 1927년 7월 19일자.
4 | 〈영화배우를 지망, 상경 비관 끝에 투신—일 시골 청년의 실패담〉, 《조선일보》 1938년 7월 14일자.
5 | 김문집, 〈나의 영화학교 시대〉, 《삼천리》 1938년 10월호, 160쪽.
6 | 〈연소자의 영화 관람 금지 논쟁〉, 《조선일보》 1927년 3월 12일자.
7 | 〈풍화(風化)를 괴란(壞亂)케 하는 경성(京城)의 제극장(諸劇場)〉, 《조선일보》 1920년 7월 22일자.
8 | 《신문기사로 본 조선영화 1911~1917》, 한국영상자료원, 2008; 《신문기사로 본 조선영화 1918~1920》, 한국영상자료원, 2009 참고.
9 | 中條省平, 《フランス映畫史の誘惑》, 集英社, 2003, 48-55쪽.
10 | Richard Abel, *Americanizing the Movies And "Movie-Mad" Audiences*,

Berkeley: Univ of California Press, 2006, p. 190.

11 | 永嶺重敏,《怪盗ジゴマと活動寫眞の時代》, 新潮社, 2006, 71쪽.
12 | 蓮實重彦・山田宏一・淀川長治,《映畵千夜一夜(上)》, 中央公論新社, 2000, 241쪽.
13 | 위의 책, 265-267쪽.
14 | 岡田喜一郎,《淀川長治の映画人生》, 中央公論新社, 2008, 87쪽.
15 | 〈활동사진과 범죄/ 경시청 보안과에서 ○구 중/ 직접 간접으로 원인 되는 일이 많다〉,《매일신보》1919년 1월 7일자.
16 | 永嶺重敏,《怪盗ジゴマと活動寫眞の時代》, 新潮社, 2006, 26쪽.
17 | 〈풍화를 괴란케 하는 경성의 제극장〉,《조선일보》1920년 7월 22일자.
18 | 〈사회적 교화와 활동사진 검열〉,《조선일보》1921년 11월 30일자.
19 | 〈응접실〉,《동아일보》1929년 11월 2일자.
20 | 〈광고〉,《동아일보》1929년 11월 17일자.
21 | 〈활동사진에 중독 소년〉,《매일신보》1922년 1월 14일자.
22 | 김태수,《꽃가치 피어 매혹케 하라》, 황소자리, 2005, 170-171쪽.

2장 경성 영화관의 탄생

1 | 이순진,《조선인 극장 단성사 1907~1939》, 한국영상자료원, 2011, 38쪽.
2 | 조희문, 〈초창기 한국영화사 연구―영화의 전래와 수용(1896~1923)〉, 중앙대학교 박사학위논문, 1992.
3 | Lauren Rabinovitz, "Movies and Spectacle", André Gaudreault ed., *American Cinema*, 1890~1909, New Brunswick, New Jersy, and London: Rutgers Univ. Press, 2009, pp. 165-166.
4 | Ben Singer and Charlie Keil, "Movies and the 1910s", Charlie Keil and Ben Singer ed., *American Cinema of the 1910s*, New Brunswick, New Jersy, and London: Rutgers Univ. Press, 2009, p. 19.
5 | 〈광고〉,《매일신보》1912년 11월 8일자.
6 | 최윤실, 〈한국 근・현대 영화극장의 공간 특성 변화에 관한 연구〉, 한양대학교 석

사학위논문, 2008, 55쪽.

7 | 이구영, 〈흘러간 이름 단성사, 극단 40년사 무언의 주인공(하)〉, 《조선일보》 1939년 7월 22일자.

8 | 고바야시 다키지, 양희진 옮김, 《게공선》, 문파랑, 2008, 111-113쪽.

9 | 〈활동사진의 선유(船遊)/ 배 위에서 활동사진〉, 《매일신보》 1916년 6월 22일자.

10 | Richard Koszarski, An Evening's Entertainment: The age of the silent feature picture 1915~1928, Berkeley, Los Angeles: Univ. of California Press, 1994, pp. 22-23.

11 | Ibid., p. 13.

12 | 김규환, 〈현대의 영화관〉, 《동아일보》 1929년 12월 12일자.

13 | 기타다 아키히로(北田曉大), 연구공간 수유+너머 일본 근대와 젠더 세미나팀 옮김, 〈유혹하는 소리/영화(관)의 유혹〉, 《확장하는 모더니티》, 소명출판, 2007, 42쪽.

14 | 〈경성: 각 관 모두 일반에게 호황〉, 《도쿄영화신문》 118호, 1934년 1월호, 23쪽 (한국영상자료원 한국영화사연구소 엮음, 《일본어 잡지로 본 조선영화 1》, 한국영상자료원, 2010, 36쪽).

15 | 〈약초영화극장의 기공〉, 《국제영화신문》 154호, 1935년 7월호, 46쪽(한국영상자료원 한국영화사연구소 엮음, 《일본어 잡지로 본 조선영화 1》, 한국영상자료원, 2010, 86쪽).

16 | 김성진, 〈영화팬의 수첩— '론챠니'와 '야닝쓰'의 의협심이 부러워〉, 《조선일보》 1938년 5월 7일자.

17 | 주창규, 〈버나큘러 모더니즘의 스타로서 무성영화 변사의 변형에 대한 연구〉, 《영화연구》 32호, 한국영화학회, 2007, 268쪽.

18 | 불평자, 〈독자구락부〉, 《매일신보》 1913년 6월 20일자.

19 | 하소, 〈영화가 백면상〉, 《조광》 1937년 12월호, 231쪽.

20 | 이길성·이호걸·이우석, 《1970년대 서울의 극장 산업 및 극장 문화 연구》, 영화진흥위원회, 2004, 90-91쪽.

21 | 〈서상호 일대기〉, 《조광》 1938년 10월호, 124쪽.

22 | 위의 글, 124쪽.

23 | 주훈, 〈1920~30년대 한국의 영화 관객성 연구〉, 서울대학교 석사학위논문,

2005, 47-51쪽.

24 | 《조선일보》 1926년 7월 11일자.

25 | 제프리 노웰 스미스(Geoffrey Nowell Smith) 엮음, 김경식 외 옮김, 《옥스퍼드 세계 영화사》, 열린책들, 2005, 233-234쪽.

26 | 하소, 〈속 영화가 백면상〉, 《조광》 1938년 3월호, 334쪽.

27 | 〈아이를 극장에 데리고 가지 마라〉, 《동아일보》 1932년 3월 28일자.

28 | 조준형, 〈일제 강점기 영화정책〉, 김동호 외, 《한국영화정책사》, 나남출판, 2005, 80쪽.

29 | 〈취체규칙을 무시하는 부내 각 영화관 흥행 시간〉, 《조선일보》 1939년 5월 3일자.

30 | 〈관객 정리법으로 예매번호제〉, 《동아일보》 1939년 6월 12일자.

31 | 川本三郞, 《大正幻影》, 岩波書店, 2008, 98-99쪽.

32 | 〈함흥 만세관 입장 신규〉, 《매일신보》 1918년 11월 30일자.

33 | 〈붓방아〉, 《매일신보》 1915년 4월 13일자.

34 | 김려실, 〈일제 시기 영화제도에 관한 연구〉, 《영화연구》 41호, 한국영화학회, 2009, 10쪽.

35 | 조희문, 앞의 논문, 110쪽.

36 | 일 관객, 〈독자 기별〉, 《매일신보》 1915년 5월 19일자.

37 | 철교생, 〈독자 기별〉, 《매일신보》 1915년 11월 16일자.

38 | 오드리 설킬드(Audrey Salkeld), 허진 옮김, 《레니 리펜슈탈―금지된 열정》, 마티, 2009, 330쪽.

39 | Robert Sklar, *Movie-Made America*, New York: Vintage, 1994, pp. 40-41.

40 | 淸水俊二, 《映畵字幕 五十年》, 早川書房, 1987, 60쪽.

41 | Miriam Hansen, *Babel & Babylon*, Cambridge: Univ. of Harvard Press, 1994, p. 174.

42 | William K. Everson, *American Silent Film*, New York: Da Capo Press, 1998, p. 56.

43 | 〈날개를 찢긴 천사와 쟁투 와중의 '왕중왕' / 조선극장과 단성사 사이에 끼어서/ 궁금하다 '왕중왕'은 어디로 가나/ 영화 흥행계 쟁투와 암초(1)〉, 《시대일보》 1929년

6월 9일자.

44 | 김호영, 《프랑스영화의 이해》, 연극과인간, 2008, 25쪽.

45 | 이호걸, 〈1920~30년대 조선에서의 영화 배급〉, 《영화연구》 41호, 한국영화학회, 2009년 9월호, 129-130쪽.

46 | 佐藤忠男, 《キネマと砲聲》, 岩波書店, 2004, 31-32쪽.

47 | 〈'판도라의 상자' 독일 네로사 영화〉, 《중외일보》 1930년 4월 7일자.

48 | 〈국광 배급자 변경〉, 《조선일보》 1939년 3월 9일자.

49 | 〈동양영화회사 구주 영화 배급 개시〉, 《조선일보》 1929년 8월 9일자.

50 | 〈독일 우파사 작품 '몽블랑의 폭풍우', 아르놀트 팡크 박사 원작 감독〉, 《조선일보》 1931년 8월 3일자.

51 | 조준형, 앞의 글, 81쪽.

52 | Robert Sklar, op. cit., p. 225.

53 | 〈이백육십 리의 활동사진 필름〉, 《조선일보》 1925년 2월 4일자.

54 | 〈영화계의 일 년〉, 《조선일보》 1926년 1월 1일자.

55 | 이호걸, 앞의 글, 135쪽.

56 | 제프리 노엘 스미스(Geoffrey Nowell Smith) 편, 김경식 외 옮김, 《옥스퍼드 세계 영화사》, 열린책들, 2005, 92-102쪽.

57 | 이용관·김지석, 《할리우드》, 제3문학사, 1992, 71-72쪽.

58 | 안석주, 〈미국영화와 조선〉, 《조광》 1939년 7월호.

59 | Scott Simmon, "Movies, Reform, and New Women", Charlie Keil and Ben Singer ed., *American Cinema of the 1910s*, New Brunswick, New Jersy, and London: Rutgers Univ. Press, 2009, p. 28.

60 | 김려실, 앞의 글, 13쪽.

61 | 유선영, 〈황색 식민지의 서양영화 관람과 소비의 정치, 1932~1942〉, 공제욱·정근식 편, 《식민지의 일상 지배와 균열》, 문화과학사, 2006, 444-448쪽; 어일선, 〈1920년대 말 영화 배급 및 상영에 관한 연구〉, 《영화연구》 32호, 한국영화학회, 2007, 213-214쪽.

62 | 〈영화계의 일 년〉, 《조선일보》 1926년 1월 1일자.

63 | 〈제7천국 상영 연기〉, 《동아일보》 1928년 5월 13일자.

64 | 〈광고〉,《매일신보》1916년 12월 17일자.
65 | 〈광고: 특별 대사진〉,《매일신보》1917년 1월 9일자(3).
66 | Ben Singer and Charlie Keil, op. cit., p. 15.
67 | 〈광고〉,《매일신보》1919년 2월 28일자.
68 | 〈광고〉,《매일신보》1919년 12월 19일자.
69 | 〈광고〉,《매일신보》1920년 1월 9일자.
70 | 〈광고〉,《매일신보》1920년 4월 5일자.
71 | 활동사진통, 〈독자 기별〉,《매일신보》1919년 1월 17일자.
72 | 〈광고〉,《매일신보》1920년 9월 8일자.
73 | 〈광고〉,《매일신보》1920년 9월 9일자.

3장 영화관 구경 가기

1 | 박현희,《문예봉과 김신재》, 선인, 2008, 71-72쪽.
2 | 안종화,《한국영화 측면 비사》, 현대미학사, 1998, 100쪽.
3 | 〈명우(名優) 나운규 씨 '아리랑' 등 자작 전부를 말함〉,《삼천리》1937년 1월호, 139쪽.
4 | 〈명배우, 명감독이 모여 '조선영화'를 말함〉,《삼천리》1936년 11월호, 87쪽.
5 | 이영일,《한국영화전사》, 소도, 2004, 93쪽.
6 | 킴 뉴먼(Kim Newman), 〈더글러스 페어뱅크스〉, 스티븐 제이 슈나이더(Steven Jay Schneider) 편, 정지인 옮김,《501 영화배우》, 마로니에북스, 2008, 20쪽.
7 | 자클린 나카시(Jacqueline Nacache), 박혜숙 옮김,《영화배우》, 동문선, 2007, 36쪽.
8 | Gerd Gemünden, "Douglas Fairbanks", Patrice Petro ed., *Idols of Modernity*, New Jersey: Univ. of Rutgers Press, 2010, p. 34.
9 | Ibid, p.34.
10 | 이경원,《고전영화본색》, 넷북스, 2008, 123쪽.
11 | 위의 책, 126쪽.
12 | William K. Everson, op. cit., p. 195.

13 | 사토 다다오(佐藤忠男), 유현목 옮김,《일본영화 이야기》, 다보문화, 1993, 38-39; 45-46; 59-62; 76-77; 130; 133-136쪽.

14 | 당시 언론에서는 한 작품의 제목을 통일적으로 부르지 않고 다양하게 불렀다.

15 | Robert Sklar, op. cit., p. 100.

16 | 田中雄次,《ワイマール映畵硏究―ドイツ國民映畵の展開と變容》, 熊本出版文化會館, 2008, 42쪽.

17 | ザビーネ ハーケ, 山本佳樹 譯,《ドイツ映畵》, 鳥影社, 2010, 79쪽.

18 | RK생,〈에밀 야닝스 주연 '부와 자'를 보고―단성사에서 상영 중〉,《매일신보》1930년 3월 29일자.

19 | Gerd Gemünden, "Emil Jannings", Patrice Petro ed., Idols of Modernity, New Jersey: Univ. of Rutgers Press, 2010, p. 190.

20 | 나운규,〈'아리랑'과 사회와 나〉,《삼천리》1930년 7월호, 54쪽.

21 | 〈최근의 외국문단 좌담회〉,《삼천리》1934년 9월호, 223쪽.

22 | 〈문사가 말하는 명 영화〉,《삼천리》1938년 8월호, 246쪽.

23 | 〈극장 관람권 다수를 위조〉,《매일신보》1932년 4월 11일자.

24 | 승일,〈라디오 스폿트 키네마〉,《별건곤》1926년 12월호, 107쪽.

25 | 위의 글, 107쪽.

26 | 하소,〈영화가 백면상〉,《조광》1937년 12월호, 232쪽.

27 | 위의 글, 231쪽.

28 | Laura Mulvey, Visual and Other Pleasures, Bloomington and Indianapolis: Univ. of Indiana Press, 1985, pp. 19-24.

29 | 김규환,〈현대의 영화관〉,《동아일보》1929년 12월 12일자.

30 | 〈극장 안에서 자살 소동〉,《매일신보》1934년 2월 10일자.

31 | 〈고급 영화팬 되는 비결 십칙〉,《별건곤》1930년 6월호, 109쪽.

32 | 〈신흥 봉절관(개봉관)으로 경성극장 개관〉,《동아일보》1939년 9월 29일자.

33 | 〈고급 영화팬 되는 비결 십칙〉,《별건곤》1930년 6월호, 110쪽.

34 | 서원대학교 광고홍보학과 김병희 교수,《단성 위클리(Dansung Weekly)》자료 제공.

35 | 〈고급 영화팬 되는 비결 십칙〉,《별건곤》1930년 6월호, 110쪽.

36 | 조희문, 〈무성영화의 해설자 변사 연구〉, 《영화연구》 13호, 한국영화학회, 1997, 205쪽.

37 | 〈서상호 일대기〉, 《조광》 1938년 10월호, 124쪽.

38 | 위의 글, 122쪽.

39 | 하소, 〈영화가 백면상〉, 《조광》 1937년 12월호, 236-237쪽.

40 | 정래동, 〈발성영화 소음〉, 《조선문단》 1935년 8월호, 189쪽.

41 | 하소, 〈영화가 백면상〉, 《조광》 1937년 12월호, 235-236쪽.

42 | 김수남, 〈조선 무성영화 변사의 기능적 고찰과 미학 연구〉, 《영화연구》 24호., 한국영화학회, 2004, 35쪽.

43 | 주훈, 앞의 글, 51쪽.

44 | 〈서상호 일대기〉, 《조광》 1938년 10월호, 122쪽.

45 | 사토 다다오, 유현목 옮김, 《일본영화 이야기》, 다보문화, 1993, 226쪽.

46 | 홍영철, 부산대 한국민족문화연구소 편, 《부산 근대 영화사》, 산지니, 2009, 130쪽.

47 | 〈고대하시든 조선일보 뉴스는 '거리의 천사'와 기타 명화와 함께 금일부터 조극(朝劇)에 봉절(封切)〉, 《조선일보》 1929년 6월 14일자.

48 | 조선일보 70년사 편찬위원회, 《조선일보 70년사》 제1권, 조선일보사, 1990, 205쪽.

49 | 유현목, 《한국영화발달사》, 한진출판사, 1985, 116-117쪽.

50 | 신기욱・한기현, 〈식민지 조합주의: 1932~1940년의 농촌진흥 운동〉, 신기욱・마이클 로빈슨 편, 도면회 옮김, 《한국의 식민지 근대성》, 삼인, 2007, 139쪽.

51 | 〈조선일보 특파 촬영 영남 수해 참황(慘況) 실사영화대회 개최—금(수) 삼일 야(夜) 양처(兩處)에서 공개〉, 《조선일보》 1933년 7월 3일자 호외.

52 | 위의 기사.

53 | 조선일보사 사료연구실 편, 《조선일보 사람들—일제시대편》, 랜덤하우스코리아, 2004, 301-302쪽.

54 | 《조선일보》 1933년 7월 3일자 호외.

55 | 〈수재영화 제2일 시내 삼처(三處)서 성황〉, 《조선일보》 1933년 7월 5일자.

56 | 〈본사 촬영 수재영화 부산서도 성황—삼처 만여(萬餘) 관중 악연(愕然)〉, 《조선

일보》1933년 7월 11일자.

57 | 위의 기사.

58 | 〈삼남 수해영화 평양서 공개—만여 관중에 큰 감격을 주어—본사 평양지국 주최〉, 《조선일보》1934년 7월 29일자.

59 | 〈통신·사진·영화—본사 특파 대진용(大陣容)〉, 《조선일보》1936년 7월 28일자.

60 | 이영일, 앞의 책, 190쪽.

61 | 〈본사 제작의 '조선 민속' —이(二) 작품과 동시 봉절〉, 《조선일보》 1938년 10월 4일자.

62 | 조선일보 70년사 편찬위원회, 앞의 책, 358-359쪽.

63 | 〈독자 위안 영화 제일야(第一夜) 초만원의 대성황—앞으로 반월(半月) 동안 속개(續開)〉, 《조선일보》 1938년 11월 8일자.

4장 영화 관객의 탄생

1 | 하소, 〈영화가 백면상〉, 《조광》 1937년 12월호, 233-234쪽.

2 | 1920년대 중반 출범한 사회주의 문예단체 조선프롤레타리아예술동맹(KAPF)에서 활동했던 문인으로, '윤효봉'이라는 필명으로 영화평론을 종종 발표했다.

3 | 〈연예 기고 환영—투고 종류 및 방법〉, 《동아일보》 1927년 1월 21일자.

4 | 《조선일보》 1927년 2월 17일자.

5 | 〈영화 만담—번역에 조금 더 노력하였으면〉, 《조선일보》 1927년 3월 18일자.

6 | 동아일보 학예부, 〈영화 인상 모집〉, 《동아일보》 1927년 12월 11일자.

7 | 〈인상 모집〉, 《동아일보》 1929년 9월 24일자.

8 | Sheldon Hall & Steve Neale, *Epics Spectacles Blockbusters*, Detroit: Univ. of Wayne Press, 2010, p. 60.

9 | 이경원, 앞의 책, 160쪽.

10 | William K. Everson, op. cit., p. 202.

11 | 일리야 에렌부르크(Ilya Ehrenbourg), 김혜련 옮김, 《꿈의 공장》, 눈빛, 2000, 35쪽 각주 29.

12 | 정현웅, 〈'빅 퍼레이드'를 보고〉, 《동아일보》 1927년 12월 11일자.

13 | 이경원, 앞의 책, 180쪽.

14 | 이경원, 앞의 책, 161-162쪽.

15 | 〈공중전 영화 '날개'의 성공〉, 《중외일보》 1927년 11월 1일자.

16 | 꽃이슬, 〈'날개'를 보고〉, 《동아일보》 1928년 11월 9일자.

17 | 윤기정, 〈최근 문예 잡감(3)〉, 《조선지광》, 1927년 12월호, 95쪽.

18 | Martin Loiperdinger, "State Legislation, Censorship and Funding", Tim Bergfelder, Erica Carter and Deniz Göktürk ed., *The German Cinema Book*, London: British Film Institute, 2008, p. 151; Peter Jelavich, *Berlin Alexanderplatz*, Univ. of California Press, 2006, pp. 160-177.

19 | 인돌, 〈'서부전선 이상 없다'를 보고〉, 《동아일보》 1931년 4월 1일자.

20 | 한국예술연구소 편, 《이영일의 한국영화사를 위한 증언록—김성춘·복혜숙·이구영 편》, 소도, 2003, 283쪽.

21 | 김상태 편, 《윤치호 일기》, 역사비평사, 2001, 259쪽.

22 | 꽃이슬, 〈연예—시사회—벤허〉, 《동아일보》 1929년 1월 10일자.

23 | 이영일, 앞의 책, 50; 120-121쪽.

24 | 여선정, 〈무성영화시대 식민도시 서울의 영화 관람성 연구〉, 중앙대학교 석사학위논문, 1999, 65-66쪽.

25 | 윤기정, 〈영화시평〉, 《조선지광》 1929년 2월호, 84쪽.

26 | 윤기정, 〈영화시평〉, 《조선지광》 1929년 3월호, 99쪽.

27 | 김성식, 《일제하 한국학생독립운동사》, 정음사, 1983, 132쪽.

28 | 심훈, 〈'최후의 인'의 내용 가치—단성사 상영 중〉, 《조선일보》 1928년 1월 14일자.

29 | 內藤誠, 《シネマと銃口と怪人—映畵が驅けぬけた二十世紀》, 平凡社, 1997, 76쪽.

30 | http://www.imdb.com/title/tt0017136/releaseinfo

31 | 심훈, 〈'푸리츠, 랑그'의 역작 '메토로포리쓰'〉, 《조선일보》 1929년 4월 30일.

32 | 남궁옥, 〈백 년 후 미래사회기 메트로폴리스 인상〉, 《시대일보》 1929년 5월 1일자.

33 | Andreas Huyssen, *After The Great Divide*, Bloomington: Univ. of Indiana Press, 1986, p. 65.
34 | 남궁옥, 〈'베를린' 인상기—처음으로 보는 순수영화〉, 《중외일보》 1928년 12월 6일자.
35 | 김유영, 〈영화비판(1~8), 판도라의 상자와 푸로영화 무엇이 그 여자들을 보고서〉, 《조선일보》 1930년 3월 28일자~4월 6일자.

5장 영화 홍보와 영화제

1 | 〈일구삼일 년의 조선영화계 및 흥행계는 어디로 가나—새 진운(進運)에 선 영흥(映興) 양계(兩界)〉, 《조선일보》 1931년 1월 1일자.
2 | Jan Olsson, *Los Angeles Before Hollywood*, Univ. of Columbia Press, 2009, p. 224.
3 | 마이클 로빈슨(Michael Robinson), 〈방송, 문화적 헤게모니, 식민지 근대성, 1924~1945〉, 신기욱·마이클 로빈슨 편, 도면회 옮김, 《한국의 식민지 근대성》, 삼인, 2007, 123쪽.
4 | 김병희·신인섭, 〈미시사적 관점에서 본 근대 광고의 근대성 메시지 분석〉, 《광고학 연구》 18-3, 한국광고학회, 2007, 109쪽.
5 | 이호걸, 앞의 글, 184쪽.
6 | 加藤幹郎, 《映畵館と觀客の文化史》, 中央公論新社, 2006, 210쪽.
7 | 한국영상자료원 한국영화사연구소 편, 《일본어 잡지로 본 조선영화 1》, 한국영상자료원, 2010, 49쪽.
8 | 어일선, 〈일제 강점기 영화 광고에 나타난 개봉 영화의 특성에 관한 연구—《매일신보》를 중심으로〉, 세종대학교 박사학위논문, 2010, 76-82쪽.
9 | 〈광고〉, 《매일신보》 1914년 4월 24일자.
10 | 〈광고〉, 《매일신보》 1914년 3월 27일자.
11 | 〈광고〉, 《매일신보》 1914년 9월 2일자.
12 | 〈지상영화—윌리엄 텔(1)〉, 《삼천리》 1931년 4월호, 64쪽.
13 | 〈광고〉, 《매일신보》 1914년 11월 11일자.

14 | 〈광고〉,《매일신보》1915년 3월 16일자.

15 | 〈천랍하신 명사진/ 본보 난외에 박힌 할인권으로 입장 관람〉,《매일신보》1919년 7월 30일자.

16 | 조희문, 앞의 글, 62-68쪽.

17 | 〈광고〉,《매일신보》1914년 10월 13일자.

18 | 〈세계적인 걸작 대사진— '카비리아' 영사 본보 독자에게 우대〉,《매일신보》1917년 4월 1일자.

19 | Peter Bondanella, *A History of Italian Cinema*, New York and London: continuum, 2009, pp. 8-10.

20 | 한국예술연구소 편,《이영일의 한국영화사를 위한 증언록—김성춘 · 복혜숙 · 이구영 편》, 소도, 2003, 273-274쪽.

21 | 〈일구삼일 년의 조선영화계 및 흥행계는 어디로 가나—새 진운에 선 영흥 양계〉,《조선일보》1931년 1월 1일자.

22 | 심훈,〈관중의 한 사람으로 흥행업자에게〉,《조선일보》1928년 11월 17일자.

23 | 이광수,〈영화 '트레이더 혼' 본 감상〉,《동아일보》1932년 5월 17일자.

24 | 〈영화 인상〉,《조선일보》1926년 7월 11일자.

25 | 정현웅,〈'빅 퍼레이드'를 보고〉,《동아일보》1927년 12월 11일자.

26 | 석영,〈인상기— '날개'를 보고—영화와 선전을 말함. 특히 미국 전쟁 영화에 대하여〉,《조선일보》1928년 11월 9일자.

27 | http://www.imdb.com/title/tt0155052

28 | 자사 독자를 위안한다는 명목의 '영화대회'는 1920년대에도 개최되었지만, 뚜렷한 흐름을 형성한 것은 1930년대라고 할 수 있다.

29 | 〈해주 영화대회〉,《조선일보》1931년 2월 17일자.

30 | 〈전주 지국 주최 음악영화대회〉,《조선일보》1932년 2월 16일자.

31 | 〈본보 혁신 기념 영화대회 준비—오는 시월 오, 륙, 칠 삼 일간 본보 양평 지국 주최〉,《조선일보》1933년 10월 3일자.

32 | 〈해주 영화대회〉,《조선일보》1931년 2월 17일자.

33 | 〈본보 혁신 기념 영화대회 준비—오는 시월 오, 륙, 칠 삼 일간 본보 양평 지국 주최〉,《조선일보》1933년 10월 3일자.

34 | 위의 기사.

35 | 조용만,《일제하 한국신문화운동사》, 정음사, 1983, 118-119쪽.

36 | 〈팬에게 구하는 영화제〉,《조선일보》1938년 11월 14일자.

37 | 〈일반 출품을 환영〉,《조선일보》1938년 11월 14일자.

38 | 위의 기사.

39 | 〈전조선적 인기 집중의 제1회 영화제—출품, 투표 정리에 큰 일—이채를 더할 실연의 묘안〉,《조선일보》1938년 11월 15일자.

40 | 〈투표 경과—자웅을 다투는 베스트 텐〉,《조선일보》1938년 11월 18일자.

41 | 조선일보 70년사 편찬위원회, 앞의 책, 358-360쪽.

42 | 〈영화 애호자에 고함〉,《조선일보》1938년 11월 18일자.

43 | 안종화,〈영화제 전기(前記)(1~6)〉,《조선일보》1938년 11월 20~27일자.

44 | 〈영화제 명일(明日)로 박두(迫頭)!—영화사 이전 명연기 스떼-지에 재현—명작 '막다른 골목' 실연으로—극과 영화의 완전 악수〉,《조선일보》1938년 11월 25일자.

45 | 〈대망의 금일! 수(遂) 개막—제1회 영화제—영화 조선 총동원〉,《조선일보》1938년 11월 26일자.

46 | 첫날의 감상회는 저녁에만 열렸고, 2일째와 3일째는 주야 2회 열렸다.

47 | 방응모,〈제1회 영화제 개회식 식사(式辭)〉,《조선일보》1938년 11월 28일자.

48 | 안종화,〈감격의 성전(답변)〉,《조선일보》1938년 11월 28일자.

49 | 〈영화제 금일 개막—전람회장 낭하에서 의의 깊은 개회식!—영화 관계자와 본사측 관계자 참열 하에 11시부터 일반에 공개〉,《조선일보》1938년 11월 27일자.

50 | 〈대망의 금일! 수 개막—제1회 영화제—영화 조선 총동원〉,《조선일보》1938년 11월 26일자.

51 | 〈고인, 스크린에 생동—만당(滿堂) 관중 숙연 감상—전람회에는 영화 조선의 총재산 출진—호화!! 공전의 대성전〉,《조선일보》1938년 11월 27일자.

52 | 〈대망의 금일! 수 개막—제1회 영화제—영화 조선 총동원〉,《조선일보》1938년 11월 26일자.

53 | 〈고인, 스크린에 생동—만당 관중 숙연 감상—전람회에는 영화 조선의 총재산 출진—호화! 공전의 대성전〉,《조선일보》1938년 11월 27일자.

54 | 〈금야(今夜) 상영 프로〉,《조선일보》1938년 11월 27일자.

55 | 〈연 3일의 성황 영화제 명화 감상 폐막〉, 《조선일보》 1938년 11월 29일자.
56 | 〈본사 주최 제1회 영화제 전람회기 2일 간 연기〉, 《조선일보》 1938년 11월 29일자.
57 | 〈영화제 이문 기담—가지가지의 숨은 이야기〉, 《조선일보》 1938년 11월 28일자.
58 | 〈영화전의 삼대 인기〉, 《조선일보》 1938년 11월 30일자.
59 | 위의 기사.
60 | 조선일보 70년사 편찬위원회, 앞의 책, 282-284쪽.

에필로그

1 | 유선영, 앞의 글, 435쪽.
2 | 부르크하르트 뢰베캄프(Burkhart Rowekamp), 장혜경 옮김, 《할리우드》, 예경, 2005, 23-27쪽.
3 | 신명직, 《모던쏘이, 경성을 거닐다》, 현실문화, 2003, 140-145쪽.
4 | 小林多喜二, 《蟹工船, 一九二八・三・一五》, 巖波書店, 2003, 185쪽(우리 말 번역은 저자).
5 | 안종화, 앞의 책, 243-244쪽.
6 | 윤금선, 《경성의 극장만담》, 연극과인간, 2006, 171-172쪽.
7 | 〈학교 내에 영사기 상설〉, 《매일신보》 1927년 12월 22일자.
8 | 〈미국영화 상영 중지〉, 《매일신보》 1924년 6월 26일자.
9 | 〈영화로 사는 사람 물경(勿驚) 삼십이만 인, 일주간의 관객 무려 일억〉, 《조선일보》 1927년 2월 23일자.
10 | 유선영, 〈황색 식민지의 문화 정체성〉, 《언론과 사회》 17호, 성곡언론문화재단, 1997, 108쪽.
11 | 이준식, 앞의 글, 707쪽.
12 | 전상숙, 〈일제 파시즘기 사상통제정책과 전향〉, 《한국정치학회보》 39집 3호, 2005, 202쪽.
13 | 〈상영 3시간제 원단(元旦, 1월 1일)부터 실시〉, 《조선일보》 1937년 12월 4일자.
14 | 이준식, 앞의 글, 728쪽.

15 | 〈사변 기념일의 흥행가—7일만은 자숙 개관!〉, 《조선일보》 1940년 7월 7일자.
16 | 〈양화 기근으로 제목 변경만 성행〉, 《조선일보》 1939년 4월 11일자.
17 | 하소, 〈속 영화가 백면상〉, 《조광》 1938년 3월호, 338쪽.
18 | 백악학인(白岳學人), 〈미국영화의 해독〉, 《삼천리》 1941년 6월호, 223쪽.

인명

ㄱ

가르보, 그레타 Garbo, Greta 1905~1990 25, 108, 122

가와모토 사부로 川本三郎 1944~ 74

가와키타 나가마사 川喜田長政 1903~1981 82

강스, 아벨 Gance, Abel 1889~1981 149

게이너, 재닛 Gaynor, Janet 1906~1984 162

고바야시 다키지 小林多喜二 1903~1933 55, 239

그리피스, 데이비드 Griffith, David W. 1875~1948 25, 80, 93

그리피스, 레이몬드 Griffith, Raymond 1895~1957 204

기시, 릴리언 Gish, Lillian Diana 1893~1993 25, 108, 119,

기쿠치 간 菊池寬 1888~1948 15

김규환 金奎煥 ?~? 60~61, 123~124

김덕경 金德經 ?~? 75

김문집 金文輯 1907~? 25

김성진 金晟鎭 ?~? 62~63

김소영 金素英 1914~? 107~108

김신재 金信哉 1919~1998 107~108

김억 金億 1896~? 118

김유영 金幽榮 1908~1940 152, 183, 217

김홍진 金弘鎭 ?~? 83

ㄴ

나도향 羅稻香 1902~1926 111

나운규 羅雲奎 1902~1937 10, 18, 50, 86, 107~115, 118, 174, 225, 230

남궁옥 南宮玉 ?~? 151~152, 163, 165~166, 180~182

네그리, 폴라 Negri, Pola 1897~1987 116

노바로, 라몬 Novarro, Ramon 1899~1968 172

니블로, 프레드 Niblo, Fred 1874~1948 172

ㄷ

데밀, 세실 DeMille, Cecil B. 1881~1959 80

델뤽, 루이 Delluc, Louis 1890~1924 112

뒤비비에, 쥘리앵 Duvivier, Julien 1896~1967 82

듀폰, 에발트 Dupont, Ewald André 1891~1956 116

ㄹ

랑, 프리츠 Lang, Fritz 1890~1976 119, 179

램믈, 칼 Laemmle, Carl 1867~1939 80, 169

로이드, 헤럴드 Lloyd, Harold 1893~1971 241

루비치, 에른스트 Lubitsch, Ernst 1892~1947 116

루트만, 발터 Ruttmann, Walter 1887~1941 182

뤼미에르, 루이 Lumière, Louis 1864~1948 47

뤼미에르, 오귀스트 Lumière, Auguste 1862~1954 47

ㅁ

마일스톤, 루이스 Milestone, Lewis 1895~1980 168

멀비, 로라 Mulvey, Laura 1941~ 122

무르나우, 프리드리히 Murnau, Friedrich 1888~1931 82, 178

문예봉 文藝峰 1917~1999 107~108, 230, 243

ㅂ

박승필 朴承弼 1875~1932 49

박원철 朴源鐵 ?~? 83

발렌티노, 루돌프 Valentino, Rudolph 1895~1926 172

방응모 方應謨 1890~1950 138, 229

뱅크로프트, 조지 Bancroft, George 1882~1956 240

보, 클라라 Bow, Clara 1905~1965 25, 108

보제이지, 프랭크 Frank Borzage, 1893~1962 94, 161

비더, 킹 Vidor, King 1894~1982 159, 213

ㅅ

사토 다다오 佐藤忠男 1930~ 135~136

서광제 徐光霽 1906~? 152, 225

서상호 徐相昊 ?~? 63, 65

서항석 徐恒錫 필명 인돌, 1900~1985 152, 169~170

성동호 成東鎬 ?~? 230

슈트로하임, 에리히 폰 Stroheim, Erich von 1885~1957 118

스턴버그, 조셉 폰 Sternberg, Josef von

1894~1969 241, 242~243
시미즈 슌지 清水俊二 1906~1988 80
심훈 沈熏 1901~1936 151~152, 178~181, 230

ㅇ

안석주 安碩柱 필명 안석영 1901~1950 90, 151, 163, 165, 214~215
안종화 安鍾和 1902~1966 227, 229
안철영 安哲永 ?~? 225
야닝스, 에밀 Jannings, Emil 1884~1950 18, 108, 116~119, 178
에게브레히트, 악셀 Eggebrecht, Axel 1899~1991 182
에이젠슈타인, 세르게이 Eisenstein, Sergei M. 1898~1948 167
오자키 고요 尾崎紅葉, 1868~1903 125
와다 마르시아노, 미쓰요 Wada-Marciano, Mitsuyo 109
와일러, 윌리엄 Wyler, William 1902~1981 172
월리스, 루 Wallace, Lew 1827~1905 172
월시, 라울 Walsh, Raoul 1887~1980 93
웰먼, 윌리엄 Wellman, William A. 1896~1975 161, 203
유현목 兪賢穆 1925~2009 136
윤기정 尹基鼎 필명 효봉 1903~1955 151~152, 172, 176~177,

윤백남 尹白南 1888~1954 218
윤화 尹華 ?~? 230
이경손 李慶孫 1905~1978 151
이구 李鳩 필명 하소 ?~? 68, 147
이구영 李龜永 1901~1973 151, 172, 176, 202
이규환 李圭煥 1904~1982 38~39, 107, 225
이명우 李明雨 1901~? 140
이상 李箱 1910~1937 23~24
이서구 李瑞求 1899~1982 83
이선희 李善熙 1911~? 119
이영일 李英一 1932~2001 140
이인직 李人稙 1862~1916 48
이창용 李創用 1906?~1961 83
이필우 李弼雨 1897~1978 230
임화 林和 1908~1953 181

ㅈ

정래동 丁來東 1905~? 131
정지용 鄭芝鎔 1902~1950 118
정현웅 鄭玄雄 1911~1976 161, 214
조용만 趙容萬 1909~1995 219
주커, 아돌프 Zukor, Adolf 1873~1976 80

ㅊ

채플린, 찰리 Chaplin, Charles Spencer 1889~1977 18, 108, 174, 178~179, 194, 241~242

최병룡 崔秉龍 ?~? 75
최승일 崔承一 1901~? 121, 123

ㅋ

카르네, 마르셀 Carné, Marcel 1906~1996 82
커나드, 그레이스 Cunard, Grace 1893~1967 98
키에푸라, 얀 Kiepura, Jan 1902~1966 132
키튼, 버스터 Keaton, Buster 1895~1966 241

ㅌ

투르얀스키, 빅토르 Tourjansky, Viktor 1891~1976 213

ㅍ

팡크, 아르놀트 Fanck, Arnold 1889~1974 82
패브스트, 게오르게 Pabst, Georg 1885~1967 183, 189
페데, 자크 Feyder, Jacques 1885~1948 82
페어뱅크스, 더글러스 Fairbanks, Douglas 1883~1939 18, 93, 107, 108, 112, 119
포드, 프랜시스 Francis Ford, 1881~1953 98
포르스트, 빌리 Forst, Willi 1903~1980 149
폭스, 윌리엄 Fox, William 1879~1952 80
푸도프킨, 프세볼로트 Pudovkin, Vsevolod 1893~1953 167
프로인트, 카를 Freund, Karl 1890~1969 182

ㅎ

한은진 韓銀珍 1918~2003 230
헬름, 브리기테 Helm, Brigitte 1906~1996 119
홍개명 洪開明 ?~? 226, 243
홍기문 洪起文 1903~1992 229
후이센, 안드레아스 Huyssen, Andreas 1942~ 182
휴, 에머슨 Hough, Emerson 1857~1923 98

작품명

ㄱ

〈가(家) 없는 아(兒)〉〈숙무아(宿無兒)〉 198
〈가우초〉 The Gaucho 1927 113
〈거리의 등불〉 City Lights 1931 80, 194
〈격정의 폭풍〉 Stürme der Leidenschaft 1932 117

⟨곡예단⟩ ⟨바리에테(Varieté)⟩ 1925 116~117, 119
⟨괴완(怪腕)⟩ 195
⟨국경(國境)⟩ 1923 51
⟨국민 창생(國民創生)⟩ The Birth of a Nation 1915 80, 92~93
⟨군용열차⟩ 1938 224~226
⟨금색야차(金色夜叉)⟩ 1924 124~125
⟨기동순찰대⟩ CHiPs 1977 29

ㄴ

⟨나그네⟩ 1937 224~226, 231
⟨낙화유수⟩ 1927 224
⟨날개⟩ Wings 1927 159, 161~163, 165, 190, 203~207, 213~214
⟨남국의 애수⟩ 119
⟨네 아들⟩ Four Son 1928 160
⟨노트르담의 꼽추⟩ The Hunchback of Notre Dame 1923 92
⟨니나 페트로브나⟩ Die wunderbare Lüge der Nina Petrowna 1929 119

ㄷ

⟨도살자⟩ 92
⟨도생록(圖生錄)⟩ 1937 224
⟨돈 큐⟩ Don Q, Son of Zorro 1925 113
⟨동양의 비밀⟩ Geheimnisse des Orients 1928 119
⟨두 얼굴의 사나이⟩ The Incredible Hulk 1978 29
⟨들러리 그리피스⟩ 204
⟨디셉션⟩ Anna Boleyn 1920 117

ㄹ

⟨라일락의 시간⟩ Lilac Time 1928 160
⟨로빈 후드⟩ Robin Hood 1922 113

ㅁ

⟨마담 뒤 바리⟩ Madame Du Barry 1919 116~117
⟨맥가이버⟩ MacGyver 1985 29
⟨메리고라운드⟩ Merry-Go-Round 1923 92
⟨메트로폴리스⟩ Metropolis 1927 116, 119, 179~180, 182
⟨명금(名金)⟩ The Broken Coin 1915 30~31, 63, 97~99
⟨명마(名馬)⟩ 77, 199
⟨모로코⟩ Morocco 1930 242
⟨모스크바의 하룻밤⟩ 140
⟨몽블랑의 폭풍우⟩ Stürme über dem Mont Blanc 1930 84
⟨미완성 교향악⟩ Unfinished Symphony 1934 148~149
⟨미왕자(美王子)⟩ Le prince charmant 1925 152, 213

ㅂ

⟨바그다드의 도적⟩ The Thief of Bag-

dad 1924 92~93, 113
〈베를린, 대도회교향악〉 Berlin: Die Sinfonie der Grosstadt 1927 116, 182
〈백장미〉 La roue 1923 92
〈벙어리 삼룡이〉 1929 111, 224~225
〈벤허〉 Ben-Hur 1925 172~173, 176~177
〈불관용〉 Intolerance 1916 80
〈브이〉 V 1984 29
〈빅 퍼레이드〉 The Big Parade 1925 159~161, 166, 213,
〈프로디아 후편〉 Protéa 1913 200

ㅅ

〈사랑을 찾아서〉 1928 225
〈산송장〉 Zhivoy trup 1929 190
〈새벽의 출격〉 The Dawn Patrol 1930 160
〈서부전선 이상 없다〉 All Quiet on the Western Front 1930 160, 168~171
〈성산(聖山)〉 The Holy Mountain, Der heilige Berg 1926 82
〈소머즈〉 The Bionic Woman 1976 29
〈심청전〉 1937 226, 231
〈십계(十戒)〉 The Ten Commandments 1923 80, 92
〈십자군〉 The Crusades 1935 80
〈쌍옥루(雙玉淚)〉 1925 216~217

ㅇ

〈아리랑〉〈아리랑 전편〉 1926 18, 50, 107, 109~111, 114~115, 174, 217, 224~225, 230
〈아리랑 후편〉 1930 224~225
〈아버지의 죄〉 Sins of the fathers 1928 117~118
〈악성 베토벤〉 Un grand amour de Beethoven 1936 149
〈암굴왕(暗窟王)〉 92
〈암흑가〉 Underworld 1927 240
〈애국자〉 Im Geheimdienst 1931 119
〈어화(漁火)〉 1938 224~226
〈여로의 끝〉 Journey's End 1930 160
〈영광의 대가〉 What Price Glory 1926 159
〈오몽녀(五夢女)〉 1937 115, 224~226, 230
〈왈츠의 꿈〉 Ein Walzertraum 1925 83
〈왕중왕〉 The King of Kings 1927 80~81
〈우처(愚妻)〉 Foolish Wives 1922 92
〈원더우먼〉 Wonder Woman 1976 29
〈월하(月下)의 맹서〉 1923 218
〈윌리엄 텔〉 William Tell 197
〈유랑(流浪)〉 1928 217
〈유호국(乳虎國)〉 195
〈6백만 불의 사나이〉 The Six Million Dollar Man 1974 29
〈육체의 길〉 The way of all flesh 1927

117
〈의리적 구토(義理的仇討)〉 1919 51
〈인생항로〉 1937 224, 226, 231
〈임자 없는 나룻배〉 1932 38~39, 107, 224~225, 231

ㅈ

〈장화홍련전〉 1936 224, 226, 243
〈적수대(赤手袋)〉 The Red Glove 1919 196
〈전격 제트 작전〉 Knight Rider 1982 29
〈제7천국〉 Seventh Heaven 1927 94, 159, 161~162
〈주덱스〉 Judex 1916 30
〈지고마〉 Zigomar 1911 30~31
〈지옥의 천사들〉 Hell's Angels 1930 159

ㅊ

〈철의 조(瓜)〉 Iron Claw 1916 30
〈청춘의 십자로〉 1934 224, 227
〈최후의 명령〉 The Last Command 1928 117
〈최후의 인〉 Der Letzte Mann 1924 116~117, 178~180
〈춘풍(春風)〉 1935 224
〈춘향전〉 1935 86, 131, 224

ㅋ

〈카비리아〉 Cabiria 1914 80

ㅌ

〈탄식하는 천사〉〈탄식의 천사(The Blue Angel)〉 1930 117

ㅍ

〈파우스트〉 Faust 1926 117
〈판도라의 상자〉 Die Büchse Der Pandora 1929
〈팡토마〉 Fantômas 1913~1914 30
〈폼페이 최후의 날〉 The Last Days of Pompei 1913 80
〈푸른 천사〉 The Blue Angel 1930 243
〈풍운아〉 1926 111, 114, 174, 224~225

ㅎ

〈한강〉 1938 224
〈해적〉 The Black Pirate 1926 113
〈홍길동전〉 1935 140
〈홍길동전 후편〉 1936 224
〈화염의 열차〉 195
〈회장마차〉 The Covered Wagon 1923 92
〈흡혈귀〉 Les vampires 1915 30

기타

ㄱ

경성고등연예관 京城高等演藝館 48~49, 55, 63, 75
고몽사 Gaumont 30
구미영화사 歐米映畵社 82
국광영화사 國光映畵社 83
기신양행 紀新洋行 83, 91

ㄴ

니카쓰 日活 127

ㄷ

다구치상점 田口商店 82
단성사 團成社 18, 42, 49, 53, 63, 74~75, 80~81, 96~99, 100, 127, 141, 190, 194, 199, 202
《단성 위클리》 Dansung Weekly 127, 141
대정관 大正館 48, 52~54, 61, 75~77, 194, 245~246
도와상사 東和商社 영화부 82, 84
동양영화사 東洋映畵社 83

ㄹ

록시 The Roxy 60

ㅁ

만세관 萬世館 75

메트로골드윈메이어사 MGM 172
메트로골드윈사 Metro-Goldwyn 159, 161, 172
명치좌 明治座 68~69, 127

ㅂ

바이터그래프사 Vitagraph Company 198
보래관 寶來館 136
부민관 府民館 229, 231
블루버드사 Bluebird Photoplays Inc. 198, 236

ㅅ

삼영사 三映社 82
쇼치쿠 松竹 127, 225
스트랜드극장 Strand Theater 52
신건설사 新建設社 170
신코키네마 新興キネマ 19, 38, 127

ㅇ

〈아사히(朝日) 영화뉴스〉 135
약초영화극장 若草映畵劇場 61, 127
에클레르사 Société Française des Films Éclair 30
엠파이어사 82
〈오사카마이니치 필름통신〉 大阪每日フィルム通信 136
우미관 優美館 18, 49~50, 63, 65, 74, 76~78, 88, 91, 95~99, 152, 194, 198,

200
우파사 Ufa 82
원각사 圓覺社 42, 48
유니버설사 Universal Film Manufacturing Company 30, 80, 95~96, 168, 251
유락관 有樂館 49, 194, 198, 200, 236
이탈라사 Itala Film 195

ㅈ

제2대정관 第二大正館 75~77
제일극장 第一劇場 6~8, 134
조선극장 朝鮮劇場 18, 39, 42, 81, 88, 91, 94, 127, 136, 161, 180, 184, 203, 243
조선영화령 朝鮮映畵令 250

ㅊ

천연색활동사진주식회사 약칭 덴카쓰 天活 96

ㅋ

칼렘사 Kalem 96
《키네마준포》キネマ旬報 106

ㅌ

토비스영화사 Tobis 83

ㅍ

파라마운트사 Paramount 80, 161, 163, 204, 207
파테사 Pathé 30, 159
폭스사 Fox 80, 161

ㅎ

활동사진필름 취체규칙 活動寫眞フィルム取締規則 70
황금관 黃金館 48, 76~77, 100, 194, 236
희락관 喜樂館 61, 124~125

식민지 조선의 또 다른 이름, 시네마천국

1판 1쇄 2012년 11월 20일

지은이 | 김승구

편집 | 최연희, 천현주, 박진경
마케팅 | 김연일, 이혜지, 노효선
표지디자인 | 석운디자인
본문디자인 | 글빛

펴낸곳 | (주)도서출판 **책과함께**
     주소 (121-840) 서울시 마포구 서교동 395-178 영산빌딩 201호
     전화 (02) 335-1982~3
     팩스 (02) 335-1316
     전자우편 prpub@hanmail.net
     블로그 blog.naver.com/prpub
     등록 2003년 4월 3일 제25100-2003-392호

ISBN 978-89-97735-11-2 (03900)

이 도서의 국립중앙도서관 출판시도서목록(CIP)은
e-CIP 홈페이지(http://www.nl.go.kr/ecip)와 국가자료공동목록시스템
(http://www.nl.go.kr/kolisnet)에서 이용하실 수 있습니다.
(CIP제어번호: CIP2012005165)